Jeffrey Kottler · Kraftquelle Alleinsein

Jeffrey A. Kottler ist praktizierender Psychotherapeut und lehrt als außerordentlicher Professor am The Citadel in Charleston, South Carolina. Er ist Autor von sieben Büchern, darunter *On Being a Therapist* und *The Imperfect Therapist*.

Jeffrey Kottler

Kraftquelle Alleinsein

Unsere ganz privaten
Augenblicke – unser geheimes Selbst

Aus dem Amerikanischen
von Anni Pott

Kabel

Titel der amerikanischen Originalausgabe:
PRIVATE MOMENTS – SECRET SELVES
Enriching Our Time Alone
Jeremy P. Tarcher, Inc., Los Angeles

Für meine Brüder
Jim und Jon

Copyright der deutschsprachigen Ausgabe:
© 1996 by Ernst Kabel Verlag GmbH, Hamburg
Aus dem Amerikanischen übersetzt von Anni Pott
This edition published by arrangement
with The Putnam Berkley Group, Inc.

Umschlag: Peter Albers
Satz aus der Aldus (Linotronic 500)
Papier: Fortuna Werkdruckpapier »Pegasus« chlorfrei, säurefrei
Steinbeis Temming Papier GmbH & Co., Glückstadt
Gesamtherstellung: Clausen & Bosse, Leck

ISBN 3-8225-0351-7

1 3 5 7 9 10 8 6 4 2

Inhalt

Einleitung

Ich saß eines Tages auf dem Zahnarztstuhl. Allein. Ich wartete, daß die Zahnarzthelferin mit den entwickelten Röntgenaufnahmen zurückkäme, so daß der Doktor mich weiter durchchecken könnte, um mir dann schießlich eine neue Zahnbürste zu überreichen. Die Zeit zog sich dahin. Allmählich wurde es langweilig, die Punkte an der Deckenverkleidung zu zählen und in einer zwei Jahre alten Zeitschrift zu blättern. Plötzlich ertappte ich mich dabei, wie ich meinem Spiegelbild im stahlblanken Becken neben meinem Stuhl Grimassen schnitt. Die Verzerrungen, die dabei aufgrund der Beckenrundungen zustande kamen, faszinierten und animierten mich zu immer wüsteren Gesichtsverrenkungen. Kurz: Ich war mit meinen Grimassenkünsten gerade zu Höchstform aufgelaufen, als die Zahnarzthelferin mit einemmal wieder hereinkam. Da ich nun wahrlich das Bild eines Verrückten abgegeben hatte, lächelte ich verlegen. Die Frau hatte jedoch soviel Taktgefühl, so zu tun, als hätte sie nichts gesehen. Aber wir wußten beide, was sie gesehen hatte.

Ich fühlte mich, als hätte ich ein Verbrechen begangen, etwas Entsetzliches, was ich nie und nimmer hätte tun dürfen – mich selbst mit ein paar lustigen Grimassen zu unterhalten. Diese Geschichte brachte mich darauf, wie weitverbreitet und normal solche Vorfälle doch eigentlich sein müßten. Wenn ich solche Dinge machte, wenn ich mich unbeobachtet fühlte, dann war doch anzunehmen, daß jeder andere das oder ähnliches auch machte, oder? Aber warum werden wir verlegen und fühlen uns beschämt, wenn wir bei derart harmlosen und natürlichen Verhaltensweisen ertappt werden? Viele Menschen führen Selbstgespräche, geben sich Phantasien von Macht und Reichtum hin, untersuchen ihr Gesicht im Spiegel nach Pickeln und Mitessern, beten um Hilfe für ihre Probleme, putzen nackt das Haus, essen mit den Fingern, geben sich verschiedenen körperlichen Vergnügungen hin. Und dennoch: Wenn uns jemand bei diesen absolut normalen Beschäftigungen erwischt, werden wir oft verlegen – und bereuen. Was ist es, was in Zusammenhang mit solchen Verhaltensweisen, denen wir uns hingeben, wenn wir mit uns allein sind, Unbehagen oder sogar Schamgefühle auslöst, selbst wenn es sich um

Dinge handelt, die universal praktiziert werden? Und warum können wir über dieses Thema nicht öffentlich sprechen?

Diese und ähnliche Fragen gaben den Anstoß, mich intensiver mit unseren ganz privaten Augenblicken und unserem geheimen Selbst zu beschäftigen. In den nächsten fünf Jahren las ich alles, was an Literatur zu diesem Thema verfügbar war, und stellte meine eigenen Untersuchungen an, im Rahmen derer mir über tausend Menschen Auskunft über ihre intimsten Augenblicke gaben. Daß ich dabei entdeckte, daß manches von dem, was wir tun, wenn wir allein sind, auf andere schon sehr befremdlich wirken könnte, dürfte nicht überraschen. Schließlich haben wir in unseren ganz privaten Augenblicken die Freiheit, so zu sein, wie wir sind, und unser natürliches Selbst hervortreten zu lassen. Fast ein Drittel unseres Wachlebens bleibt den Blicken anderer entzogen – wenn wir tagträumen, Auto fahren, spazierengehen oder auch einfach nur vor uns hintrödeln, wenn wir im Badezimmer sind, im Bett liegen, Musik hören oder vor dem Fernseher sitzen. All diese Erfahrungen haben eine Bedeutung für uns. Diese verborgenen Teile unseres Lebens sind näher am Kern dessen, wer wir wirklich sind, als die Bilder, die wir so fein säuberlich der öffentlichen Welt präsentieren. Sie zeigen das nackte Selbst, unverblümt, ohne Masken und Schutzfassaden. Wenn wir allein sind, steht es uns frei, uns jeder Laune und Marotte hinzugeben, ohne Angst vor den Urteilen anderer haben zu müssen.

Bei meinen Forschungen wurde sehr schnell klar, daß es, wenn wir allein mit uns sind, um wesentlich mehr als um die Pflege irgendwelcher individuellen Gewohnheiten und Rituale geht, die anderen vielleicht seltsam, exotisch oder albern erscheinen mögen. Unsere ganz privaten Augenblicke sind eine reiche Quelle der Inspiration, der Entspannung, der Kreativität, sie bieten uns die Möglichkeit, uns Dingen absolut hinzugeben, und die Chance, zu neuen Einsichten zu gelangen. Schließlich haben alle großen Bücher, Gemälde und Ideen eines gemein: Die Denker, Maler und Erfinder waren mit sich allein, als sie sie schrieben, malten und entwickelten.

Meine Forschungen, mit denen ich zunächst nur die Bandbreite der ganz privaten Verhaltensweisen hatte erfassen und dokumentieren wollen, bewegten mich am Ende jedoch, weit über diesen Rahmen hinauszugehen. Durch meine Untersuchungen war mir klargeworden, welche Bedeutung das Alleinsein für viele Menschen hat. Und ebenso, daß die Fähigkeit, das Alleinsein zu genießen und es produktiv zu nutzen, kein Attribut ist, das Künstlern oder introvertierten Menschen vorbehalten ist und vorbehalten sein sollte. Das Bedürfnis, zeitweilig allein zu sein, stellt mitnichten eine Extravaganz dar. Im Gegenteil: Die Fähigkeit, das Alleinsein zu genießen und zu nutzen, ist eine wesentliche Voraussetzung für die Wahrung unserer psychischen Gesundheit. Personen, für die Alleinsein mit Schmerzen verbunden ist, oder die Alleinsein bewußt um jeden Preis meiden, sind in ihren Fähigkeiten und Möglichkeiten erheblich gehandikapt. Es fällt ihnen schwerer, befriedigende Beziehungen zu finden, sich kreativen Beschäftigungen hinzugeben und wirklich ein Gefühl dafür zu entwickeln, wer sie sind und was sie von ihrem Leben eigentlich erwarten. Alle höhergeordneten menschlichen Bedürfnisse – nach Zugehörigkeit, Akzeptiertwerden, Zustimmung, Stimulation, persönlichem Wachstum und einem angemessenen Selbstwertgefühl – können nicht losgelöst von unserem ganz privaten Leben gesehen werden. Wir brauchen diese Zeit, in der wir allein sind, weg von Freunden, weg von der Familie und weg von allen beruflichen und gesellschaftlichen Verpflichtungen. Ohne diese Zeit haben wir keine Chance, uns von all dem äußeren Druck zu erholen, dem wir ständig ausgesetzt sind, psychisch wieder Energie aufzutanken oder auch nur unser authentischstes Selbst hervortreten zu lassen. Als Ergebnis all dessen wurde aus meiner Arbeit ein Buch, in dem es nicht nur darum geht, was Menschen *tun*, wenn sie allein sind, sondern um die Essenz des Alleins*eins* insgesamt.

Das Alleinsein meistern

Grundlage dieses Buches ist die Idee, daß die Fähigkeit, allein zu sein und das Alleinsein positiv zu nutzen, erlernbar ist. Genau wie wir bestimmte Fertigkeiten und Eigenschaften für einen befriedigenden Umgang mit anderen brauchen – Offenheit, die Bereitschaft zur Geselligkeit, Redegewandtheit, Freundlichkeit sowie die Fähigkeit und Bereitschaft zuzuhören –, so müssen auch bestimmte Voraussetzungen erfüllt sein, um mit uns selbst effektiv umgehen zu können.

Dieses Buch wurde zudem aus der Überlegung heraus geboren, daß es notwendig ist, das Tabuthema der absolut privaten Verhaltensweisen endlich hinter den verschlossenen Türen hervorzuholen – um so dazu beizutragen, daß Sie sich in Ihrem Alleinsein weniger allein fühlen und mehr akzeptieren können. Und indem Sie sich bewußt machen, daß da eine große Gemeinschaft von Menschen ist, die genauso oder ähnlich handelt wie Sie und sich den gleichen oder ähnlichen Gedankenspielen hingibt, dürften die Voraussetzungen dafür bereits erfüllt sein. Dieses Buch soll Ihnen helfen, etwaige Schuld- und Angstgefühle zu überwinden, die im Zweifel ein fester Bestandteil Ihres Alleinseins sind, und dazu beitragen, daß Sie eine größere Befriedigung aus Ihren geheimen Verhaltensweisen beziehen können. Kurz: Es soll Ihnen helfen, sich wohler mit Ihrer inneren Welt zu fühlen.

Auf den nachfolgenden Seiten werden die unterschiedlichsten Formen des Alleinseins behandelt – Sie werden positiven wie negativen, gewöhnlichen wie außergewöhnlichen begegnen. Wenn Sie offen sind, sich auf das volle Spektrum der Erfahrungen einzulassen, werden Sie nicht nur erfahren, was andere tun und wie sie sich fühlen, wenn sie allein sind, sondern höchstwahrscheinlich auch mehr über Ihr geheimes Selbst erfahren. Was Sie dabei lernen, wird dazu beitragen, daß Sie mehr Verantwortung für Ihr Leben übernehmen und die Qualität Ihrer ganz privaten Augenblicke verbessern können. Und das Wichtigste ist, daß Sie damit das Rüstzeug gewinnen, das Voraussetzung für ein erfülltes Alleinsein ist. Und dazu gehört:

- Daß Sie die Bedeutung des Alleinseins und seinen Platz in Ihrem Leben verstehen und schätzen lernen.
- Daß Sie es lernen, unabhängiger und selbständiger zu sein, und ebenso, sich selbst zu unterhalten, um nicht auf das Unterhaltungsprogramm anderer angewiesen zu sein.
- Daß Sie die Fähigkeit entwickeln, in Ihrer eigenen Gesellschaft spontaner und verspielter zu sein.
- Daß Sie mehr Frieden und Ruhe finden, wenn Sie sich vom Streß der gesellschaftlichen Anforderungen und Verantwortlichkeiten zurückziehen.
- Daß Sie Ihr Potential an Kreativität und Produktivität erhöhen.
- Daß Sie einen besseren Zugang zu jener ruhigen, leisen Stimme in Ihrem Innern finden, die Ihnen Ratschläge gibt, Ihnen zu Einsichten verhilft und eine Quelle der Inspiration ist.
- Daß Sie es lernen, geschickter Gefühle der Einsamkeit, Langeweile, Ängste, Nervosität und andere negative Emotionen abzuwehren, die in Verbindung mit dem Alleinsein auftreten.

- Daß es Ihnen leichter fällt, andere zu lieben, wenn Sie die Fähigkeit zu einer angemessenen Fürsorglichkeit gegenüber Ihrem Selbst entwickelt und damit die Voraussetzung geschaffen haben, um im umfassendsten Sinne psychisch wieder auftanken zu können.
- Und nicht zuletzt werden Sie damit Ihren Kindern ein gesundes Beispiel geben können, wie man das Alleinsein besser und positiv nutzen kann.

Die Forschungen zu diesem Buch

Sie fragen sich vielleicht – und das mit Recht: Wie ist es möglich, Zugang zu den intimsten Aspekten des Lebens anderer zu gewinnen? Wie können Menschen dazu bewegt werden, preiszugeben, was sie tun, wenn sie allein sind – und zwar ehrlich und unverblümt? Es ist müßig zu sagen, daß persönlich geführte Interviews in dieser Hinsicht in der Regel wohl nicht allzu ergiebig und zuverlässig sind. Hier kommen verständlicherweise Hemmungen und Schamgefühle ins Spiel und damit die innere Sperre, offen über die intimsten Augenblicke zu sprechen. Auch anonyme Fragebogenerhebungen haben nur eine sehr begrenzte Aussagekraft, da es aufgrund der kurzgefaßten Form schwierig ist, tiefer und etwas mehr ins Detail zu gehen.

Mit der Alternative, Menschen ohne ihr Wissen oder ihre Zustimmung zu beobachten, stoßen wir allerdings auf ethische Probleme. Natürlich könnten wir mit solchen naturalistischen Studien am präzisesten ein Bild davon bekommen, wie Menschen sich verhalten, wenn sie sich unbeobachtet fühlen; sie wären jedoch ein Verstoß gegen das Recht eines jeden auf Unverletzlichkeit seiner Privatsphäre. Gleichwohl können die Ergebnisse solcher Untersuchungen natürlich frappierend sein, wie Forscher der Brigham Young University feststellten, als sie verdeckt das Verhalten von Frauen auf einer öffentlichen Toilette beobachteten: 90 Prozent der Frauen wuschen sich nach der Toilettenbenutzung die Hände, wenn für sie sichtbar noch eine weitere Person anwesend war; aber nur 15 Prozent machten davon Gebrauch, wenn sie glaubten, allein zu sein.

Solche Studien sind natürlich sehr aufschlußreich, aber durch die hinterhältige Natur der geheimen Beobachtung nach meinem Dafürhalten auch sehr problematisch. Hinzu käme in unserem Fall das Problem, daß solche Studien sich auf das rein äußerlich zu Beobachtende beschränken und die subjektive private innere Welt des Individuums nicht erfassen können.

Um möglichst viele Schwierigkeiten auszuräumen, habe ich mich auf verschiedene Quellen gestützt. Bei den Stimmen, denen Sie in diesem Buch begegnen werden, konnte ich mich überwiegend auf Tonbandaufzeichnungen stützen, die mir anonym von einigen Hundert Menschen zugestellt wurden. Unter dem Schutz der Anonymität fühlten sie sich frei, über ihre geheimsten Gewohnheiten und Verhaltensweisen zu sprechen. Darüber hinaus beziehe ich mich auf die Ergebnisse meiner Fragebogenerhebung, in die insgesamt 1500 Personen in verschiedenen Teilen der USA einbezogen waren. Diese Personen wurden gebeten, anonym Auskunft über ihre ganz privaten Augenblicke und ihr geheimes Selbst zu geben. Des weiteren konnte ich auf die vielfältigen Aufzeichnungen aus meiner psychotherapeutischen Praxis und meiner Supervision bei Studenten und Therapeuten aus gut zwölf Jahren zurückgreifen, die Aufschluß über deren intimste Erfahrungen mit dem Alleinsein gaben.

Die für dieses Buch befragten Personen wurden zwar nicht per Zufallserhebung ausgewählt, dennoch glaube ich, daß sie repräsentativ dafür sind, wie die meisten Menschen ihr Alleinsein erfahren. Es handelt sich hier jedoch nicht um eine statistische Untersuchung, sondern um eine deskriptive. Ich habe intensiv das Leben von mehreren Hundert Personen untersucht, um zu allgemeingültigen Aussagen zu kommen. Mit dieser Art der wissenschaftlichen Forschung (von Sozialwissenschaftlern als »phänomenologisch« bezeichnet) ist das Thema weder erschöpfend noch umfassend behandelt; dahinter steht vielmehr der Versuch, das Thema des menschlichen Alleinseins unter Einbeziehung von Beispielen zu behandeln, die repräsentativ für die Erfahrungen der meisten Menschen sind.

Nicht nur Sie, auch andere kennen ihre ganz privaten Augenblicke

Von den Erfahrungen, denen Sie in den nachfolgenden Kapiteln begegnen, werden Ihnen manche sehr vertraut vorkommen und andere ziemlich kurios erscheinen. Wenn Sie hören, was andere tun, wenn sie sich unbeobachtet fühlen, denken Sie vielleicht: »Ja, und?« Oder: »Ach, das mache ich auch.« Anderes werden Sie vielleicht kaum glauben können, und wiederum anderes wird Sie zum Lachen bringen. Und Sie werden sich vielleicht fragen: »Können andere Menschen wirklich so ungehemmt und so völlig anders sein, wenn sie allein sind, als ich es bin?«

Wenn Sie diesen Menschen zuhören, wie sie erzählen, welchen Beschäftigungen sie sich regelmäßig in ihren privatesten Augenblicken hingeben – wie sie sich ihrer Körper- und Schönheitspflege widmen, wie sie arbeiten, schöpferisch tätig sind, spielen, meditieren, sich entspannen, beten, Sport treiben, sich Phantasien hingeben, Selbstgespräche führen, herumtrödeln oder auch einfach nichts tun –, sollten Sie versuchen, ihrem Verhalten mindestens soviel Toleranz wie Ihren eigenen Marotten und Gewohnheiten entgegenzubringen. Sie werden staunen über die Vielfalt der menschlichen Verhaltensweisen und sicherlich auch feststellen, daß Sie mit den Dingen, die Sie tun, keineswegs alleine sind. Aber wichtiger ist noch, daß Sie erfahren werden, wie Sie mit Motivation und etwas Übung die Qualität Ihrer ganz privaten Augenblicke erheblich verbessern können.

1. Die Bedeutung des Alleinseins

Endlich allein. Nun, da Sie bequem mit diesem Buch auf dem Schoß dasitzen, stellen Sie sich vor, wie es wäre, vorübergehend vom Rest der Welt abgeschnitten zu sein. Ignorieren Sie alle übrigen menschlichen Geräusche, die in Ihr Bewußtsein eindringen möchten. Sofern Sie tatsächlich allein sind, fragen Sie sich, ob Sie sich anders verhalten, wenn Sie sich unbeobachtet fühlen. Sie verschwenden in der Situation sicher keinen Gedanken daran, wie Sie aussehen. Sie können sich lümmeln, sich kratzen, wenn's juckt, oder einfach in die Luft starren, ohne sich Gedanken machen zu müssen, was andere von Ihnen halten.

Wenn Sie den prüfenden Blicken anderer entzogen sind, ist es ganz natürlich, daß Sie sich entspannter fühlen. Sie sind wahrscheinlich ein anderer Mensch im Vergleich zu dem, den Ihre Kollegen, Freunde oder auch Ihre Familie kennen. Es gibt Dinge, die Sie regelmäßig tun, die nie eine lebende Seele beobachtet hat. Wenn andere allein wüßten, was manchmal in Ihrem Kopf vorgeht, sie würden sicher staunen, selbst diejenigen, die glauben, Sie am besten zu kennen. Sie haben ein geheimes Selbst, das Sie aus Selbstschutzgründen, aus Angst vor Verwundbarkeit, Kritik und Zurückweisung, vor anderen abschirmen.

Diese ganz private Welt ist von entscheidender Bedeutung für die Entwicklung eines gesunden Selbstgefühls, da sie uns vorübergehend von allen gesellschaftlichen Zwängen und dem Drang befreit, nach Möglichkeit die Zustimmung anderer zu finden. Sie erlaubt es uns, wählerisch im Umgang mit Anforderungen und Anstandsregeln zu sein: Es steht uns frei, zu tun und zu lassen, was wir möchten. Sie stellt jenen lebenswichtigen Raum dar, in dem wir gedanklich Dinge durchspielen, Dinge planen, uns unserer Phantasie hingeben und kreativ sind, und in dem wir die Chance haben, uns Veränderungen anzupassen und so dafür zu sorgen, daß wir uns im Einklang mit uns selbst und ausgeglichen fühlen. Kurz: Sie ermöglicht es uns, ganzheitlicher zu sein. Losgelöst von den einschränkenden Erwartungen anderer und den Definitionen, was angemessen ist und was nicht, können wir ungehemmter, lebendiger im Ausdruck und mit Sicherheit auch authentischer sein.

Fragen, die Sie sich stellen sollten

Die Erforschung unserer ganz privaten Augenblicke und unseres geheimen Selbst ist durchaus eine beängstigende Aufgabe. Es ist eine Herausforderung, uns intime Dinge, die wir vielleicht unbewußt tun, bewußt zu machen, zumal wir uns dabei alleine fühlen, da andere kaum einmal bereit sind, ehrlich zu sagen, was sie machen, wenn sie allein sind. Hilfreich, um bewerten zu können, was Alleinsein für Sie bedeutet, sind möglicherweise die nachfolgenden Fragen, die ich auch den Teilnehmern und Teilnehmerinnen an meiner Studie stellte:

- Wie verbringen Sie Ihre Zeit, wenn Sie für sich, ganz allein und unbeobachtet sind?
- Inwieweit unterscheiden Sie sich dann von der öffentlichen Person, die die meisten kennen und lieben?
- Welche Dinge tun Sie zum Beispiel, wenn Sie allein sind, Dinge, die Sie noch nie jemandem anvertraut haben?
- Warum fällt es Ihnen schwer, allein zu sein? Welchen Schwierigkeiten begegnen Sie?
- In welcher Hinsicht ist das Alleinsein Ihrem Leben förderlich?

Während Sie sich einige Augenblicke nehmen, um über Ihre Antworten nachzudenken, merken Sie vielleicht bereits, daß sich in Ihrem Innern ein interessanter Wandel vollzieht. Merken Sie, daß Ihr Herz ein wenig schneller schlägt oder daß Sie etwas erröten? Manche fühlen sich sofort in die Defensive gedrängt, wenn sie über derart intime Dinge, Gefühle und Handlungen nachdenken sollen; sie schließen sofort die Schotten; eine derartige Auseinandersetzung ist einfach zu bedrohlich – wer weiß denn schließlich schon, wohin das führt? Aber setzt sich bei Ihnen nicht ein anderes Gefühl durch – ein Gefühl der Erregung, ein Hochgefühl, während Ihnen einige Situationen in Erinnerung kommen, die etwas Magisches hatten?

Möglicherweise werden bei Ihnen auch eine ganze Reihe von Reaktionen durch die Beschäftigung mit diesen Fragen ausgelöst. Viele sagen bei diesen Fragen, ja, genau, das ist etwas, dem sie schon immer nachgehen wollten. So kann die natürliche Neugier, wissen zu wollen, wie andere ihre ganz privaten Augenblicke verbringen, dann der Anstoß sein, die eigene private Welt zu erforschen. Wie Sigmund Freud[1] und die Katholische Kirche bereits vor langer Zeit feststellten, gibt es eine direkte Verbindung zwischen dem Teilen bzw. Mitteilen des Selbst und dem Gefühl der Erleichterung, das sich anschließend einstellt. Ein weiteres Ergebnis der Beschäftigung mit diesen Fragen ist im allgemeinen eine erhöhte Selbstbewußtheit, die sich aus dieser Art der Selbsterforschung ergibt. Die meisten denken kaum über ihr geheimes Selbst oder die Dinge nach, die sie in ihren ganz privaten Augenblicken tun, da so vieles davon automatisch geschieht – Singen unter der Dusche, das gedankenlose Herumkritzeln auf einem Blatt Papier oder die Betrachtung des eigenen Spiegelbildes sind oft solche Selbstverständlichkeiten, daß sie nicht einmal mehr wahrgenommen werden.

Wir sind alle völlig anders, wenn niemand uns zusieht. Und niemand, der ehrlich ist, wird bestreiten, daß er sich anders verhält, wenn er allein ist. Dennoch bleibt, daß die meisten ein Unbehagen beschleicht, wenn es um bestimmte Aspekte ihres geheimen Selbst geht. Und damit kommen wir zu einem Paradox des Alleinseins, das sowohl gefühlsmäßige Höhen als auch Tiefen, sowohl Freude als auch Scham kennt. Wie der einzelne seine ganz privaten Augenblicke erfährt, hängt davon ab, inwieweit er Alleinsein tolerieren kann. Und das ist eine Fähigkeit, die bereits in jungen Jahren grundgelegt und zeit unseres Lebens weiterentwickelt wird.

Die Fähigkeit, allein zu sein

In einem klassischen Fernsehwerbespot biegt ein Auto von einer vielbefahrenen Hauptverkehrsstraße auf eine einsame Seitenstraße ab. Der Fahrer atmet erleichtert auf, hält locker eine Hand auf dem Lenkrad und kutschiert lächelnd in die weite Leere hinein. Ein abgedroschenes Bild. Aber es trifft eine grundlegende Wahrheit, wonach in der Chance, aus der Masse auszubrechen, zugleich die beste Chance liegt, uns selbst zu finden. Es sind diese besonderen Gelegenheiten, wenn wir mitten auf einem See, auf dem Gipfel eines Berges oder in der Abgeschiedenheit unseres Hauses allein sind, bei denen wir jene Gedanken und Gefühle wiederentdecken, die am klarsten definieren, wer wir sind.

In den Verhaltensweisen, denen Sie sich hingeben, wenn Sie allein sind, kommt der Teil Ihres Selbst zum Tragen, der nur zum Vorschein kommt, wenn Sie vorübergehend einmal frei von allen Verpflichtungen, auch denen gegenüber Ihrem öffentlichen Image sind. Einen Großteil der Zeit, in der Sie allein sind, gehen Sie vielleicht Aufgaben nach, die Ihnen aufgetragen wurden oder die Sie übernommen haben, um die Bedürfnisse anderer zu befriedigen, aber nichtsdestoweniger steht es Ihnen frei, diese Dinge so zu erledigen, wie Sie es möchten. Es steht Ihnen frei, eine freie Stunde oder einen freien Nachmittag so zu nutzen, wie Sie es möchten, zum Ausruhen, um sich zu unterhalten, um Anregungen zu finden oder zur Selbst-Entdeckung.

Die Menschen sind verschieden. Ebenso wie es individuelle Vorlieben gibt, wie der einzelne die Zeit, die er allein ist, am liebsten verbringt, so gibt es auch individuelle Präferenzen, wie oft und wie lange man jeweils Zeit für sich haben möchte. Bei manchen ist der Rückzugsbedarf, um dann im übrigen wieder effektiv funktionieren zu können, mit relativ wenig Zeit (kaum einige Stunden in der Woche) gedeckt, während andere unbedingt mehrere Stunden am Tag brauchen. Wieviel und wie Sie am liebsten allein sind, hängt von mehreren Variablen ab:

Der Menge des physischen Raumes, der Ihnen in Ihrer persönlichen Welt zugestanden wird. Ein Landwirt, der nur zusammen mit seiner Frau auf einem großen, isoliert gelegenen Bauernhof lebt und den ganzen Tag mit dem Traktor auf den Feldern herumfährt, verspürt weniger den Drang, Zeit für sich zu finden, als etwa der Buchhalter, der in einer Großstadt lebt, sich mit seiner kinderreichen Familie eine kleine Wohnung teilt, täglich in einer überfüllten U-Bahn zu seinem Arbeitsplatz fährt, wo er sich mit Kollegen und Kolleginnen ein Großraumbüro teilt.

Der Quantität und Qualität Ihrer intimen Beziehungen. Personen, die sich in ihren Freundschaften und Liebesbeziehungen sicher aufgehoben fühlen und ein gesundes Gleichgewicht gefunden haben zwischen Alleinsein und Zusammensein mit anderen, können mit ihrem Alleinsein und den Beschäftigungen, denen sie dann nachgehen, lockerer umgehen als Personen, die sich auf der persönlichen Ebene weniger befriedigt fühlen. Personen, die sich von ihrer Familie oder ihren Freunden allzusehr bedrängt fühlen oder sich, im anderen Extrem, meistenteils isoliert und einsam fühlen, können die Zeit, die sie für sich haben, nicht mit der gleichen Ruhe genießen.

Den in der Kindheit entwickelten Assoziationen, die Sie mit dem Alleinsein verbinden. Bis zu einem gewissen Grad wurde Ihre Einstellung zum Alleinsein durch die Haltung Ihrer Eltern geprägt. Personen, die in Familien aufwuchsen, in denen Alleinsein und Ruhe geschätzt wurden, haben zwangsläufig eine andere Einstellung als diejenigen, die in einer Umgebung groß wurden, in der Alleinsein gemieden wurde oder gefürchtet war. Gleichwohl können zwei Kinder in derselben Familie aufwachsen und dennoch sehr verschieden sein – wobei das eine sich an dem orientiert, was es zu Hause sah, und das andere, und sei es aus Rebellion, sich gegenteilige Rollenmodelle sucht. Hier spielt auch die Reihenfolge der Geburt eine Rolle. So gelangt das älteste Kind, das, ehe die Schwester auf die Welt kommt, bereits gelernt hat, sich kreativ mit sich selbst zu beschäftigen, zu einer anderen Einstellung zum Alleinsein als etwa ein mittleres Kind, das von Anfang an Gesellschaft hat und es nicht anders kennt, als daß andere im Zweifel für Abwechslung sorgen. Aber auch das läßt sich nicht unbedingt verallgemeinern. Denn im Endeffekt ist es ebensogut denkbar, daß das älteste Kind als erwachsener Mensch keinen Drang nach Alleinsein mehr verspürt, da es als Kind reichlich allein gespielt hat, oder mehr noch, daß sich in ihm der starke Drang durchsetzte, die Isolation, unter der es früher litt, jetzt um jeden Preis zu kompensieren.

Den verfügbaren Ressourcen. Bis zu einem gewissen Grad werden Ihre Vorlieben in puncto Alleinsein auch von den gegebenen wirtschaftlichen und kulturellen Gegebenheiten beeinflußt. Der gesellschaftliche Status, kulturelle Hintergrund und insbesondere die finanzielle und berufliche Situation bestimmen, wieviel Zeit Sie zum Alleinsein haben und wieviel privaten Raum Sie sich leisten und in Anspruch nehmen können. Zu Hause allein sein zu können setzt voraus, daß man allein räumlich die Möglichkeit zum Rückzug findet, also einen Wohnraum, der groß genug ist, um jedem Mitbewohner seine Intimsphäre zu gewähren. Reichtum bedeutet also doppelten Vorteil: Wer reich ist, kann sich nicht nur den Raum leisten, um sein Alleinsein zu genießen, er kann auch die Zeit dafür erübrigen.

Der individuellen Entwicklung Ihrer Persönlichkeit. Bei Ihrer Reise über die Spielplätze und durch die Klassenzimmer des Lebens wurden Ihre genetischen Prädispositionen stimuliert und geformt. Ausgehend von Ihren persönlichen Erfahrungen haben Sie Werte, Präferenzen und die Grundlagen entwickelt, nach denen Sie Entscheidungen treffen. Besonders wichtig in diesem Zusammenhang waren die Erfahrungen, die Sie mit anderen machten: daß Sie ihnen vertrauten und umgekehrt erfuhren, daß diese auch Ihnen vertrauten; ebenso wichtig war die Erfahrung des Konkurrierens mit anderen und das Gefühl, bestehen zu können; und von entscheidender Bedeutung war nicht zuletzt das Nachdenken über den Sinn, den das Leben persönlich für Sie hat. All diese Dinge spielten bei der Entwicklung Ihrer Identität, Ihres Selbstwertgefühls und einer integrierten Persönlichkeit eine zentrale Rolle.

Hemmungen loslassen

Alle vorgenannten Faktoren wirken zusammen und sind im Ergebnis grundlegend für Ihr individuelles Bedürfnis nach Alleinsein und das individuelle Muster, das Sie im Laufe Ihres Lebens in ihren Verhaltensweisen entwickeln. Ihre Fähigkeit, allein zu sein, und Ihre Präferenzen in diesem Zusammenhang hängen aber auch noch von anderen Facetten Ihres persönlichen Stils ab, unter anderem von der Fähigkeit, Hemmungen loszulassen. Jenseits aller individuellen Unterschiede gilt, daß wir uns alle ungehemmter in unseren ganz privaten Augenblicken fühlen – wie auch der Fall einer berufstätigen Mutter mittleren Alters zeigen mag.

Nancy ist ganztags beschäftigt und versorgt nebenher ihren Haushalt mit Ehemann und drei Kindern. Der physische Raum, den sie zu Hause und im Büro für sich allein hat, ist minimal. Sie bezieht ein stattliches Gehalt, aber nachdem die Fixbeträge für die College-Kosten ihrer Kinder abgeführt sind, bleibt ihr kaum etwas zur eigenen Verfügung.

Nancy hat solide Beziehungen, sowohl mit ihrer Familie als auch mit Freunden. Und keiner hat etwas gegen ihr Bedürfnis, Zeit für sich allein zu finden – solange *ihre* Bedürfnisse nicht zu kurz kommen. Ein Konflikt, den Nancy als sehr belastend empfindet, da sie als Jugendliche und als junge Erwachsene sehr viele Freiheiten genoß und entsprechend viel allein sein konnte. Am liebsten möchte sie sehr viel allein sein, aber seit sie verheiratet ist, konnte sie aufgrund ihrer familiären und beruflichen Verpflichtungen dem Alleinsein nie die Priorität einräumen, wie sie es sich gewünscht hätte. So daß sie sich ab und an immer wieder einmal etwas Zeit für sich stiehlt.

»Was ich ganz wild und ausgelassen mache, wenn ich allein bin, ist singen«, sagt Nancy. »Ich wollte immer Sängerin werden. Ich habe keine Ahnung, wie meine Stimme sich für andere anhört, aber ich finde sie toll. Musik hat etwas, was mich schon immer in meinem tiefsten Innern berührt hat. Ich habe mir im Laufe der Jahre angewöhnt, wenn ich allein zu Hause bin, was mit drei Teenagern im Moment selten genug vorkommt, als erstes meine ›Bürokleidung‹ auszuziehen und ein großes Hemd von meinem Mann anzuziehen, das sackig an mir herunterhängt. Keine Hose. Ich löse mein Haar und lasse es einfach lose hängen. So kann ich mich ungehemmter und verwegener fühlen. Dann lege ich eine Platte auf – welche, hängt immer von meiner Stimmung ab. Sodann folgt mein Auftritt: Ich stelle mich ganz ruhig und bewegungslos hin, als hätte ich ein Mikrophon vor mir. Und mit der Musik fange ich dann an zu singen, wobei ich die starken Gefühle, die in mir sind, frei herauslasse.

Ich fange an, mich zu bewegen und zu tanzen, als hätte ich einen Bühnenauftritt. Es ist kurios, aber ich habe nicht den Drang, vor anderen Leuten zu stehen, es reicht mir völlig, das einfach für mich selbst zu tun, ich genüge mir als Publikum vollauf. So brauche ich mir zumindest keine Gedanken darüber zu machen, wie ich aussehe, und kann mich statt dessen ganz auf das konzentrieren, was ich in meinem Innern fühle.«

Singen ist für Nancy ein Weg, innerhalb der begrenzten ganz privaten Augenblicke, die ihr zur Verfügung stehen, emotionale Energie rauszulassen. So ist es ihr möglich, in Kontakt mit ihren Gefühlen zu kommen und Teile von sich zum Ausdruck zu bringen, die sie für gewöhnlich fest in ihrem Innern verschlossen hat. Das Singen ist für sie – wie für viele andere, die unter der Dusche, im Auto oder im Wald ein Lied schmettern – ein Ausdruck von Lebendigsein.

Bereits in frühen Jahren wurde Ihnen sehr wahrscheinlich beigebracht, daß Sie alle Dinge unterlassen und meiden sollten, in denen Sie nicht gut sind. Aber all diese Regeln sind, wenn Sie allein sind, außer Kraft gesetzt. Wenn Sie singen, hören Sie, wie wundervoll Ihre Stimme klingt. Vielleicht fallen Ihnen Erinnerungen ein, die Sie mit einer bestimmten Melodie assoziieren, so daß Sie durch die Verbindung zwischen der Musik und einer bestimmten traurigen oder glücklichen Episode nochmals ein Stück Vergangenheit durchleben können. Oder Sie geben sich Phantasien hin, wie Sie irgendwann in der Zukunft auf der Bühne stehen und das Publikum Ihnen zu Füßen liegt.

Nancys Geschichte zeigt, daß Sie sich, wenn Sie allein sind, weniger Gedanken über Ihr Äußeres machen. Vielleicht ist es sogar die Regel, daß Sie dann auf Make-up verzichten oder sich nicht rasieren, in der Unterwäsche oder auch völlig unbekleidet herumlaufen. Es wird weniger wichtig, welches Bild Sie abgeben und wie Sie aussehen – so daß Sie sich natürlicheren und spontaneren Formen der Entspannung hingeben können.

Des weiteren können Sie auch ungehemmter mit ganz natürlichen Körperfunktionen umgehen. Wenn Sie allein sind, sind alle gesellschaftlichen Tabus und Anstandsregeln zeitweilig aufgehoben. Es gibt niemanden, der auf die Einhaltung von Regeln pocht, Ihnen Vorhaltungen macht und erklärt: »Das ist ja widerlich!«

Das Alleinsein bietet Ihnen eine Fülle von Möglichkeiten, Ihren Körper, Geist und Ihr Verhalten zu erforschen. Sie sind flexibler in Ihrer Zeitplanung und können in der Regel eher, was Schlafen, Essen und Bewegung angeht, dem Rhythmus Ihres Körpers folgen. Frei von dem Druck der Bedürfnisse anderer können Sie mehr auf Ihre eigenen Bedürfnisse hören. Sie können nach Belieben in Ihren Aktivitäten umschalten – eine Sache fallenlassen und zur nächsten übergehen, sich hinsetzen, beim Fernsehen das Programm umschalten, in einer Zeitschrift blättern, sich einen Apfel schnappen, zum Fenster gehen, ein Glas ausspülen. Alles ist spontaner und fließender, wenn Sie frei von der kritischen Beobachtung anderer sind.

Die Fähigkeit, sich von Hemmungen freizumachen, unterliegt im Prinzip einem lebenslangen Entwicklungsprozeß. So wie sich mit dem Älterwerden unsere Interessen und Werte sowie unsere wirtschaftliche Situation verändern, so wie wir kürzer treten müssen oder freizügiger leben können, so wie wir durch die Bücher, Filme und Beziehungen, denen wir im Laufe der Jahre begegnen, geprägt werden – so verändern sich entsprechend auch unsere ganz privaten Augenblicke. Sie reflektieren, was wir als das Wichtigste in unserem Leben betrachten, was unserem Dasein den größten Sinn und die größte Befriedigung gibt. Und dennoch hängt die Bedeutung, die das Alleinsein für jeden einzelnen von uns hat, bis zu einem gewissen Grad davon ab, wie wir jeweils individuell das Alleinsein definieren.

Definition des Alleinseins

Jede brauchbare Beschreibung, was es heißt, allein zu sein, muß den physischen Kontext des Alleinseins und die damit verbundenen Gefühle mit einschließen. Diese beiden Dimensionen wirken in einer Weise zusammen, die manchmal nahezu paradox erscheint, da es bei dem Alleinsein sowohl um einen äußeren Zustand (die physische Trennung von anderen) als auch um einen geistigen Zustand (die subjektiv empfundene Trennung von anderen) geht. Aber ungeachtet aller denkbaren Formen und Variationsmöglichkeiten geht es beim Alleinsein um die Beziehung eines Menschen zu sich selbst, zu seinen Gefühlen der Einmaligkeit und Individualität.

Das Paradox läßt sich an einfachen Beispielen aufzeigen. Ist ein Mensch allein, wenn er zu Gott betet? Relativ klar scheint, daß jemand, der mutterseelenallein auf einem Berggipfel steht, allein ist, und daß jemand, der eingezwängt in einem Aufzug steht, es nicht ist. Entscheidend dafür, ob das Alleinsein wirklich erfahren wird, sind jedoch die dabei jeweils subjektiv erfahrenen Empfindungen, Gedanken und Gefühle. Sofern es sich bei demjenigen auf dem Berggipfel zum Beispiel um jemanden handelt, der an Schizophrenie leidet und hier unter dem Eindruck steht, er höre die Stimmen führender Staatsmänner, die sich mit ihm über ihre Vorstellungen zu den künftigen politischen Entwicklungen unterhalten, sei die Frage erlaubt, ist dieser Mann wirklich allein? Die gleiche Frage könnten wir bei dem vierjährigen Kind stellen, das allein mit einer Puppe spielt und sich angeregt mit seinem Spielgefährten unterhält.

Wenn Sie andererseits ein autistisches Kind nehmen, das völlig in seiner stillen Welt gefangen ist, und es in einen Raum voller anderer Kinder führen, werden Sie verblüfft sein, wie allein dieses Individuum dasteht. Sie haben sich wahrscheinlich auch schon bei Versammlungen allein gefühlt, wo Sie niemanden kannten. Alle anderen plauderten miteinander, lächelten und schienen sich irgendwie zugehörig zu fühlen, aber Sie blieben isoliert außen vor – Sie fühlten sich unwohl, unsicher und sehr »allein«.

Wie Alleinsein definiert wird, hängt davon ab, wie die jeweilige Erfahrung wahrgenommen und interpretiert wird. Und das wird wiederum in weiten Teilen von der Kultur bestimmt, in der Sie leben. Nehmen Sie nur, wie anders Sie das Alleinsein erfahren, wenn Sie in einem fremden Land oder mit einer Gruppe von Menschen unterschiedlicher ethnischer Zugehörigkeit zusammen sind. Ohnehin schon getrennt durch die Sprache und Kultur, fühlen Sie sich noch stärker allein, wenn Sie mit sozialen Verhaltensweisen konfrontiert sind, die Ihnen fremd und unverständlich sind. In einem fremden Land fühlen Sie sich im Zweifel sehr allein.

Die Privatsphäre – in verschiedenen Kulturen

Um besser verstehen zu können, wie Menschen anderer Kulturen ihr Alleinsein erfahren und definieren, entwickelte der Anthropologe Edward Hall eine eigene Wissenschaft zum Distanz- bzw. Raumverhalten. Er untersuchte, wie privater und öffentlicher Raum genutzt wird. Als Ergebnis seiner weitreichenden Forschungen stellte Hall eklatante Unterschiede fest, wie die Völker verschiedener Nationen mit dem Eindringen in ihre private Welt umgehen.

Die Deutschen betrachten ihren privaten Raum zum Beispiel als die Erweiterung ihres Egos. Typisch ist die strenge Abschirmung der Privatsphäre, die mit stabilen und optimal schallisolierten Einrichtungen und hohen Zäunen gesichert wird und einen optimalen Rückzug gewährleistet. Deutsche Autos und Häuser sind bekannt für die Stabilität und Paßgenauigkeit ihrer Türen. Bezeichnend ist, daß Alleinsein streng nach physischen Parametern definiert wird.

Die Engländer sind es demgegenüber nicht gewohnt, einen Raum zu haben, den sie ihr eigen nennen können – und sei es, daß es sich damit erklärt, daß sie auf einer dichtbesiedelten Insel leben. Sie neigen eher dazu, in ihrem Innern Zuflucht zu suchen. Während der Deutsche, wenn er allein sein möchte, Zuflucht hinter einer verschlossenen Tür sucht, schließt der Engländer sich mental von der Außenwelt ab und zieht sich in sich zurück. Hier wird das Alleinsein also weniger über die äußeren Umstände als vielmehr über die innere Isolierung definiert.

Bei den Japanern, wo eine physische Privatsphäre schon aufgrund der Bevölkerungs- und entsprechenden Raumdichte kaum existiert, ist die Neigung zu dieser inneren Dimension des Alleinseins noch ausgeprägter. In der arabischen Welt gibt es kein Alleinsein, wie wir es kennen, es gibt die Trennung von der Familie nicht und in der arabischen Sprache auch kein Wort für *Privatsphäre*. Wenn sie allein sein möchten, schrieb Hall, hören sie auf zu reden.[2]

Es ist also nicht gerade eine leichte Aufgabe, Alleinsein zu definieren. Für Deutsche und US-Amerikaner ist Alleinsein ein physischer Zustand, der durch die Trennung von anderen Menschen charakterisiert wird. Für Koreaner, Iraner oder Japaner ist das Alleinsein demgegenüber weitaus mehr ein innerer Zustand, der durch den Rückzug in sich selbst herbeigeführt wird. Aber kulturübergreifend gilt, daß es bei der Frage des Alleinseins nicht nur um die Erfahrung, allein zu *sein*, sondern auch um das Gefühl geht, sich getrennt von anderen zu *fühlen*.

Alleinsein: Verzweiflung oder Hochgefühl?

Wir können Alleinsein im Sinne der physischen oder erfahrungsspezifischen Trennung definieren; wir können es auch im Rahmen dessen untersuchen, wie der einzelne auf Erfahrungen des Alleinseins reagiert – ob er sie als höchst angenehm und entspannend empfindet, oder ob dies sehr schmerzliche Erfahrungen der Einsamkeit und Entfremdung für ihn sind. Manche können ihre Zeit des Alleinseins in kreative Energie, in ausgelassene Spiele und in produktive Träume umsetzen. Andere versuchen mit wilder Entschlossenheit, in ihrem Alleinsein irgendeine Form des Friedens zu finden. Es ist die jeweils persönliche Haltung, die bestimmt, ob solche ganz privaten Augenblicke als eine Erfahrung der Entfremdung oder der Selbstverwirklichung wahrgenommen werden, ob sie den Anstoß zu produktiven Überlegungen geben oder destruktiver Verzweiflung Vorschub leisten. Die Wahrnehmung wird zumindest zum Teil früh in unserem Leben dadurch geprägt, wie wir es lernen, mit der Zeit, die wir allein sind, umzugehen.

Nehmen wir zwei Personen, deren Kindheit sehr ähnlich verlief. Beide waren zwar nicht ohne Freunde, ihr Drang nach Unabhängigkeit war aber so ausgeprägt, daß sie jenseits von Gruppen ihrer Wege gingen. Beide waren intelligent, was aber nicht in überdurchschnittlich guten schulischen Leistungen zu Buche schlug. Beide hatten ein einigermaßen passables Verhältnis zu ihren Familien. Und beide hatten sehr viel Zeit für sich. Beide verbrachten viel Zeit allein in ihren Zimmern oder auf irgendeinem Hinterhof mit einem Buch auf dem Schoß. Eines dieser beiden Kinder sollte später als Albert Einstein von sich reden machen, der die Physik des 20. Jahrhunderts revolutionierte. Das andere, Richard Speck, entwickelte sich zum Massenmörder.

Was war ausschlaggebend für die unterschiedliche Entwicklung dieser zwei Menschen, die viel allein waren? Wie können zwei so ähnliche Kindheiten derart krass unterschiedliche Erwachsene hervorbringen? Zumindest zum Teil erklärt sich der Unterschied damit, wie jeder diese allein verbrachte Kindheit erfahren hat. Für den jungen Einstein war sein Alleinsein erfüllt von seiner grenzenlosen Wißbegierde, seinem enormen Forschungsdrang und seinem nach Wahrheit strebenden Geist. Für Speck bedeutete Alleinsein Einsamkeit und Entfremdung.

Bei meinen Untersuchungen, wie Menschen ihre Zeit des Alleinseins erfahren, zeigte sich, wie unterschiedlich sie empfinden können, selbst wenn die äußeren Umstände verblüffend ähnlich sind. An einem Kontinuum aufgezeigt, steht das als positiv empfundene Alleinsein für einen Zustand des Selbst-»Besitzes«, in dem wir in Kontakt mit uns selbst treten und vorübergehend nicht den Bedürfnissen und Wünschen anderer ausgesetzt sind. Diese Form des Alleinseins setzt mitunter einen regelrechten Kreativitätsschub und ein Gefühl absoluter Klarheit und Erhabenheit frei. Was unter anderem erklärt, warum Künstler und Schriftsteller allein arbeiten. Diese Form des Alleinseins kann uns in Kontakt mit der spirituellen oder sinnlichen Seite unseres Daseins bringen.

Oliver Morgan zufolge unterscheidet sich diese Form des Alleinseins entschieden von anderen Formen – wie Einsamkeit, Isolation, Abgeschiedenheit, Entfremdung, Zurückgezogenheit und sogar Ruhe. Typisch für diese Form ist die *aktive* Kontemplation, die auch dann stattfindet, wenn sich eine Person in einem Zustand der Stille und Ruhe befindet. Es sind die situative Aufmerksamkeit und die Anwesenheit im Augenblick, die einen Zustand der Integration und Ganzheit herbeiführen. Nicht zuletzt handelt es sich bei dieser Form des Alleinseins, wie Morgan erklärt, fast immer um einen gewählten Zustand: »Alleinsein ist ein Weg, bei sich selbst zu sein, es zu lernen, sich selbst auszuhalten und sich mit dem Mysterium anzufreunden, das das eigene Selbst darstellt. Diese Form des Alleinseins ist die Entscheidung, dem eigenen inneren Selbst zu begegnen, und nur durch die Entscheidung kann es Teil des eigenen Lebensstils werden.«[3]

Eines der Merkmale, die diese Form des Alleinseins von den negativeren Formen unterscheidet, ist der Punkt der freien Wahl. Und die innere Fähigkeit zu entwickeln, die hierzu erforderlich ist, ist eine Frage der Übung. Henry David Thoreaus zweijähriger Rückzug in die Einsamkeit, den er in *Walden* beschreibt, ist ein schönes Beispiel, wie ein aus freier Wahl gesuchtes langes Alleinsein zu einer phantastischen Erfahrung werden kann:

> »Ich habe in meinem Haus viel Gesellschaft, vor allem morgens, wenn kein Besuch kommt. Ich muß ein paar Vergleiche suchen, damit man sich ein Bild meiner Lage machen kann. Ich bin nicht einsamer als der lachende Taucher auf dem See, nicht einsamer als der Waldensee selbst. Was hat denn, bitte, dieser einsame See für Gesellschaft? Und doch beherbergt er nicht die blauen Teufel, sondern die blauen Engel in seiner Tiefe, in seinem azurblauen Wasser! Die Sonne ist allein; nur bei Nebel scheint es mitunter zwei Sonnen zu geben, aber eine davon ist eine Scheinsonne. Gott ist einsam – der Teufel aber ist weit entfernt davon, einsam zu sein. Er hat viele Kameraden, er ist Legion. Ich bin nicht einsamer als ein einzelnes Wollkraut oder ein Löwenzahn auf der Wiese, als ein Bohnenkraut, ein Sauerampfer, als Bremse oder Hummel...«[4]

Wenn eine derart glückliche Erfahrung das eine Ende des Kontinuums des Alleinseins repräsentiert, dann steht am anderen Ende die Isolation. Diejenigen, die wider ihren Willen verlassen, geschieden, durch den Tod des Partners bzw. der Partnerin zu Witwern oder Witwen oder unfreiwillig von anderen getrennt werden, können ihre Situation wohl kaum als so angenehm empfinden, wie Thoreau seinen Rückzug genoß. Wenn unser Alleinsein nicht gewählt ist, sondern uns durch Umstände, die sich unserer Kontrolle entzogen, aufgezwungen wurde, ist Isolation oft das Ergebnis. Nicht von ungefähr wird die Isolationshaft als eine extrem grausame Strafe betrachtet. Bei den Römern galt es nicht als die schlimmste Tortur, den Löwen vorgeworfen oder zu Tode gesteinigt, sondern zu einer lebenslangen Verbannung, zu einem lebenslänglichen Alleinleben verurteilt zu werden.

Doch zwischen der positiven Form des Alleinseins und der Isolation liegen Myriaden anderer Möglichkeiten. Manchmal ist man allein, fühlt sich dabei aber weder einsam noch schwelgt man in irgendwelchen Hochgefühlen; die meisten ganz privaten Augenblicke fallen eher in den Bereich der Routine und gewohnheitsmäßigen Vorgänge – Rasieren, Baden, Waschen oder auch gedankenloses

Autofahren. Und bei anderen Gelegenheiten ist es, wenn man mit sich allein ist, wiederum schwierig, überhaupt herauszufinden, was man genau empfindet.

Das Alleinsein neu entdecken

Wie Sie Ihre ganz privaten Augenblicke im einzelnen empfinden und wie Sie diese Zeit verbringen, hängt unmittelbar mit der Qualität Ihres Lebens zusammen. Das Maß an Befriedigung, das Sie aus den Beschäftigungen beziehen, denen Sie in solchen Momenten nachgehen, hängt mit einer Reihe von Faktoren zusammen – damit, wie wohl Sie sich in Ihrer eigenen Gesellschaft fühlen, wie intim die Beziehungen sind, die Sie haben, sowie von Ihrer Fähigkeit und Lust, sich selbst zu unterhalten.

Die Fähigkeit, sich produktiv und gerne mit sich selbst zu beschäftigen, wird im übrigen bereits in absehbarer Zeit zu den wichtigsten Bewältigungsmechanismen gehören, die unverzichtbar sein werden, um unser Leben auch in Zukunft noch genießen zu können. Angesichts der Komplexität des modernen Lebens und der quantitativ zunehmenden Zeit, die wir allein verbringen, ist es notwendig, ein Maximum an Nutzen aus unseren ganz privaten Augenblicken zu ziehen. Die wöchentliche Arbeitszeit nimmt zusehends ab, und die Freizeit entsprechend zu. Auf der einen Seite haben wir die steigenden Scheidungsraten und auf der anderen Seite die steigende Lebenserwartung – das heißt, daß wir uns aufgrund von Witwenschaft oder Scheidung auf mehr Jahre des Alleinseins einzustellen haben. Hinzu kommt, daß familiäre Bande, Freundschaften und Unterstützungssysteme aufgrund der häufiger gewordenen beruflich bedingten Umzüge immer öfter demontiert werden.

Die Toleranz, die wir heute gegenüber dem Alleinsein sehen, ist größer denn je. Nicht zu übersehen ist auch ein deutliches Bedürfnis, Zeit für sich allein zu finden. Ursache der grassierenden Entfremdungsgefühle und der zunehmend um sich greifenden Einsamkeit sind nicht die wachsenden Möglichkeiten zum Alleinsein als vielmehr die Tatsache, daß viele mit ihrer unstrukturierten Zeit nichts anzufangen wissen. Unsere Vorfahren hatten diese Probleme nicht; sie arbeiteten von der Morgendämmerung bis zum Abend und krochen dann müde und erschöpft ins Bett.

Die zunehmende Zeit, über die wir frei entscheiden können, ist für viele ein Problem. Sie haben Schwierigkeiten, sich der Freiheit anzupassen und sich der damit verbundenen neuen Eigenverantwortlichkeit zu stellen. Mit dem steigenden Angebot zum Alleinsein steigen aber auch unsere Optionen, wirklich Befriedigung in unserem Leben zu finden: Wir können tun und lassen, was wir möchten, wenn wir allein sind, ohne ständig der Beobachtung (und Beurteilung) anderer ausgesetzt zu sein. Wir haben die Freiheit, absolut spontan, impulsiv, ausgelassen und albern zu sein. Wir können uns entspannen, wenn wir uns entspannen möchten; wir können grübeln, wenn wir grübeln möchten; wir können tanzen, wenn wir tanzen möchten. Unsere ganz privaten Augenblicke sind die einzige Zeit, in der wir absolut kontrollieren können, was wir fühlen, denken und tun – und wenn nicht, so ist dafür niemand anderem die Schuld zu geben.

Ob Alleinsein mit einem Gefühl grenzenloser Freiheit, mit Kreativität und Freude oder mit Einsamkeit, Frustration und Angst verbunden ist, hängt davon ab, welche Bedeutung und welchen Sinn der einzelne dieser Erfahrung beimißt. Dieses Buch wird Ihnen helfen, Ihre absolut privaten Verhaltensweisen besser zu verstehen und zu erkennen, welche Sie am Ende vielleicht doch lieber ändern möchten. Und es wird Ihnen helfen, größeren Frieden in Ihrer eigenen Gesellschaft zu finden.

2. Das Alleinsein genießen

Alleinsein – im positiven Sinne – ist die Erfahrung, allein zu sein, ohne sich allein zu fühlen. Dieses positiv erfahrene Alleinsein, von dem wir sprechen, ist nicht mit Einsamkeit, Langeweile, Unbehagen oder einem unbändigen Verlangen nach Intimität verbunden, da wir ganz und gar mit unserem Selbst beschäftigt sind. Wir ziehen uns vorübergehend von der äußeren Welt zurück und tauchen in den Augenblick ein – wir spüren die Wärme der Sonne, die Erregung einer neuen Idee oder gehen voll im Anblick eines herrlichen Sonnenunterganges auf.

Das Alleinsein zeitweilig genießen ist nicht in jedem Fall mit einer Ablehnung der äußeren Welt und Sichgehenlassen gleichzusetzen. Nehmen wir den freiwilligen und bewußten Rückzug einer Künstlerin, die sehr viel Zeit in ihrem Studio oder in der freien Natur verbringt. Ihr Verhalten ist wohl kaum als egozentrisch zu bezeichnen; die Distanz, die sie bisweilen zwischen sich und anderen herstellt, ermöglicht es ihr vielmehr, die Welt klarer zu sehen und ihre Visionen auf die Leinwand zu bringen. Durch das Alleinsein kann sie sich nicht nur selbst erforschen, sondern auch ihre Beziehungen zu den Menschen und Dingen in ihrem Umfeld. Das gleiche gilt für den streßgeplagten Public-Relations-Manager, der seine Zeit überwiegend im Kreis von Kollegen, Kunden, Freunden und seiner Familie verbringt. In gewissen Abständen sucht er aber immer wieder Zuflucht in einer einsamen Hütte in den Bergen, um sich vom Alltagsstreß zu erholen und über sein Leben im besonderen und das Leben im allgemeinen nachzudenken:

»Nachdem ich mich einige Tage zurückgezogen habe, kann ich wieder klar denken und fühlen. Meine Tage in der Hütte scheinen mit allen möglichen Dingen, die ich tue, ausgefüllt zu sein. Aber in Wirklichkeit tue ich überhaupt nichts. Ich mache lange Spaziergänge. Ich überlege mir, was ich kochen kann, und wurschtele gedankenlos in der Hütte herum. Ich überlege mir Ausflugsziele, nicht weil ich wirklich dorthin möchte, sondern weil ich eine Entschuldigung haben möchte, um einfach auf den kurvenreichen Landstraßen herumzufahren. Meistenteils denke ich jedoch darüber nach, was in den kommenden Jahren kommen mag und was ich machen möchte. Wenn der Alltag mich erst wiederhat, fehlt mir die Zeit dazu . . . dann bin ich zu sehr abgelenkt.«

Genau wie für ihn ist es für viele Menschen mitnichten ein Luxus, sich zeitweilig die Zeit zum Alleinsein zu nehmen und aus der Alltagsroutine auszubrechen. Es ist ein Muß, etwas, was sie genausosehr brauchen wie Nahrung, Wasser, Sauerstoff und Intimität. Die Gründe, warum wir manchmal den Drang verspüren, uns zurückzuziehen, den Raum und die Zeit zu finden, um allein zu sein, sind uns vielleicht nicht einmal bewußt, oder es fehlen uns die Worte, um sie zu erklären.

Das Streben nach Alleinsein

Jeder Organismus hat das Bedürfnis nach einem persönlichen Raum, einer bestimmten Distanz zwischen sich und anderen Kreaturen. Enten lieben es zum Beispiel, drei Körperlängen auseinanderzubleiben. Kühe, Rinder und Antilopen verteilen sich mit einem gewissen Abstand zueinander über eine Wiese, genau wie Vögel auf einer Telefonleitung. Hunde markieren ihr Territorium mit Duftmarken, Urin, und empfinden jeden als Bedrohung, der es wagt, über diese Duftmarken hinaus in ihren persönlichen Raum einzudringen.

Das gleiche Phänomen können wir beim Menschen und seinem Bedürfnis nach einer territorialen Privatsphäre beobachten. Wir regulieren die Distanz zwischen uns und anderen mit Türen, Zäunen, Abtrennungen und anderen Begrenzungszeichen. Nehmen Sie einen überfüllten Strand, wo jeder sorgfältig seinen persönlichen Raum mit einem Handtuch oder Schirm markiert hat, oder ein Wartezimmer, wo jeder sich seinen Platz so wählt, daß der Blick- und Hörkontakt mit anderen auf ein Minimum reduziert ist. In einem Klassenzimmer nehmen wir »Besitz« von einem bestimmten Tisch und sind verärgert, wenn wir feststellen, daß ein anderer sich auf *unseren* Stuhl gesetzt hat. Ebenso ist das Ausbreiten unserer persönlichen Dinge ein Weg, unsere Grenzen zu markieren.

Um unseren Körper herum existiert eine unsichtbare Barriere, eine Sperrzone, die unser persönliches Wohlbefinden gewährleistet und die wir nicht verletzt sehen möchten. Wissenschaftler haben die Distanz genau gemessen, die wir vorzugsweise zwischen uns und anderen – von Nase zu Nase – gewahrt wissen möchten: Männer wahren, während sie sich unterhalten, einen Abstand von sechzig Zentimetern, während Frauen eine Annäherung bis auf dreiundfünfzig Zentimeter zulassen, ehe sie das Gefühl haben, der oder die andere dringe in ihren Raum ein. Personen, die sich völlig fremd sind, bleiben für gewöhnlich einundsiebzig Zentimeter auseinander, während diejenigen, die sich sexuell zueinander hingezogen fühlen, die Distanz auf weniger als fünfzig Zentimeter verringern. Wie sehr andere Sie mögen, können Sie vielleicht sogar daran ermessen, wie nahe sie Sie an sich herankommen lassen.

Dieses Bedürfnis nach persönlichem Raum scheint mehr oder weniger universal zu sein. Das Überleben jeder Spezies hängt schließlich davon ab, ob genügend Raum für die Mitglieder der eigenen Art verfügbar ist. Aus der Tierwelt, von Rehen, Krabben, Lemmingen, Eulen und Bisamratten, ist zum Beispiel bekannt, daß sie, wenn das Gedränge überhandnimmt, aus unerklärlichen Gründen sterben, um anderen Platz zum Überleben zu machen. Menschen reagieren genau wie Ratten, wenn sie einer Populationsdichte ausgesetzt werden, die ihnen weder die Zeit noch den Raum zum Alleinsein läßt, sie werden lethargisch oder aggressiv. Mit der wachsenden Dichte in unseren Großstädten wächst, wie wir sehen können, auch die Entfremdung und sinnlose Gewalt.

Es gibt stichhaltige Beweise dafür, daß das Streben nach Alleinsein kein Luxus, sondern eine biologische Notwendigkeit ist. Genauso wie der Mensch über einen Herdeninstinkt verfügt, der dafür sorgt, daß wir die meiste Zeit mit anderen zusammen sind (worüber wir im nächsten Kapitel noch ausführlicher sprechen werden), so haben wir auch einen entgegengesetzten Trieb, der uns nach Alleinsein streben läßt. Wenn die Distanz zwischen uns und anderen zu groß wird, stellen sich Gefühle der Isolation und Entfremdung ein. Aber ebenso gilt, daß wir uns von zu viel Nähe zu anderen erdrückt und gefangen fühlen.

Jeder von uns hat seine eigene Marke, mit der das verträgliche Maß an sozialen Kontakten und Zusammensein mit anderen erfüllt ist und jedes Mehr eine Überdosis darstellt. Es sind die Zeiten, in denen unser Quantum mehr als erfüllt wurde – nach einer besonders hektischen Arbeitswoche, nach einer Woche mit dem Haus voller Gäste oder auch nach der Besuchshektik bei oder von Verwandten oder Freunden an irgendwelchen Feiertagen. In solchen Zeiten entwickeln wir eine starke Sehnsucht, allein zu sein. Maryalice Marshall, Psychologin und Expertin auf dem Gebiet des Alleinseins, erinnert sich aus ihrer Jugend an den zeitweilig immer wieder aufflackernden unbändigen Drang, sich zurückzuziehen.

»In meiner Jugend suchte ich gezielt immer wieder nach Möglichkeiten, um allein zu sein. Ich hatte meine Lieblingsorte, wo ich am liebsten hinging, für gewöhnlich draußen, sie waren ideal, um nachdenken und meinem allgegenwärtigen Drang, der Suche nach dem Sinn des Lebens, nachkommen zu können. Einer dieser besonderen Orte war in einem großen privaten Park, nur ein paar Schritte vom Haus meiner Eltern entfernt. Auf der Spitze des mit Bäumen bedeckten und langsam zu einem kleinen See hin abfallenden Hügels gab es eine »Natur«-Kirche. Um ein großes majestätisches Holzkreuz standen einige Holzklötze herum. Hinter dieser »Kirchenbankreihe« stand ein Totempfahl. Und am Fuß des Hügels stand eine winzige Holzhütte. Dies wurde ein Ort für mich, an dem ich mich verzaubert und beglückt fühlte, wo ich mir selbst begegnen konnte. Ich setzte mich hin oder schlenderte ziellos herum und dachte über meine Hoffnungen, meine Träume, meine inneren Kämpfe und Konflikte nach. Wenn ich diesen Ort wieder verließ, fühlte ich mich beschwingt, aufgetankt und ausgeglichen.«[1]

Das Alleinsein hilft, unseren Geist zu beleben, neuerlich Energien zu tanken und Begeisterung in uns zu entfachen. Es hilft uns auch, uns von den Strapazen unserer gesellschaftlichen Verpflichtungen zu erholen. In einem Essay über die Privatsphäre beschreibt Irene Borger ihre Sehnsucht nach dem Alleinsein als einen Weg, sich selbst umfassender zum Ausdruck bringen zu können:

»In den Monaten, in denen ich förmlich danach hungerte, mich zurückziehen zu können, wurde mir mit einemmal bewußt, daß ich mir ein festes kleines Ritual angewöhnt hatte: Sobald ich nach Hause kam und die Tür hinter mir schloß, schüttelte ich die Schuhe von den Füßen, nahm meine Uhr ab und entledigte mich meiner »Ausgehkleidung« – und das mit einer Promptheit und Behendigkeit, als müsse ich meine Haut vor Flammen retten. Unter der Matratze kamen dann meine emotionalen Bestände hervorgeflogen, meine bestgehüteten Geheimnisse kamen hervor und wurden von einem ebenso tiefen wie erlösenden Seufzer begrüßt. Nachdem ich mich dann wieder lange genug hinter den Kulissen aufgehalten hatte, schwand allmählich auch mein Hunger. Die Dinge, die in der Öffentlichkeit nicht herauskommen konnten, begannen nun, sich in meinem Innern zu integrieren.«[2]

Bei manchen ist der Hunger nach mehr Zurückgezogenheit in ihrem Leben so stark, daß sie eine erhebliche Energie dafür aufwenden, zeitlich und räumlich Möglichkeiten zu finden, um allein zu sein. Wir suchen nach einer möglichst abgeschiedenen und dennoch praktischen Wohnung, die wir uns eben noch leisten können; je abgelegener das Haus, je dicker die Wände, je mehr Bäume und Büsche drumherum, je abgeschlossener der Hinterhof, je höher der Zaun um alles herum, desto besser. Ein wichtiges Kriterium ist auch die angebaute Garage mit Verbindungstür zum Haus und automatischem Toröffner, so daß wir aus dem Wagen aussteigen und unser privates Reich betreten können, und erst gar nicht Gefahr laufen, uns mit einem Eindringen in unseren Raum auseinandersetzen zu müssen. Und damit die Privatsphäre auch darüber hinaus noch gesichert ist, ist das Haus klar aufgeteilt, so daß jeder Mitbewohner seinen separaten Raum hat. Jeder hat sein eigenes Zimmer wie auch anderweitigen privaten Raum – da ist *ihr* Studio, *seine* Werkstatt, *ihre* Küche, *sein* Spielzimmer. Und besser ist natürlich noch, wenn jeder seinen eigenen Fernsehapparat, sein eigenes Radio und sein eigenes Telefon hat, damit die Privatsphäre des einzelnen noch weiter geschützt ist.

Warum wenden wir soviel Energie und soviel an Ressourcen für die Befriedigung des Urtriebes nach privatem Raum und privater Zeit auf? Die Antwort ist, daß unsere ganz privaten Augenblicke es uns ermöglichen, zu Selbsterkenntnissen zu gelangen, Unabhängigkeit zu entwickeln, innere Stärke aufzubauen und unsere Kreativität zu mobilisieren. Das Alleinsein ist das wichtigste Setting, um unser Wachstum zu fördern und uns zu verjüngen.

Die Funktionen des Alleinseins

Im Alleinsein finden wir eine Gedanken- und Bewegungsfreiheit, die ansonsten auf keinem Wege erreichbar ist. Einsamkeit heißt vielfach, daß wir über Beziehungen nachgrübeln, die schiefgegangen sind; im positiv erfahrenen Alleinsein können wir demgegenüber gelöst über Menschen nachdenken, die uns wichtig sind, und zu neuen Einsichten hinsichtlich unserer Vergangenheit und Gegenwart sowie zu neuen Vorstellungen mit Blick auf die Zukunft gelangen. Es ist eine Zeit, in der wir über jede Facette unseres Daseins nachdenken können, seien es angenehme oder verwirrende. Sie ist ein integraler Bestandteil des Lebens, der sowohl für das Individuum als auch für die Gesellschaft einen wichtigen Zweck erfüllt.

Das Alleinsein erlaubt es Ihnen, sich auf all das voll einzulassen, was in Ihrem Kopf und in Ihrem Leben vor sich geht. Einige Theoretiker wie der Psychologe Erich Fromm sehen in der Fähigkeit, allein sein zu können, »eine Vorbedingung für die Fähigkeit zu lieben«.[3] Solange Sie sich in Ihrer eigenen Gesellschaft nicht wohl fühlen können, können Sie auch keinen anderen Menschen aus freiem Begehren statt aus Bedürftigkeit heraus lieben. Abhängige, destruktive Beziehungen sind das Ergebnis, wenn beide Partner Angst haben, allein durchs Leben zu gehen. Eine Frau erklärt, wie sie sich durch ihre Abhängigkeit hindurcharbeitete und den Punkt erreichte, an dem sie ihre eigene Gesellschaft genießen konnte.

»Meine Ehe war von vorne bis hinten parasitär. Sie erinnerte mich an zwei Kreaturen, die zwar bitter verfeindet sind, sich aber dennoch ständig gegenseitig füttern, einander die Kraft nehmen, aber dennoch außerstande sind, auf eigenen Füßen zu stehen. So stark der Wunsch, meinen Mann zu verlassen, auch war, ich hatte zu viel Angst vor dem Alleinsein. Es mag seltsam klingen, aber heute, wo ich es so sehr genieße, selbständig zu sein und Dinge für mich zu tun, kann ich mir nicht mehr vorstellen, warum sich jemals jemand freiwillig in die Abhängigkeit gegenüber einem anderen Menschen begeben oder auch aus freien Stücken daran festhalten sollte.«

Genau wie diese Frau haben wir alle den starken Drang, uns einen abgegrenzten privaten Raum zu schaffen, in dem wir das Alleinsein genießen können. Wenn wir im Falle dieser Frau, die in einer co-abhängigen Beziehung endete, aus der sie sich aus eigenen Kräften herauszog, die Verstrickungen jedoch allzu groß sind, können manchmal viele Jahre des Alleinseins nötig sein, um wieder zu einer gesünderen Identität zurückzufinden. Bei den meisten von uns ist es in der Regel jedoch mit einigen Minuten oder Stunden getan, die wir brauchen, um uns gedanklich zu sammeln und tief durchzuatmen, ehe wir in die komplexe und dichtgedrängte Welt der anderen wieder zurücktauchen.

Jenseits von der Förderung unserer Unabhängigkeit und Findigkeit erfüllt das Alleinsein noch weitere wichtige Funktionen, die wesentlich dafür sind, daß wir in unserem Leben bestehen können:

Die Wahrung von Grenzen. Eine der größten Erfindungen, die gleichwertig neben der Erfindung von Dingen wie dem Rad, dem Kompaß oder der Setzmaschine sind, ist die Tür. Der Soziologe Barry Schwartz sagt von der Tür, daß sie das ist, was die Grenzen zwischen dem Selbst, persönlichem Besitz und dem Eindringen anderer schafft; was erklärt, warum wir gegenüber dem Einbrecher oder Voyeur eine solche Empörung empfinden – wie kann jemand es wagen, ohne unsere Zustimmung in unser Territorium einzudringen![4]

Die Wahrung von Grenzen zwischen dem Individuum und anderen wird als so wichtig angesehen, daß eine ganze Reihe unserer Gesetze explizit dem Schutz unseres persönlichen Raumes dienen. Genauso wie das Strafgesetzbuch uns vor Diebstahl und Körperverletzung schützt, so schützt es auch unsere psychologischen Grenzen, um uns vor Verleumdung, übler Nachrede und anderen psychisch schmerzlichen Verletzungen zu bewahren.

Die Förderung persönlichen Wachstums. Eine Kultur, deren Mitglieder nicht zu persönlichem Wachstum ermutigt werden, kann nicht gedeihen. Wie könnten Bücher geschrieben, Gemälde geschaffen, Ideen hervorgebracht und Erfindungen gemacht werden, ohne daß Menschen die Möglichkeit hätten, allein zu sein? Das Gros aller wissenschaftlichen und technologischen Fortschritte haben wir nicht der Initiative von Gruppen, sondern von Individuen zu verdanken. Ein Professor erklärt, wie die Zeit, die er allein ist, den kreativen Prozeß fördert.

»Der Staat bezahlt mir mein Gehalt nicht nur dafür, daß ich kluge Köpfe heranziehe, meinen Lehrstuhl nach Fug und Recht bekleide und in wissenschaftlichen Ausschüssen tätig bin, Studenten berate und an Fakultätssitzungen teilnehme, er bezahlt mich vor allem dafür, daß ich *denke*. Meine Hauptarbeit, für die ich bezahlt werde, besteht darin, daß ich mich allein zurückziehe und neue Theorien aufstelle. Um einen neuen Teil der Welt entdecken zu können, muß ich mich von allem anderen zurückziehen... außer von mir selbst. «

Eine Funktion des Alleinseins besteht darin, eine Umwelt zu liefern, die frei von Ablenkungen ist, so daß Sie entdecken können, was in Ihrem Innern ist. Dabei kann es bei manchen um kreative Bestrebungen – das Aufstellen von Theorien oder die Herstellung von Kunstwerken – und bei anderen auch nur darum gehen, daß sie sich mit ihren Zielen, Werten und Aspirationen auseinandersetzen.

Die Förderung psychischer Verjüngung. Das Alleinsein dient auch dem Abbau von Streß und dem Wiederauftanken psychischer Energie. Da es häufig nicht angemessen oder vielleicht aus unserer Sicht nicht schicklich ist, unsere innersten Gefühle öffentlich zu zeigen, sind wir gezwungen, unsere natürlichen Impulse zu unterdrücken. Nehmen Sie nur, wie der Mitarbeiter sich lächelnd und beifällig nickend die Tirade seines Chefs anhört, um dann, sobald er allein ist, sich vor Wut schnaubend Luft zu machen.

Die Zeit, die wir allein sind, kann als Sicherheitsventil dienen, um emotionalen Dampf abzulassen. Wenn wir es lernen, Verhaltensweisen zu kontrollieren, die in den Augen anderer anstößig oder für uns peinlich sein könnten, so hat das den Vorteil, daß wir zum einen in der Öffentlichkeit unser Gesicht wahren und zum anderen verhindern können, daß andere sich über einen unschönen Auftritt nicht ärgern müssen. Dramatische Wutausbrüche, Beschwörungen, Zusammenbrüche infolge von Schmerz oder Niederlage, ungebremste Albernheiten oder auch diverse körperliche Geräusche sind am besten in unseren ganz privaten Augenblicken aufgehoben, wo es absolut in Ordnung ist, uns gehenzulassen. Dieser Punkt erklärt auch, warum wir, wenn wir uns schämen, in Tränen ausbrechen oder psychisch leiden, unser Gesicht verbergen. Wir schützen unsere Verwundbarkeit vor den Blicken anderer, und der Gesellschaft bleibt gleichzeitig eine demoralisierende Szene der Schwäche oder der Aggression erspart. Das gilt insbesondere für Trauerreaktionen – wie auch das Beispiel einer Frau zeigt, die sich nach dem Tod ihrer Mutter völlig isolierte, bis sie sich wieder gefangen hatte.

»Nach dem Tod meiner Mutter beschloß ich, mich von jedem und allem zurückziehen. Ich zog mich drei Tage lang in ein Kloster zurück, um völlig allein zu sein und meine Gedanken und Gefühle sortieren zu können. Ich bat meinen Mann, mich nicht anzurufen, und bat um sein Verständnis, daß ich mich auch nicht bei ihm melden würde. Es war nicht so, daß ich nicht an ihn denken würde, ich wollte einfach nur wissen, wie es ist, wenn man wirklich allein ist, zumal ich gerade meine Mutter verloren hatte.

Ich habe noch nie allein gelebt, ja, ich war überhaupt noch nie allein. Früher habe ich mein Zimmer mit Geschwistern geteilt, dann gab es Zimmergenossen, dann waren mein Mann da und das Kind. Es war eine interessante Erfahrung für mich, diese Tage erstmals ein Zimmer für mich zu haben. Ich habe in dieser Zeit mit niemandem gesprochen. Ich habe Spaziergänge gemacht und einfach in mich hineingehorcht. Am ersten Tag habe ich an den regulären Mahlzeiten teilgenommen. Dann habe ich mich gefragt: ›Warum esse ich eigentlich, wenn ich nicht hungrig bin?‹ So habe ich dann angefangen, nur dann zu essen, wenn ich hungrig war, und nur dann zu schlafen, wenn ich müde war. Ich hatte das Gefühl, dem zivilisierten Leben völlig zu entgleiten. Und es war ein herrliches Gefühl!

Als ich nach meinem Rückzug wieder nach Hause kam, fühlte ich mich nicht nur erholt und geistig gestärkt – ich hatte auch das Gefühl, mit dem Tod meiner Mutter zu Rande gekommen zu sein. Ich konnte ihr einen festen Platz in meiner Lebensperspektive einräumen. Und ich konnte mich mit dem Gedanken abfinden, daß ich jetzt, ohne meine Mutter um mich herum, mehr allein *bin* als je zuvor. Wenn man ein Leben lang eine Mutter hatte und dann mit einemmal nicht mehr, dann braucht es einige Zeit, bis man sich damit abfinden kann.«

Hinter den in unserer Gesellschaft üblichen Trauer- und Beerdigungsritualen steht der Wunsch, möglichst sicherzustellen, daß die Hinterbliebenen nicht allein sind, damit sie nicht zu viel nachdenken und sich nicht zu sehr auf ihre Gefühle einlassen können und am Ende von ihrem Schmerz überwältigt werden. Ab dem Augenblick, in dem ein geliebter Mensch stirbt, beginnen die Kondolenzanrufe, und Freunde und Verwandte kommen, um ihre Unterstützung anzubieten. Während der Totenwache, in der Zeit bis zur Beerdigung, bei der Beerdigung und beim Totenmahl haben die Trauernden kaum eine Zeit, in der sie allein sind. Sie sind ständig damit beschäftigt, etwas zu essen und zu trinken anzubieten, und werden fortwährend durch Gespräche abgelenkt.

Wie diese Frau jedoch bei ihrem Rückzug feststellte, bot das – zur rechten Zeit – gewählte Alleinsein ihr die Chance, die Dinge, die sie im Herzen bewegten und die ihr im Kopf herumgingen, zu sondieren, mit dem, was geschehen war, ins reine zu kommen und sich der neuen Realität anzupassen. Sie wollte sich nicht von ihrer Trauer ablenken lassen und hatte auch keine Lust, andere in einer Zeit zu unterhalten, in der sie für sich sein mußte.

Unsere ganz privaten Augenblicke ermöglichen es uns, in der sozialen Welt zu funktionieren, ohne uns durch all das, was auf uns einstürmt, erdrückt zu fühlen. Wenn der Druck zu groß wird, gibt das Alleinsein uns die Möglichkeit, uns vorübergehend zurückzuzie-

hen, um uns zu sammeln und wieder zu uns selbst zu finden, damit
wir uns sodann gestärkt wieder ins gesellschaftliche Getriebe hinein-
werfen können.

Der räumliche Aspekt des Alleinseins

Inwieweit Sie Ihr Alleinsein genießen können, hängt natürlich in
starkem Maße von den Ihnen verfügbaren Möglichkeiten zum Rückzug und zur räumlichen Abgeschiedenheit ab. Die Orte, wo Sie allein
sein können, sind relativ begrenzt. Desgleichen gilt natürlich, daß
das, was Sie tun, wenn Sie allein sind, von den jeweiligen situativen
Gegebenheiten abhängt. Es macht einen Unterschied, ob Sie sich in
der vertrauten Stille Ihres Schlafzimmers, in der Abgeschiedenheit
Ihres Badezimmers, auf irgendwelchen Straßen in Ihrem Auto, an
Ihrem Schreibtisch im Büro oder in der Stille der Natur befinden. Die
Grenzen des jeweiligen Raumes bestimmen die jeweilige Intimsphäre und zu erheblichen Teilen, wie wohl Sie sich dort fühlen,
wenn es darum geht, sich bestimmten Aktivitäten hinzugeben.

Jack Solomon, Kulturanthropologe und Semiotiker, der sich also
als Wissenschaftler mit der Lehre der Zeichen und Symbole beschäftigt, verdeutlicht, wie die persönliche Umwelt in vielfältiger Hinsicht
die Regeln und Gepflogenheiten diktiert, was in puncto Verhalten
akzeptabel ist und was nicht: »Denken Sie nur einen Augenblick darüber nach, was Ihr Zuhause Ihnen bedeutet. Es ist wesentlich mehr
als ein Dach über dem Kopf. Es ist *Ihr* Territorium, ein privater
Raum, dessen Grenzen die Linie markieren, ab der die Regeln für
öffentliches Verhalten den zu Hause vorherrschenden weichen.«[5]

Es gibt Dinge, die Sie in Ihrer Wohnung tun, bei denen Sie aber nie
auf die Idee kämen, sie auch draußen, in der Welt, zu tun – wir brauchen nur an die vielen Dinge zu denken, die mit der Körperpflege und
mit unseren körperlichen Funktionen zu tun haben. Je privater der
Raum – das heißt, je fester seine Grenzen sind, die von anderen re-
spektiert und nicht überschritten werden –, desto freier fühlen Sie
sich in der Regel, um sich Ihren intimsten Gewohnheiten hinzugeben. Und je intimer die Beschäftigungen, desto notwendiger ist es,
daß der Raum ein Optimum an Schutz bietet.

Selbst innerhalb der Wohnung gewähren manche Orte mehr Sicherheit als andere. Gewöhnlich sind Schlafzimmer und Badezimmer

die Räume, in denen wir uns am sichersten fühlen, um intimen Dingen nachzugehen. Sie sind oft die einzigen Räume, die mit Schlüsseln versehen sind, und sie sind oft die abgelegensten und am besten schallisolierten Räume in der ganzen Wohnung.

Das Schlafzimmer – Zufluchtstätte und Heiligtum

Das Schlafzimmer ist der Ort, an dem wir den verschiedensten Beschäftigungen allein nachgehen. Es ist der Raum innerhalb des Hauses, in dem Sie nicht zuletzt die meiste Zeit verbringen. Das Schlafzimmer ist Ihr privates Heiligtum. Hier bewahren Sie Ihre persönlichsten Dinge auf, und hier sind Sie, wenn sie schlafen, am verwundbarsten. Es ist auch ein Ort, wo Sie lesen, fernsehen und lange Telefongespräche führen, wo Sie sich ankleiden, zurechtmachen und einigen Aktivitäten nachgehen, die Sie normalerweise nicht öffentlich diskutieren.

Eine ganze Reihe von Frauen, alle Mitte bis Ende Dreißig, Mütter, berufstätig oder im öffentlichen Leben sehr engagiert, erzählten ebenso ausführlich wie begeistert von der Zeit, die sie allein im Schlafzimmer verbringen, wenn ihre Kinder beschäftigt und ihre Ehemänner außer Haus sind. Eine Lehrerin schwärmte von ihrem persönlichen Rückzug, den sie sich bei solchen Gelegenheiten gönnt:

»Gott, wie ich mein Bett und mein Kissen und meine Decke liebe! Es ist für mich das Schönste, wenn mein Sohn draußen mit Freunden spielt und ich mich zu einem Nickerchen in mein Schlafzimmer zurückziehen kann. Ich lasse alle Rolläden runter, so daß alles dunkel ist. Ich ziehe den Telefonstecker raus. Ich schalte den Fön ein, den ich für solche Gelegenheiten unter meinem Bett aufbewahre – das Geräusch schaltet alle anderen Geräusche aus dem Haus und von draußen aus, und es beruhigt mich. Dann kuschele ich mich in meine Decken und lasse mich in den Schlaf gleiten... bis ich dann durch das Pochen an der Tür wieder in die Wirklichkeit zurückgeholt werde: ›Ma-mi! Ma-mi! Aufwachen! Ich hab Hunger!‹ Ich versuche, ihn so lange wie möglich zu ignorieren. Wenn seine Stimme dann aber lauter und ein wenig hysterischer wird, erbarme ich mich schließlich und verlasse mein Heiligtum, aber immer leicht schmollend und grollend, daß meine Zeit für mich gestört wurde.«

Im Schlafzimmer finden wir die Abgeschiedenheit, um uns ungestört Stunden der Ruhe, des Schlafes und den intimsten und geheimsten aller menschlichen Erfahrungen hinzugeben – unseren Träumen. Manche unserer Träume, die mehrere Stunden der Nacht bestimmen, erscheinen so real, daß es fast so ist, als gewähre uns das Schlafzimmer eine alternative Existenz, die es uns ermöglicht, in einer Nacht gleich mehrere Leben zu leben. Aber, wie aufregend und intim unsere Träume auch sein mögen, am Morgen gewinnt unser Bewußtsein wieder die Oberhand, und wir treten wieder in die »andere« Wirklichkeit ein, die im Badezimmer beginnt.

Die »Sicherheit« unseres Badezimmers

Wenn Sie die Zeit, die Sie im Badezimmer verbringen, addieren sollten, kämen Sie auf volle drei Jahre Ihres Lebens! Allmorgendlich beginnen Sie den Tag, indem Sie am Waschbecken stehend Ihr schlaftrunkenes Spiegelbild betrachten, sich die Zähne putzen, Ihren Teint kontrollieren, sich frisieren und Ihr »öffentliches« Gesicht aufsetzen, ehe Sie sich der Welt präsentieren. Und aller Wahrscheinlichkeit nach beenden Sie den Tag mit dem gleichen Ritual.

Das Badezimmer ist ein einzigartiger Ort, um unser Alleinsein zu genießen, da wir hier wirklich vor jedem Eindringen sicher sind. Sofern es Fenster gibt, sind sie vor Einblicken geschützt. Die Tür ist verschließbar, und vielleicht gibt es sogar ein Frischluftgebläse, das Geräusche und Düfte neutralisiert. Es ist der ideale Ort, an dem wir uns sicher fühlen und uns ungehindert unseren Körperpflege- und Reinigungsritualen oder unserem Untersuchungsdrang hingeben können.

Nicht selten muß aber selbst dieses Alleinsein erst verhandelt und in der Auseinandersetzung mit den übrigen Familienmitgliedern erkämpft werden – wie ein Mann frustriert erzählt:

»Ich glaube, die einzige Zeit, in der ich in meinem Leben überhaupt jemals allein bin, ist, wenn ich im Badezimmer bin. Aber nicht einmal dort habe ich allzu lange meinen Frieden, weil es ständig jemanden gibt, der auch hinein will. Die gute alte Zeit, wo man nach draußen ging, um seine Geschäfte zu erledigen, muß in diesem Punkt etwas Beneidenswertes gehabt haben. Auch wenn es draußen kalt war, man konnte zumindest ein Stück weit ungestört allein sein.«

Soziologen haben dieses einmalige Problem unseres modernen Lebens untersucht, das darin besteht, daß mehrere Personen in einer Wohnung um die Kontrolle des begrenzten Badezimmerraumes miteinander kämpfen. Jeder muß etwa zur gleichen Zeit am Morgen aufstehen, und damit beginnt der Kampf, wer als Erster sein Recht behaupten kann, sich für sein morgendliches Ritual hinter verschlossenen Türen zurückzuziehen. Und jedes Haushaltsmitglied kämpft um dieses Recht auf ungestörten Frieden, um sich fertig machen und der Welt präsentieren zu können. Wie alle gewohnheitsmäßigen Verhaltensweisen trägt auch die Routine im Badezimmer zu einer grundsätzlichen Ordnung in unserem Leben bei. Wir sind am Morgen beschäftigt genug, auch ohne obendrein noch jede Menge kleine Entscheidungen treffen zu müssen. Und so tragen diese Gewohnheiten nebenher, aber wirksam dazu bei, daß wir nicht aus den Fugen geraten. Ein wichtiger Punkt, der im übrigen dadurch gefördert wird, daß in den meisten Familien die absolut private Zeit im Badezimmer einen hohen Stellenwert hat.

Allein leben – aufgrund eigener Wahl

Manche Menschen sind nicht bereit, mit anderen über die Freiheit zu verhandeln, das Badezimmer allein nutzen oder ungestört ein Nikkerchen machen zu können. Für sie ist die ideale Lösung, allein zu leben. Andere leben umständehalber allein – nach der Scheidung, dem Tod des Partners oder der Partnerin oder weil die bisherige Mitbewohnerin geheiratet hat. Ob man aus eigener Wahl oder umständehalber allein ist, in beiden Fällen kann das Alleinsein zu Hause in vieler Hinsicht produktiv genutzt werden. Allerdings fällt es manchen auch schwer, allein zu leben, was insbesondere für diejenigen zutrifft, die unfreiwillig zum Alleinsein verurteilt wurden – durch Tod, Scheidung, Trennung. Sie leiden unter Streß, Langeweile und Einsamkeit. Aber mit etwas Übung und Motivation kann man es lernen, das Alleinsein als wohltuend zu empfinden.

In einem Buch für Frauen, die sich ohne Partner hilflos und frustriert fühlen, die depressiv, unzufrieden und in ihrer eigenen Gesellschaft einsam sind, verdeutlicht die Autorin Penelope Russianoff, daß eine etwas andere Einstellung zur Situation bereits einen entscheidenden Unterschied machen kann:

»Alleinleben ist ebenso wie Verheiratetsein – nur daß man selber sein Partner ist. Wie die Ehe hat auch das Alleinleben sein Auf und Ab. Manchmal haßt man sich. Manchmal kommt man mit sich zurecht, manchmal ist man im Zwiespalt. An manchen Tagen ist man von sich begeistert, an anderen hält man sich für den letzten Dreck. Und hier beginnt mein kleiner Vergleich zu hinken. Das einzige, was man nur in der Ehe tun kann, und nicht, wenn man mit sich allein ist – ins andere Zimmer marschieren und dem anderen die Tür vor der Nase zuknallen!«[6]

Wenn man allein ist, gibt es niemanden, dem man die Schuld dafür geben kann, daß die Dinge nicht so sind, wie man sie gerne hätte. Man ist gezwungen, sein Leben selbst mehr in die Hand zu nehmen und die Verantwortung dafür zu übernehmen, in welche Richtung es geht.

Menschen, die gern allein leben, berichten, daß sie besonders die Ruhe und Entspannung zu schätzen wissen. Sie genießen es, allein und in aller Ruhe, die Füße auf dem Tisch, ihre Zeitung zu lesen. Keine Störungen, keine Ablenkungen, niemand, der schreiend um ihre Aufmerksamkeit kämpft. Sie sind stolz darauf, so gut allein und selbstbestimmt zurechtzukommen, sie wissen, wer sie sind und daß das, was sie haben, das Ergebnis ihrer eigenen Arbeit und Mühen ist. Was dazu führt, daß sie erstaunliche innere Ressourcen entwickeln und ihre Unabhängigkeit sowie ihre Fähigkeit, sich selbst zu versorgen, als Befriedigung empfinden. Menschen, die allein leben, genießen eine größere Abgeschiedenheit, in der sie absolut sie selbst sein können. Sie fühlen sich natürlicher und sind in ihrem Verhalten weniger gehemmt.

Diejenigen, die nicht allein leben, können eine Menge von denen lernen, die es tun, insbesondere, wenn es darum geht, sich um seine eigenen Bedürfnisse zu kümmern und auf die eigenen Rhythmen zu hören. Man muß nicht allein leben, um sich frei zu fühlen. Wie wir in einem späteren Kapitel noch sehen werden, ist es in einer Beziehung oder Familienstruktur, die von gegenseitigem Respekt, von Offenheit und Fürsorge getragen ist, durchaus möglich, Zeit zum Alleinsein auszuhandeln, ohne daß dies auf Kosten der Beziehungen geht. Für eine erstaunlich große Zahl von Menschen ist Alleinsein jedoch so selten, daß es eine ausgesprochene Kostbarkeit und manchmal nur auf die flüchtigen Momente beschränkt ist, die man allein im Auto verbringt.

Das Auto als Schutzraum der Intimsphäre

In ihrem Buch *Der Auto-Mensch – Zur Psychologie eines Kulturphänomens* setzen Peter Marsh und Peter Collett sich mit den Gründen auseinander, warum wir von unseren Autos so besessen sind. Autos mit ihren bequemen Liegesitzen, Stereoanlagen und großzügigen Fenstern vermitteln uns ein mutterschoßähnliches Sicherheitsgefühl, so daß wir uns darin ähnlich gut aufgehoben wie in unserem Wohnzimmer fühlen. Wir fühlen uns unverwundbar und unantastbar, wenn wir von dieser schnellen Kiste umgeben sind, und ihr Äußeres macht bereits eine Aussage darüber, wie wir uns selbst sehen und wie wir von anderen gesehen werden möchten. Die Autoren erklären den Wandel, der sich oft vollzieht, wenn wir im Wageninnern unser geheimes Selbst zutage treten lassen.

> »Wenn die Leute sich ans Steuer ihres Wagens setzen, fühlen sie sich stärker und mächtiger. Für den Menschen hinter dem Lenkrad, der in einem privaten, persönlichen Raum sitzt, der ihn (oder sie) gegen Probleme abschirmt, mit denen er (oder sie) sich normalerweise auseinandersetzen muß, ergeben sich völlig neue Chancen, sich als Herr und Meister zu bewähren. Die Menschen berichten von einem Freiheitsgefühl, einem Zustand, in dem sie negative Erfahrungen ausschalten und sich gleichzeitig neuen und angenehmen Erlebnissen öffnen können. Der einzige Kontakt zur Welt ist das Vibrieren des Lenkrades und der Anblick der vorbeirauschenden Landschaft – eine psychologische Erfahrung der Distanzierung und gleichzeitig auch eine Erfahrung eines besonderen Einbezogenseins.«[7]

Das Auto war die letzte Grenze der persönlichen Abgeschiedenheit. Eine heilige Kuh, die seit der Erfindung des Autotelefons allerdings zusehends geschlachtet wird. So daß man nicht einmal mehr während der Autofahrt erwarten kann, zumindest kurzweilig dem Druck und den Anforderungen von Familie und Büro entfliehen zu können. In einem Augenblick ist man noch, gemächlich die Straße entlang fahrend, in seine eigene Welt zurückgezogen, und im nächsten Augenblick bringt das Läuten des Telefons einen dann auch schon ins Land der Verpflichtungen zurück. Manche Menschen nehmen ihre tragbaren Telefone sogar auf den Golfplatz, zu Konzerten oder bei Spaziergängen mit, es könnte ja sein, daß sie ansonsten den einen alles entscheidenden Anruf verpassen. Diese Dauerannabelung an den

Trubel unseres schnellebigen Lebens fordert natürlich seinen Preis: erheblich weniger Ruhe im Alleinsein und damit mehr Streß. Vielleicht werden wir eines Tages mit der Selbstverständlichkeit, mit der wir heute wasserdichte Uhren tragen, kleine wasserdichte Kopfhörer tragen, so daß wir unsere Unterredungen dann auch noch unter der Dusche weiterführen können. Mit dem Alleinsein, so wie wir es heute kennen, kann es eines Tages vorbei sein.

Eine Ausnahme, sich diesem Trend anzupassen, macht ein Firmenberater, der sich weigert, in seinem Wagen ein Telefon zu installieren. Er sagt, er brauche es und genieße es, sich mit sich selbst zu unterhalten, wenn er mit seinem Wagen unterwegs ist.

»Ich kann mir nicht vorstellen, ein Telefon in meinem Wagen zu haben. Wenn ich etwas am Autofahren liebe, dann, daß es der einzige Ort ist, wo ich all den Menschen entfliehen kann, die etwas von mir wollen. Ich genieße es, bequem in meinem Wagen sitzend mit 120 Kilometern in der Stunde über den Highway zu fahren, die vorbeiziehende Landschaft und das ständig wechselnde Bild zu betrachten. Ich genieße es, bei den Liedern, die im Radio gebracht werden, mitzusingen. Und ich genieße es, Selbstgespräche zu führen. Wenn ich bei meinen langen Fahrten denn wirklich mal den Drang verspüre, mit jemandem zu reden, dann spreche ich etwas auf Band, in eines dieser kleinen Diktiergeräte, das ich ständig bei mir habe. Dabei kommen durchaus lange Monologe heraus. Denn ich fühle mich so herrlich ungehemmt, mit jemandem zu reden, der in Wirklichkeit nicht da ist. Ich habe dabei im Nu ein Band von neunzig Minuten voll, ich rede einfach drauflos, über alles, was mir in den Kopf kommt oder was in meinem Leben vorgeht. Und meine Freunde freuen sich sehr über diese Bänder, wenn sie sie mit der Post bekommen, weil sie so ehrlich und spontan sind.«

Wenn wir das Autotelefon aus unserem Wagen verbannen, dann kann das Auto ein Ort sein, an dem wir vor jedwedem Eindringen von außen absolut geschützt sind. Schließlich sind wir auch so sehr darauf bedacht, gerade diesen privaten Raum zu schützen, daß wir zu Überreaktionen neigen, wenn ein anderer uns mit seinem Wagen zu nahe kommt. Wir hupen wie wild und traktieren aggressiv unser Gaspedal, wenn wir das Gefühl haben, unser Territorium sei verletzt worden. Selbst die gutmütigsten Menschen kennen diese Reaktion und sind auf die Einhaltung der Grenzen bedacht, wenn sie in ihrem Wagen sitzen. Eine Frau meinte dazu:

»Ich weiß nicht, was in mich fährt, wenn ich in meinem Auto sitze. Ich habe jedesmal das Gefühl, es ist der einzige Ort in meinem Leben, an dem ich sicher bin. Ich weiß, es klingt verrückt, wenn man nur an all die tödlichen Unfälle auf den Highways denkt, aber wenn ich in meinem Wagen bin, habe ich das Gefühl, nichts und niemand kann mir etwas anhaben, hier kommt niemand an mich heran, um auf mich einzuschimpfen. Da gibt es nur mich und das Radio und das Lenkrad. Es ist einfach ein solches Gefühl von Freiheit, überall hinfahren zu können, wohin man möchte. Ich weiß nicht, warum ich mich so aufrege, wenn jemand mich schneidet, aber ich flippe dann jedesmal aus. Ich fluche, wie es mir nie jemand zutrauen würde, und es ist der einzige Bereich in meinem Leben, wo ich auch zurückschreie.«

Nur allzu leicht lassen wir uns von der Illusion völliger Abgeschiedenheit in unserem Auto mitreißen, weil wir in unserer fahrbaren Kapsel zumindest in dem Sinne allein sind, daß niemand uns hören und uns direkt auf die Pelle rücken kann. Aber wir vergessen dabei gerne, daß wir nichtsdestotrotz den Blicken anderer ausgesetzt sind. Eine Frau erzählte zu diesem Phänomen:

»Ich erinnere mich noch sehr gut daran, wie ich einmal meinen BH zurechtrückte und zufällig in den neben mir fahrenden Wagen sah und merkte, wie dieser Junge mich anstarrte. Ich tat einfach so, als sei nichts geschehen, in der Hoffnung, er würde so glauben, einer Halluzination erlegen zu sein. Gott sei Dank war mein Wagen schneller, so daß ich ihn abhängen und mich aus dem Staub machen konnte!«

Trotz der Sichtbarkeit, die mit dem Autofahren verbunden ist, bietet es uns dennoch genügend Zurückgezogenheit, um uns hier einer Reihe von Aktivitäten hingeben zu können, angefangen von Tagträumen bis hin zur häufigsten Beschäftigung im Auto, dem Radiohören. Eine Frau, die, wie sie sagt, manchmal den Eindruck hat, ihr halbes Leben auf verstopften Straßen und in Staus zu verbringen, weiß diese Zeit inzwischen zu nutzen und hat mit ihrer Phantasie eine wundervolle Form der Unterhaltung für sich entwickelt.

»In den Sechzigern, als alle anderen ›Blumenkinder‹ waren, war ich verheiratet und mußte mich um meine Kinder kümmern. Dabei wollte ich so gerne ein Hippie sein, Buttons tragen, meine Haare lang wachsen lassen, meine Nächte mit Haschrauchen und meine Tage mit Friedensmärschen verbringen. Aber ich hatte meine Verantwortlichkeiten, die ich nicht ignorieren konnte, und so sah ich den anderen neidisch zu, wie sie ihren Spaß hatten.

Sobald ich in den Wagen steige, stelle ich mir meine Musik aus den Sechzigern an. Es gibt einige Radiosender, die nur diese Musik spielen, die Beatles, die Rolling Stones, Janis Joplin und Jimi Hendrix. Beim Fahren schlüpfe ich dann in die Vergangenheit zurück, in die Zeit, in der diese Musik ›in‹ war. Und ich stelle mir vor, ich sei ein ›Blumenkind‹, das den Alltagssorgen dieser Welt enthoben ist. Es ist ein wahnsinniger Kontrast, eine völlig andere Welt, der ich dann jedesmal wieder begegne, wenn ich den Wagen abstelle, aussteige und mich wieder mit der Hektik der realen Welt konfrontiert sehe, die mich erwartet.«

Der private Raum und die private Zeit im Büro

Da die meisten Menschen mehr Zeit an ihrer Arbeitsstelle als zu Hause verbringen, ist das Büro so etwas wie ein zweites Zuhause, aber eines, das weniger Privatsphäre bietet. Und dennoch hat jeder Bürobeschäftigte seinen ganz persönlichen, privaten Raum, auf den er Wert legt, selbst wenn dieser durch nichts weiter als eine Pflanze, eine Trennwand oder ein paar Familienphotos auf dem Schreibtisch nach außen sichtbar begrenzt ist. Selbst diejenigen, deren persönliches Territorium am Arbeitsplatz lediglich auf eine kleine Fläche oder einen Schreibtisch begrenzt ist, können sich dort ganz persönlichen Aktivitäten hingeben, die nichts mit ihrer Arbeit zu tun haben. In Wirklichkeit verbringen wir einen erheblichen Teil unseres Arbeitstages allein und mit Dingen, die typischerweise dem Alleinsein vorbehalten sind – wir holen uns Kaffee, gehen zur Toilette, finden eine abgeschiedene Ecke, um an unserer Kleidung etwas zu korrigieren, wir geben uns unserer Phantasie hin, lesen die Zeitung, kritzeln auf einer Unterlage herum, erneuern unser Make-up, beschäftigen uns mit Videospielen auf dem Computer oder starren einfach in den luftleeren Raum.

Der beste Weg, uns diese private Zeit und diesen privaten Raum im Büro zu sichern, ist, dafür zu sorgen, daß man morgens frühzeitig da ist. Eine Frau weiß diese Zeit, in der alles noch ruhig ist, ganz besonders zu schätzen:

»Ich bin die erste, die im Büro alles aufschließt und den Tag eröffnet, und dazu gehört auch, daß ich das Wasser für den Tee anstelle. Es dauert zwei Minuten, bis es kocht. Was sollte ich in diesen zwei Minuten tun? In mein Büro zurückgehen oder warten? Nun, ich singe gerne und war früher lange Zeit in einem Chor. Was ich also mache, ist, ich summe mit der Mikrowelle vor mich hin. Ich schalte das Ding ein und horche, während es sich aufwärmt, auf den Summton. Ich stelle mich dann darauf ein und singe mit. Die Mikrowelle und ich, wir spielen zusammen... zumindest solange, bis ich die ersten Geräusche von anderen höre, die dann allmählich auch im Büro eintrudeln.«

Nach der anstrengenden Konzentration, die die Arbeit erfordert, und nach Telefonaten, Sitzungen und Begegnungen mit anderen ist es oft notwendig, sich Zeit für sich zu stehlen, um sich zu erholen und wiederaufzutanken. Ein Psychologe beschreibt, was er mit seiner Zeit zwischen zwei Terminen anfängt.

»Wenn ich mir zwischendurch tagsüber etwas Auftrieb geben muß, höre ich mir über Kopfhörer Musik an, das päppelt mich wieder auf. Ich habe immer wieder gelesen, daß Löwen und andere Säugetiere am späten Nachmittag ein Schläfchen machen, und daß die meisten Berufsunfälle bei uns zwischen drei und vier Uhr nachmittags passieren. An mir selbst habe ich festgestellt, wie mein eigener Biorhythmus um diese Zeit absackt. So versuche ich, mir keine Termine auf drei Uhr zu legen, weil ich dann die ganze Sitzung über gähne. Oder wenn ich es doch tue, dann nehme ich mir nach der vorhergehenden Sitzung zumindest einige Minuten Zeit und setze die Kopfhörer auf. Manchmal mache ich dabei ein paar Dehn- und Streckübungen im Takt zur Musik. Ich habe festgestellt, daß mir das sehr hilft, meine Kreativität und Vitalität für die nächste Sitzung wieder zu mobilisieren.«

Eine Werbetexterin, die einem hohen Arbeitsdruck ausgesetzt ist, beschreibt, wie sie sich im Büro bei ihrer Arbeit entspannt:

»Ich werde dafür bezahlt, daß mir Ideen einfallen. Das heißt, daß ich die meiste Zeit allein an meinen Schreibtisch verdonnert bin. Da mein Büro von allen Seiten verglast ist, können andere sehen, was ich gerade mache, und das heißt, daß ich beschäftigt aussehen muß. Ich weiß zwar nicht, wie jemand, der mit Denken beschäftigt ist, auszusehen hat, was ich aber weiß, ist, daß meine Abteilungsleiterin alles andere als damit einverstanden wäre, wenn sie sähe, wie ich mir die Nägel mache oder irgend etwas anderes, was nicht direkt nach Arbeit aussieht. Was eigentlich sehr bedauerlich ist, denn gerade, wenn ich mir die Nägel mache, kommen mir oft die tollsten Ideen.

Es wirkt wohl professioneller, wenn ich einen Stift in der Hand und einen Block vor mir habe. Das Problem ist, daß es mir nicht sehr weiterhilft, wenn ich irgendwelche Sätze vor mich hinschreibe. Ich muß frei assoziieren können. Was ich also schreibe, sind einfach sinnlose Kritzeleien, reine Ablenkung. Das Ganze erinnert mich an früher, an meine Algebrastunden, in denen ich einfach nur dasaß und fortlaufend meinen Namen zusammen mit dem Namen des Jungen schrieb, in den ich gerade verliebt war. Alternativ malte ich manchmal Jungengesichter oder Körperteile von Jungen, oder ich probierte die verschiedensten Möglichkeiten aus, wie ich mit meinem Namen unterschreiben konnte. Solche Sachen mache ich heute, da ich älter bin, zwar nicht mehr. Das heißt, ich male noch immer Körperteile von Jungen, aber meine Schmierereien sind heute doch etwas reifer. Fakt ist, daß ich den ganzen Tag, den Stift in der Hand, vor mich hinkritzelnd in meinem Glaskasten sitze und in Wirklichkeit vor mich hinstarre, während ich mir über ein neues Waschpulver oder ein neues Automodell Gedanken mache. Ich kann nur hoffen, daß meine Chefin nie einen Blick in meinen Papierkorb wirft.«

Diejenigen, die für sich arbeiten und die bei ihrer Arbeit nicht ständig den prüfenden Blicken anderer ausgesetzt sind, sind natürlich flexibler in der Nutzung ihrer ganz privaten Augenblicke, um zwischendurch der Alltagsroutine zu entfliehen. Ein gutes Beispiel dafür ist etwa der Bildhauer, der ein riesiges Lagerhaus als Atelier nutzt. Was er macht, um seine Routine zu unterbrechen, zeigt zugleich, welche enorme Energie in ihm steckt. Er hat weniger das Bedürfnis, sich zwischen den einzelnen Phasen, in denen er voll konzentriert arbeitet, zu entspannen, als vielmehr zwischendurch immer wieder, im Wechsel mit den verschiedenen Projekten, an denen er arbeitet, seine Stimmung zu verändern:

»In meinem Atelier habe ich sehr viel meine Rollerskates an. Ich lege irgendwelche laute Musik auf und laufe damit durch das ganze Lager. Ich arbeite normalerweise an etwa fünf Projekten gleichzeitig – sagen wir, an drei Kunstobjekten, und dann muß ich, was ich auch als Projekt zähle, zwischendurch auch immer wieder saubermachen oder mir irgend etwas zu essen kochen. Die dazwischenliegenden Strecken lege ich auf meinen Rollerskates zurück. Ich arbeite zum Beispiel an einer Skulptur und modelliere irgend etwas, während ich dann warte, daß es trocknet, laufe ich zum Kühlschrank und schnappe mir ein Bier. Dann laufe ich zu einem anderen Objekt, einer Schweißarbeit, und arbeite daran weiter, was, nebenbei bemerkt, auf

Rollerskates keine leichte Aufgabe ist. Nach einer Weile laufe ich dann zu meinem Saxophon hinüber und spiele ein paar Töne, während ich mich auf meinen Rollerskates zwischen meinen Arbeitstischen hindurchschlängele. Dann nimmt irgend etwas meinen Blick gefangen, ich halte inne und fingere ein wenig an einer Wasserskulptur herum, an der ich arbeite. Anschließend laufe ich dann wieder zur Küche hinüber, um mir etwas zu essen zu holen. Das macht immensen Spaß, tanzen, arbeiten und mir's dabei gutgehen lassen.«

Der Überschwang an Begeisterung und die Spontaneität, die bei der Schilderung dieses jungen Mannes zum Ausdruck kommen, verdeutlichen die Freiheit, die man im Ausdruck der eigenen Persönlichkeit hat, wenn man allein ist. Egal, wo Sie sich gerade befinden, ob zu Hause, am Arbeitsplatz oder irgendwo dazwischen, was Sie ganz privat für sich tun, ist ein Spiegel Ihrer innersten Bedürfnisse und Wünsche. Fest steht, daß diese Zeit des Alleinseins sogar Voraussetzung für die Entwicklung eines individuellen Identitätsgefühls ist. Ob Sie sich im Badezimmer verbarrikadiert oder sich inmitten einer Menschenmenge in sich selbst zurückgezogen haben, es sind diese ganz privaten Augenblicke, in denen Ihre Gefühle, Gedanken und Ihre ganz persönlichen Ideen geformt werden.

Die Freiheit in der Natur

Ein Optimum an geistiger Ruhe können wir im Zweifel in der freien Natur finden. Hier gehen inneres Alleinsein und äußeres Alleinsein Hand in Hand zusammen. Hier gibt es niemanden, um den wir uns kümmern müssen, außer um uns selbst; es gibt keine Stimmen, auf die wir hören müssen, außer auf unsere eigenen. Ein Grund, warum Menschen ihr Alleinsein so gerne in der freien Natur suchen, ist, daß sie hier in die denkbar natürlichste Umwelt eintauchen können. In der Natur sind wir frei von jedem menschlichen Eindringen. Kein Telefon, kein Fernsehen, keine Nachbarn, kein Lärm. Nur die Geräusche und der Anblick der wilden Schönheit der Natur.

Befreit von allen äußeren Anforderungen und Terminen, steht es uns frei, uns auf das zu konzentrieren, worauf wir uns konzentrieren möchten. Wir können die Richtung bestimmen, frei wählen, worüber wir nachdenken, wohin wir gehen, was wir erkunden möchten. Wir können anziehen, was wir möchten (den Bäumen und Vögeln ist es egal). Wir können essen, wenn uns danach ist, uns waschen, wenn wir Lust dazu haben, und ganz allgemein dem natürlichen Rhythmus unseres Körpers folgen.

In der Weite der freien Natur, wo niemand uns beobachtet, können wir uns im wahrsten Sinne des Wortes gehenlassen. In dieser Abgeschiedenheit können wir uns Körperhaltungen erlauben, die ansonsten in der Öffentlichkeit peinlich oder anstößig wären. Durch diese Möglichkeit, uns in einen natürlicheren Zustand fallenzulassen, können wir uns freier und wohler fühlen und uns selbst mehr annehmen – ohne Make-up oder die Maske, die wir ansonsten in der Öffentlichkeit tragen.

Es gibt bestimmte Maßregelungen aus Kindheitstagen, die uns immer wieder einholen und verfolgen:»Lümmele dich nicht so hin!« »Halte deine Beine zusammen, junge Dame!« »Wenn du diese Grimassen schneidest, kann es sein, daß dein Gesicht eines Tages so stehenbleibt.« »Halte die Hand vor den Mund!«

Das Ergebnis dieser Ermahnungen sind rigide Körperhaltungen und kontrolliertes Verhalten. Unter solchen Voraussetzungen wird unser authentisches Selbst in unserem Wachleben begraben. Nur in der Zeit, in der wir allein sind, können wir uns völlig entspannen. Und je natürlicher die Umwelt ist, desto leichter fällt es uns mitunter, zu einem ruhigeren und gelasseneren Zustand zurückzufinden. Im Wald oder wo immer Sie sich am natürlichsten und unbeobachtetsten fühlen, finden Sie die Voraussetzungen, unter denen es Ihnen am leichtesten fällt:

- sich mit den Aspekten Ihres Lebens auseinanderzusetzen, mit denen Sie sich auseinandersetzen müssen;
- Erfahrungen aus der Vergangenheit wiederaufleben zu lassen, die Ihnen Freude bereiteten oder aus denen Sie lernten;
- Zukunftspläne zu schmieden – sich zu überlegen, welche Ziele Sie ansteuern und wie Sie diese erreichen können;
- sich Ihre unerfüllten Wünsche bewußt zu machen;
- die Ruhe und Selbst-Erneuerung zu genießen;
- Abenteuer zu suchen und sich auf Risiken einzulassen, die nur realisiert und eingegangen werden können, wenn man allein ist.

Wir haben untersucht, warum es einen derart starken Drang nach Alleinsein gibt. Des weiteren haben wir einige der Funktionen untersucht, mit denen das Alleinsein dem Individuum und der Gesellschaft dient. Und wir sind der Frage nachgegangen, inwieweit das private Verhalten von den jeweiligen räumlichen Gegebenheiten beeinflußt wird, unter denen es stattfindet. Schauen wir uns einmal näher die Gründe an, warum manche Menschen das Alleinsein suchen und dabei das Risiko eingehen, mit Unbekanntem konfrontiert zu werden.

Das Streben nach Grenzerfahrungen

Abraham Maslow zufolge, einem Pionier der Humanistischen Psychologie, zählen häufige Grenzerfahrungen, selbstbezogene Augenblicke, die im absoluten Sinne »gut und wünschenswert«, nie negativ, sondern stets »köstlich und amüsant« sind, zu den Merkmalen, die bezeichnend für gesunde, selbstverwirklichte Menschen sind. Zu den Merkmalen, die psychisch gesunde Menschen auszeichnen, gehören nach Auffassung Maslows:

- die Akzeptierung seiner selbst und anderer;
- Autonomie und Unabhängigkeit bzw. »Resistenz gegen Akkulturation«;
- Kreativität und Spontaneität;
- befriedigende zwischenmenschliche Beziehungen;
- größere Wahrnehmung der Realität;
- größerer Reichtum der emotionalen Reaktion;
- bessere Problemzentrierung;
- wachsende Identifikation mit der menschlichen Spezies;
- Offenheit gegenüber neuen Erfahrungen;
- Sehnsucht nach Zurückgezogenheit;
- höhere Frequenz der Grenzerfahrungen.[8]

Besonders interessant sind die letzten beiden Eigenschaften. Maslow und viele andere Experten, die sich mit der Frage der psychischen Gesundheit beschäftigen, sind der Überzeugung, daß diejenigen am besten angepaßt sind, die in der Lage sind, Zeit für sich zu suchen und diese Zeit zu genießen. Diese Personen können immer wieder Augenblicke höchster Freude erfahren, und zwar insbesondere, wenn sie allein sind.

Nehmen wir Jay als Beispiel, einen Sozialkundelehrer, der sich wie viele seiner Kollegen und Kolleginnen auf die Sommerferien als Unterbrechung seiner Alltagsroutine freut. Das Wichtigste an seiner Lehrerrolle ist für ihn nicht, seinen Schülern und Schülerinnen ein spezielles Wissen zu vermitteln, sondern ihnen als Rollenmodell eines Erwachsenen zu dienen, der angemessen und gut angepaßt ist. Er zählt zu den beliebtesten Lehrern seiner Schule – aufgrund seiner Spontaneität, seiner Begeisterungsfähigkeit, seiner aufrichtigen Fürsorglichkeit und seiner unverbrüchlichen Stabilität. Er nutzt seine Sommerferien, um den im Laufe des Jahres aufgestauten Druck abzubauen und seine innere Welt aufs neue zu entdecken. In einem Sommer hat er allein auf seinem Motorrad eine Tour quer durch die Vereinigten Staaten gemacht; in einem anderen Jahr hat er eine Fahrradtour rund um die großen Seen im Norden der USA, in Michigan und Wisconsin, unternommen. Und unlängst nahm er sich einen Monat, um allein und zu Fuß durch Europa zu wandern:

»Es ist ein großartiges Gefühl, so völlig frei von Terminplänen und vorstrukturierten Tagen zu sein. Ich kann mich morgens ganz nach Lust und Laune entscheiden, in irgendeinen Zug zu springen, der in eine Richtung fährt, die mich reizt. An einem Tag wollte ich nach Italien trampen. Nachdem ich drei Stunden an der Straße gestanden hatte und alle Autos vorbeigefahren waren, ging ich einfach auf die andere Straßenseite und fand prompt eine Mitfahrgelegenheit nach Dänemark.

Zu den herausragendsten Erfahrungen in meinem Leben zählen meine Fahrradtouren in den Bergen. Besonders in Erinnerung geblieben ist mir eine Fahrt durch die Alpen. Zwischen Bäumen, nackten Felsen und saftigen Wiesen, die mit gelben, weißen und rot leuchtenden Blumen übersät waren, schob ich mein Rad steile und einsame Pfade hinauf. In der Ferne erhoben sich die schneebedeckten Gipfel. Ich glaube, ich habe noch nie zuvor eine solche Stille erlebt. Die einzigen vernehmbaren Geräusche waren mein keuchender Atem und der Wind, der durch die Bäume blies. Um überhaupt irgend etwas zu hören, fing ich nach einer Weile an, vor mich hinzusummen. Das Erstaunlichste bei solchen Erfahrungen ist jedoch, wie mein Gehirn dabei völlig abschaltet. Dazu muß man wissen, daß ich ansonsten zu den Leuten gehöre, die *immer* über irgend etwas nachdenken. Aber in einer solchen Atmosphäre scheine ich mich einfach in der Erfahrung selbst zu verlieren. Ich kann mich von diesem Nachmittag nicht an einen einzigen bewußten Gedanken erinnern, außer daß ich mich gefragt habe: ›Vielleicht kann ich hier lang gehen‹ – oder: ›Wird dieser Fels halten?‹ – oder gesagt habe: ›Wow, ist das ein Anblick!‹

Die von Jay beschriebene Grenzerfahrung im Alleinsein verdeutlicht, was möglich ist, wenn man voll und ganz vom Augenblick absorbiert wird. Die Wahrnehmung wird erhöht und ebenso die emotionale Empfänglichkeit. Man verliert jedes Zeit- und Raumgefühl und hat den Eindruck, das Leben findet irgendwie außerhalb der normalen Realität statt. Für Jay gab es dabei keine Existenz jenseits von völligem Aufgesogensein in der Situation – keine Vergangenheit, keine Zukunft. Es gab nur die Freude in der Gegenwart.

Der Sozialwissenschaftler Mihaly Csikszentmihalyi bezeichnet dieses Phänomen als »Flow-Erlebnis«. Dahinter stehen intrinsisch lohnende Momente, in denen die betreffende Person so in das »freudige Erleben eintaucht«, daß die damit verbundenen Handlungen ohne Anstrengung aus der »intrinsischen Motivation« heraus fließen. Künstler können zum Beispiel so »fanatisch bei der Arbeit« sein, in ihrem Tun und in ihrer Freude daran so aufgehen, daß beides ohne einen bewußten Gedanken zu Höchstleistungen zusammenfließt. Sobald man dann aber anfängt, über das, was man tut, nachzudenken – zum Beispiel beim Tennisspielen (»Achte darauf, wie du den Schläger hältst... Halte die Knie locker... Achte auf deine Rückhand«) –, ist es mit dem »Flow« vorbei.[9] Grenzerfahrungen sind den Augenblicken vorbehalten, in denen man nicht über das nachdenken muß, was man tut; und dennoch scheint man es besser als je zuvor zu machen.

In Zusammenhang mit der Aufstellung seiner Flow-Theorie interviewte Csikszentmihalyi eine Reihe von Bergsteigern und Kletterern wie Jay. Eine einsame Beschäftigung wie das Klettern bietet ihm zufolge die idealen Voraussetzungen, um den Flow-Zustand zu erreichen: Es erfordert absolute Konzentration; wer über irgend etwas anderes nachdenkt, stürzt ab. Es ist außerdem eine Aufgabe, bei der sich die einzelne Person an der Unbeugsamkeit eines Berges mißt. Einer der von ihm befragten Kletterer beschrieb seine Grenzerfahrungen folgendermaßen:

»Das Klettern ist eine unglaublich einsame Sache, [und doch:] der *flow* vervielfacht alles. Klettern ist wie ein Traum. Beim Klettern steht man nicht nur mit dem eigenen Bewußtsein, sondern auch mit dem Unbewußten in Beziehung... Man steigt nicht nur im Fels, sondern auch in sich selbst herum... Ist man bei so etwas im *flow*, ist es völlig still... Vom Innern eines Wagens aus ist es unmöglich, zu entscheiden, ob der Wagen sich bewegt oder die Straße. Ebenso ist man nicht ganz sicher, ob man selbst sich bewegt oder der Fels, aus demselben Grund, weil man gewöhnlich ›in sich‹ ist. So wird es sehr still... Das Fehlen eines Bewußtseins meiner selbst ist mir völlig bewußt. Wenn das Bewußtsein meiner selbst das Ganze ausmacht, kann einem dieses Bewußtsein dennoch fehlen, weil es nichts anderes gibt.«[10]

Grenzerfahrungen, die im Alleinsein gemacht werden, stimulieren oft diesen Flow-Zustand, in dem man sich in dem verliert, was man tut. Jenseits von Klettern und künstlerischen Beschäftigungen gibt es noch einige andere Aktivitäten, die besonders geeignet sind, um völlig im Augenblick einzutauchen, insbesondere solche, bei denen es um Bewegung in der freien Natur oder den Umgang mit der Natur geht (wie beim Radfahren, Skilaufen, Reiten).

Das Alleinsein bietet Ihnen die Gelegenheit der Selbstbetrachtung, ob Sie allein im Wald, im Auto oder im Badezimmer sind. Genau so wie Sie ein bestimmtes Bedürfnis haben, mit anderen zusammenzusein, haben Sie auch das Verlangen, für sich zu sein und Grenzerfahrungen zu machen, ohne daß Sie sich einsam und entfremdet fühlen. Ein zufriedenes Leben setzt ein Gleichgewicht zwischen Intimität und Alleinsein voraus; fehlt das eine, bleibt bei dem anderen ein Gefühl der Leere. Im Alleinsein finden Sie die Möglichkeit, Ihre Produktivität, Ihre innere Weisheit und Ihre Unabhängigkeit zu verbessern; und es gibt Ihnen die Möglichkeit, zu lernen, sich mit sich selbst zu konfrontieren, ohne daß gleich das Bedürfnis nach Ablenkung wach wird.

3. Sich mit sich selbst konfrontieren

Marsha sprüht vor Energie. Sie ist intelligent, redegewandt, und wenn sie spricht, wirkt es so freimütig und überzeugend, daß sie stets die volle Aufmerksamkeit anderer auf sich zieht. Sie ist kompetent, attraktiv und erfolgreich. Andere werden durch die überschwengliche Begeisterung, die sie ausstrahlt, und die Liebe, die sie anderen so uneigennützig zukommen läßt, automatisch in ihren Bann gezogen.

Marsha findet es ebenso erstaunlich wie frustrierend, daß sie seit ihrer Scheidung vor zehn Jahren keine ernsthafte Beziehung mehr hatte. Sie vermutet, es hat etwas mit der Verzweiflung zu tun, mit der sie dann letztlich immer wieder selbst hinter den Männern her war, die Interesse an ihr zeigten. Sie weiß wohl, welche Vorbehalte sie dadurch bei ihnen auslöst. Aber wenn es darauf ankommt, kann sie sich in ihrem Eifer einfach nicht bremsen. Aber auch ohne Beziehung hat sie es geschafft, ihr Leben so zu strukturieren, daß sie nie allein ist:

»Wenn ich allein bin, ende ich immer damit, daß ich mich in Selbstmitleid ergehe. Es gibt so vieles, was ich in meinem Leben bedauere. Ich weiß, wenn ich nicht so wahnsinnig hinter ihnen her gewesen wäre, hätte ich nicht so viele Männer verjagt. Wenn ich mir nur nicht einen solchen Versager als Ehemann aufgegabelt hätte, wäre meine Ehe vielleicht nicht zum Scheitern verurteilt gewesen. Wenn ich nur nicht so viele Jahre damit verloren hätte, mich immer wieder bis zur Besinnungslosigkeit zu betrinken, um meine Fehler zu verdrängen, ... Es gibt so viele ›Wenn ich nur nicht...‹

Ich lüfte kein Geheimnis, wenn ich Ihnen sage, daß ich nicht gerne viel über mich selbst nachdenke, schon gar nicht über die Vergangenheit. Wenn ich alleine bin, holt dieser ganze Mist mich ein und verfolgt mich. Dann wird mir bewußt, wie leer mein Leben manchmal ist und wie sehr ich es vermisse, mit jemandem in einer Beziehung zusammenzusein. Aber solange ich dafür sorge, daß ich unentwegt beschäftigt und mit Freunden zusammen bin, ist alles bestens. «

Sie betrachtet sich selbst als Expertin im Meiden von Alleinsein.

Indem sie eine andere Frau als Mitmieterin in ihrer Wohnung aufgenommen hat, sich an bestimmten Tagen mit ihrem Kind zu Besuchen verabredet und ihr Studium wieder aufgenommen hat, um ihren Abschluß nachzuholen, hat sie sichergestellt, daß sie nicht einen Augenblick allein ist. Ihre Hauptlebensstrategie besteht darin, sich fortwährend in der sozialen Welt beschäftigt zu halten und es um jeden Preis zu vermeiden, daß sie auf ihre eigene Gesellschaft zurückgeworfen wird.

Wir wissen, wie wichtig das Alleinsein für unser Wohlbefinden insgesamt ist. Warum fällt es Marsha und so vielen anderen, denen es wie ihr geht, dennoch so schwer, ihre eigene Gesellschaft ohne anderweitige Ablenkungen zu genießen? Warum beschleichen uns manchmal Angst und Beklommenheit, wenn wir allein sind? Und warum fühlen andere sich manchmal von unserem Bedürfnis bedroht, uns zurückzuziehen, um allein zu sein?

In diesem Kapitel werden wir auf viele der Gründe eingehen, warum es uns manchmal schwerfällt, Zeit mit uns allein zu verbringen. Marshas Einstellung ist zwar ein extremes Beispiel, wie unwohl sich manche fühlen, wenn sie mit sich allein sind, aber wir haben alle schon die Erfahrung gemacht, daß wir uns bei solchen Gelegenheiten unbehaglich, einsam, gelangweilt oder auch nervös fühlten und Möglichkeiten fanden, derart schmerzliche Gefühle damit zu beheben, daß wir Ablenkung suchten.

Dieses Meiden des Alleinseins ist vor dem Hintergrund zahlreicher biologischer, soziologischer, anthropologischer und psychologischer Kräfte zu sehen, die dem Streben nach Alleinsein und entsprechenden Verhaltensweisen entgegenwirken. Indem Sie sich all die äußeren und inneren Faktoren bewußtmachen, die Druck ausüben und letztlich darauf hinwirken, Ihre Freude an der Zeit, die Sie allein sind, zu untergraben, werden Sie besser gerüstet sein, diesem negativen Effekt entgegenzuwirken und bewußter nach Alleinsein zu streben, das so wesentlich für Ihre Lebensbefriedigung insgesamt ist.

Der Herdeninstinkt

Die Natur liefert uns eine Fülle von Anschauungsmaterial über die biologischen Grundlagen, warum Alleinsein gemieden wird. Ganz einfach: Ein Schaf, das alleine ist, ist ein totes Schaf. Über die Sicherheit der Herde wissen Nahrung suchende Tiere ihrer Vernichtung zu entgehen. Solange es nicht gelingt, ein Mitglied der Herde von seinen Brüdern und Schwestern zu isolieren, wird der Feind nicht angreifen. Ein Falke, der sich zum Beispiel nicht auf ein einziges Angriffsziel konzentrieren kann, solange sein Blickfeld noch von anderen Tieren, die ihn ablenken, durchkreuzt wird, begnügt sich zunächst mit Scheinangriffen, die einzig dazu dienen, die Herde zu verwirren und ein einzelnes Opfer von seinen Gefährten zu isolieren.

Soziobiologen wie Georg Breuer sind denn auch der Überzeugung, daß die Tiere, die es am besten schaffen, in der Mitte ihrer Herde zu bleiben, die den stärksten Herdeninstinkt haben, auch die besten Überlebenschancen haben.[1] Und da davon auszugehen ist, daß denn auch die Nachkommen dieser sozial erfolgreichen Tiere zugleich diejenigen sind, die am ehesten überleben (weil diejenigen, die am Rand der Herde leben, Angreifern zum Opfer fallen, noch ehe sie die Chance hatten, sich fortzupflanzen), wird über die Evolution zunehmend die angeborene Neigung gestärkt, in Gesellschaft anderer zu bleiben.

Dieser Herdeninstinkt ist bei Schafen so ausgeprägt, daß am äußeren Rand der Herde selbst auf das frischeste Gras verzichtet wird, um in der Geborgenheit der Masse zu bleiben. Jede vereinzelte Kreatur wäre ohne Gefährten, mit denen sie sich den Wachdienst und die Verantwortlichkeiten der Jagd teilen kann, schon bald allein vor Erschöpfung so verwundbar, daß ihr Überleben gefährdet wäre. Das gleiche traf für die frühen Siedler in neuen Regionen zu. Diejenigen, die sich zu weit von der Siedlung entfernten oder ihre Häuser zu weit vom Fort entfernt bauten, wurden von den Feinden dahingerafft, während jene, die ihre Kräfte in der Gemeinschaft bündelten, am besten geschützt waren.

Auch in unserer eigenen Kultur können wir Beispiele dieses Herdeninstinktes finden. So wird zum Beispiel der Wert von Immobilien in der Regel am Maßstab der Entfernung zum nächstgelegenen Geschäftszentrum gemessen. Oder nehmen wir die Art, wie wir uns kleiden, die Autos, die wir fahren, die Dinge, die wir besitzen möchten: All diese Dinge sollen eine Aussage über unsere Individualität machen, aber dennoch bleiben wir bei all diesen Dingen innerhalb der sicheren Parameter dessen, was als modern betrachtet wird. Jeder, der zu weit weg von anderen wohnt, wird als Einsiedler etikettiert.

Und jeder, der sich zu weit von den allgemein als akzeptabel geltenden Verhaltensmaßstäben entfernt, wird als sonderlich oder sogar als potentiell gefährlich betrachtet.

Die gesellschaftliche Konditionierung gegen das Alleinsein

Über die biologischen Instinkte hinaus, die den Druck erzeugen, bei der Gruppe zu bleiben, gibt es den tiefverwurzelten kulturellen Druck, der dafür sorgt, daß wir aus dem größeren Gefüge der Gesellschaft nicht ausscheren. Historiker, Anthropologen und Soziologen wie Joseph Bensman und Robert Lilienfeld haben festgestellt, daß in den Gesellschaften der Antike nie zwischen privaten und öffentlichen Welten unterschieden wurde. Der einzelne war so in die Großfamilie und das Stammessystem eingebunden, das sein Verhalten in allen Einzelheiten und sehr genau von den anderen überwacht wurde. Es war unvorstellbar, daß jemand eine Identität unabhängig von der der Gemeinschaft hatte.[2]

Der Luxus des Alleinseins, der Zurückgezogenheit wäre tatsächlich all denjenigen unverständlich, deren nacktes Überleben von der gegenseitigen Wachsamkeit abhängt. In präliterarischen Gesellschaften wurde Alleinsein seit jeher als unnatürlich betrachtet. Eine Person, die allein ist, ist eine Gefahr, weil sie sich zeitweilig von den seitens der Regierung verhängten Schranken befreit fühlt und eher zu Verhaltensweisen neigt, die gesellschaftlich nicht sanktioniert sind.

Bei den Puritanern oblag den Nachbarn die Pflicht der »heiligen Wachsamkeit«, die Verantwortung, die anderen zu beobachten und jedes abweichlerische oder ungewöhnliche Verhalten zu melden, das die vorherrschende strenge Gesellschaftsstruktur untergraben könnte. Es wurden Gesetze erlassen, nach denen es jedem verboten war, allein zu leben, um auf diese Weise ein Verhalten auszuschalten, das »mit dem Geist Gottes nicht vereinbar« war. Selbst im 19. Jahrhundert war noch die allgemeine Furcht spürbar, die etwa durch so radikale Stimmen wie die Walt Whitmans zum Ausdruck kam, daß Menschen, die allein leben, der Masturbation erliegen würden, jenem »Hauptübel«, dem alles zugeschrieben wurde, von Atembeschwerden bis zum Wahnsinn.

Beim afrikanischen Stamm der Dobu wird jeder, der allein angetroffen wird, aufs Korn genommen, weil ihm böswillige Absichten gegenüber anderen unterstellt werden. Niemand hat nach der vorherrschenden Meinung einen Grund, allein zu sein, es sei denn, er führt Ungutes im Schilde, wodurch das empfindliche, auf gegenseitiger Abhängigkeit aufbauende gesellschaftliche Gefüge untergraben werden könnte. Die Sozialwissenschaftler Mihaly Csikszentmihalyi und Reed Larson erklären, wie sich diese Neigung, das Alleinsein zu meiden, gesellschaftlich entwickelte:

»In vielen Kulturen wird das Alleinsein gefürchtet, und zwar nicht etwa aufgrund physischer Gefahren, sondern aufgrund eher mysteriöser psychischer Bedrohungen, die in der Zurückgezogenheit schlummern und gären. Dem Mann, der für sich bleibt, wird Zauberei unterstellt. Die Frau, die es vorzieht, allein zu sein, ist mit Sicherheit eine Hexe. Und die armen Unschuldigen, die unfreiwillig allein ihr Dasein fristen, sind fraglos das Opfer magischer Kräfte. Es ist nicht nur das Alleinsein, das gefährlich ist, sondern gleichwohl jeder Versuch, sich von der eigenen Sippe, sei es gedanklich oder auch körperlich, zu trennen. Die Idee der Individuation als Inbegriff der Bemühung, sich von der Gruppe zu unterscheiden, die für die westliche Vorstellung von der persönlichen Identität von so zentraler Bedeutung ist, wurde in den meisten menschlichen Kulturen mit Argwohn betrachtet. «[3]

Diese tyrannische Kontrolle bei sogenannten primitiven Völkern mag uns abstoßend erscheinen, wir brauchen uns aber nur einmal in unseren »entwickelten« Ländern umzusehen, so finden wir auch hier Beweise, wie bestimmte Dinge als Bedrohung für die Stabilität der Gesellschaft empfunden werden. Und da Regierungen durch geheime und private Ränkespiele und Komplotte zu Fall gebracht und destabilisiert werden, wird die Zurückgezogenheit in manchen Ländern, deren relativ junge politische Systeme noch in den Kinderschuhen stecken, wie etwa in der Gemeinschaft Unabhängiger Staaten (GUS) oder in China, kaum wesentlich mehr als beim Stamm der Dobu toleriert.

Aber bleiben wir in unserem eigenen Land. Es ist höchst aufschlußreich, sich einmal bewußt zu machen, in welchem Ausmaß bei uns gesellschaftliche Regeln vor allem durch die Überwachung der Privatsphäre des einzelnen durchgesetzt werden. Was den Kameras, Erfassungsgeräten und den Spitzeln entgeht, wird mit Sicherheit durch die internen Überwachungssysteme aufgefangen, jene Sy-

steme, die uns allen bereits in frühen Jahren eingeflößt werden. Sie
können sich sicher an die Scham erinnern, die sie empfanden, als Sie
dabei erwischt wurden, wie Sie in der Nase bohrten, Fingernägel kau-
ten oder auf die Wand malten. Ebenso können Sie sich sicherlich an
den gewaltigen Druck erinnern, daß man zur Gruppe dazugehören
muß, ein Druck, dem Sie sich in der Schule ausgesetzt fühlten, und
ebenso erinnern Sie sich sicherlich an den Schmerz, daß Sie sich
manchmal als Außenseiter fühlten. Aber selbst als Erwachsene werden wir von anderen noch zur Konformität gedrängt und sind dem
Druck ausgesetzt, uns ihren Wünschen zu fügen: »Was machst du so
lange da drin?« Oder: »Möchtest du nicht lieber mit uns gehen?«

Das Unbehagen, das wir manchmal in Zusammenhang mit unserem Alleinsein und den Beschäftigungen empfinden, denen wir uns
dann hingeben, ist folglich das Ergebnis einer gezielten Programmierung durch unsere Kultur. Emotionen wie Schuld- und Schamgefühle sowie Verlegenheit sollen verhindern, daß wir zu weit von den
sanktionierten Normen abweichen.

Die Schattenseite des Alleinseins

Klar ist soweit, daß absolut private Zeit in all jenen menschlichen
Kulturen nicht allzugern gesehen wird, die über Hunderte von Generationen hinweg auf die Einhaltung der Gruppennormen der Zusam-
mengehörigkeit programmiert wurden. Aber der soweit erläuterte
biologische und gesellschaftliche Druck wird noch durch weitere Faktoren verstärkt: etwa jene tiefgreifenden existentiellen Fragen, die
aufgeworfen werden, wenn wir allein sind. In der Zurückgezogenheit
werden wir zwangsläufig mit uns selbst und mit all den Schmerzen,
mit unseren Ängsten, Zweifeln und Reuegefühlen konfrontiert, die
wir tief in unserem Innern mit uns herumtragen.

Jeder von uns beherbergt in seinem Geist eine Fülle verbotener
Gedanken, erschreckender Gefühle, unterdrückter Impulse und un-
angenehmer Erinnerungen. Die Tür zu dieser dunklen Seite wird im
Alltag zumeist sicher und fest verschlossen gehalten. Aber wenn wir
etwas getrunken haben, wenn wir müde sind oder träumen, in einer
Therapie an uns arbeiten, wenn wir auf alle Abwehrmechanismen
verzichten, mit denen wir uns üblicherweise vor diesem Teil unseres
Selbst abschotten, können wir diese verborgenen Trümmer riechen

und schmecken und fühlen. Diese Gedanken und Gefühle holen uns ein und verfolgen uns, wenn wir allein sind.

Denken sie zum Beispiel nur an die Folter einer schlaflosen Nacht. Immer mal wieder kommt es vor, daß Sie sich aus Gründen, die nicht auf Anhieb erkennbar sind, ruhelos hin und her wälzen, immer wieder auf die Uhr starren und sehnsüchtig darauf warten, endlich in den Schlaf zu fallen. Ein Kampf, bei dem Sie allein auf weiter Flur stehen, und so übernimmt Ihr Geist das Regiment. Alle Dinge, bei denen Sie jemals gescheitert sind, kriechen aus den tieferen Ebenen ins Bewußtsein vor. Düster und unheilvoll türmt sich die Zukunft vor Ihnen auf. Ihre Ängste vor dem Unbekannten, vor Ablehnung, vor Verlassenwerden, vor Verwundbarkeit, vor Abhängigkeit, vor Krankheiten, sie alle stolzieren jetzt wie in einer Parade vor Ihrem geistigen Auge einher.

In seinem Roman *Sohn der Flüsse* beschreibt Jim Harrison sehr lebendig diese einsame und mitunter erschreckende Erfahrung der Schlaflosigkeit, bei der man sich selbst nicht entfliehen kann:

»Es war eine Nacht, die mir für immer schmerzlich in Erinnerung bleiben wird und die ich nicht noch einmal erleben möchte. Schlaflosigkeit öffnet verdrängten Erinnerungen die Türen, spottet der Vernunft, die uns am hellen Mittag beherrscht, und jede Anstrengung, die wir unternehmen, um unsere Gedanken in geordnete Bahnen zu lenken, verkehrt sich ins Gegenteil, hält uns halbfertige Gesichter, geschlechtslose Körper vor. Wir lernen wieder, daß unser Unterbewußtsein voller Fallen, Knoten, Gnomen ist, erfüllt von Toten, die zurückkehren, von halbfertigen, in der Luft hängenden Brücken, wir erleben, wie es von Menschen bevölkert ist, die uns nicht geliebt oder uns nicht wiedergutzumachendes Leid angetan haben, ob absichtlich oder nicht, aber auch voll von denen, die wir selbst schlimm verletzt haben und die in unserer Reue eingekapselt fortleben. Die Vergangenheit gedeiht üppig auf dem Nährboden einer schlaflosen Nacht, läßt sie zum furchteinflößenden, verzerrten Konzentrat alles dessen werden, was wir durchgemacht haben.«[4]

Ähnliches Unbehagen empfinden viele Menschen fast jedesmal, wenn sie sich mehr als nur einige Minuten, in denen sie einmal nicht beschäftigt sind, mit sich selbst konfrontiert sehen. Sie sind außerstande, sich selbst zu unterhalten, ihnen fehlt das Selbstvertrauen und die Selbständigkeit, sich um ihre eigenen Bedürfnisse zu kümmern. Da sie sich selbst nicht allzusehr lieben, können sie auch ihre eigene Gesellschaft nicht genießen. Was dazu führt, daß sie alles daransetzen, dieses Unbehagen des Alleinseins von vornherein zu vermeiden.

Das Thema der Flucht vor dem Alleinsein wurde in der Literaturgeschichte erschöpfend behandelt, angefangen von Sophokles bis zu Dostojewskij, Joyce, Kafka, Camus, Conrad und Salinger. Auch Thomas Wolfe gehört zu denjenigen, die zeit ihres Lebens von der Frage des Alleinseins besessen waren. In einem seiner Romane beschreibt er den Zustand des menschlichen Alleinseins zum Beispiel folgendermaßen.

>Wenn er allein im verdunkelten Zimmer lag und das Sonnenlicht in Bohlen durch die Spaltluken der Fensterläden fiel, überkam ihn klaftertief das Gefühl der Einsamkeit und Trauer. Er sah sein Leben vor sich wie einen Weg durch düstern Wald; er wußte, daß er immer einsam sein würde. In diesem kleinen Rundschädel gefangen, in dieses geheimnishafte, pochende Herz gesperrt, würde sein Leben immer einsame Wege gehen. Verloren! Er verstand, daß die Menschen einander fremd sind; daß keiner je um den anderen weiß; daß wir aus der Haft der mütterlichen Wamme entlassen werden, ohne der Mutter Angesicht zu kennen, daß wir als Fremdlinge an ihre Brust gelegt werden... daß wir nie aus dem Gefängnis des Wesens ausbrechen können, gleichviel, wessen Arm uns umfängt, wessen Mund uns küßt, wessen Herz uns erwärmt. Nie, nie, nie, nie, nie.«[5]

In einem Punkt hat Wolfe recht. Wir können unserem essentiellen Alleinsein unmöglich entfliehen. Gefangen in unserer Haut, eingekapselt in unserer einmaligen Identität, in unserer Seele, in unserem Geist und Körper suchen wir dennoch ständig nach Strategien, wie wir unserem »fleischfarbenen Käfig« entfliehen können. In seinem gleichnamigen Buch, *The Flesh-Colored Cage*, stellt James Howard fest: »Jeder von uns lebt als separates Wesen in der individuellen Hülle seiner Epidermis. Keine andere Person kann in diese Hülle hinein, und ebensowenig kann irgendwer von uns ihr entfliehen. Wir werden in dieser Einfassung geboren, wir existieren in ihr, und wir werden sie als Totenhemd tragen.«[6]

Wenn wir uns diese Wahrheit bewußtmachen, stellen wir uns einem wesentlichen Aspekt des menschlichen Lebens. Kein Wunder, daß wir es oft vermeiden, allein zu sein. Denn das physische Alleinsein konfrontiert uns unausweichlich mit der Realität unseres existentiellen Alleinseins. Wir werden gezwungen, der ansonsten tief in unserem Innern verborgen gehaltenen Wahrheit ins Auge zu sehen, daß es keinen Weg gibt, uns jemals wirklich voll und ganz mit einem anderen Wesen zu vereinen. Und das heißt auch, daß kein anderer uns jemals so kennen kann, wie wir uns selbst kennen, daß Beziehungen und Intimität mit anderen immer nur eine vorübergehende Befreiung von unserem essentiellen Alleinsein darstellen und daß Leben gleichbedeutend mit der periodisch immer wiederkehrenden Erfahrung intensiver Gefühle der Einsamkeit und der Entfremdung von anderen ist.

Unsere existentielle Isolation zu akzeptieren heißt, sich bewußtzumachen, daß es eine Trennung zwischen unserem Selbst und der Welt gibt, »eine grundlegende Isolation, sowohl von anderen Geschöpfen als auch von der Welt«, schreibt der Psychiater Irvin D. Yalom. »Ganz gleich, wie nahe wir uns kommen können, es bleibt eine letzte unüberbrückbare Kluft.«[7] Es gibt keine Möglichkeit, mit einem anderen Menschen zu verschmelzen. Ganz gleich, wie stark unsere Intimität ist, wir können uns nie ganz von unserer eigenen abgesonderten Welt, in der wir allein sind, lösen. Und in dieser elementarsten Bewußtheit werden wir auch gezwungen, uns noch einer anderen grundlegenden Wahrheit zu stellen: Daß wir ultimativ für uns selbst verantwortlich sind und daß es keinen Weg gibt, uns von dieser drückenden Last loszusprechen.

Die Flucht vor unserem essentiellen Alleinsein

Mit unserem Streben nach materiellen Befriedigungen und Symbolen, die unseren Erfolg verdeutlichen, distanzieren wir uns von diesen grundlegenden Einsichten und lenken uns von unserem essentiellen Alleinsein ab. Wir wenden so viel Zeit und Energie dafür auf, uns Autos, Häuser, Kleidung und Schmuck zu kaufen, daß wir erst gar nicht in Verlegenheit kommen, jene private, abgeschiedene Welt in unserem Innern kennenzulernen, die ebenso wunderschön wie erschreckend ist.

Aus meiner Praxis erinnere ich mich an einen Klienten, bei dem es mir besonders schwerfiel, mit ihm zu arbeiten. Er stand unter dem manischen Zwang, immer mehr Dinge zu kaufen, um seinem Alleinsein zu entfliehen. Die Wahrheit ist, daß mir an diesem Herrn nicht sehr gelegen war, er nervte mich. Gleichzeitig empfand ich meine Abneigung als störend, sie behinderte den therapeutischen Prozeß. Aber, egal, wie sehr ich mit mir ins Gericht und zu Rate ging, sobald er anfing, von dem Ferrari zu schwärmen, den er gerade bestellt hatte, oder von dem neuen Haus, das er gerade baute, oder von dem grandiosen Essen, das er sich genehmigt hatte und das so entsetzlich teuer gewesen war, zog sich mir der Magen zusammen.

Das Traurige war, daß all sein Geld und geschäftlicher Erfolg ihm keinen Frieden brachten. Er war ein ausnehmend unglücklicher Mensch, der sich jeweils mit dem Erwerb eines weiteren Spielzeugs eine kurzweilige Befriedigung erkaufte, um anschließend nur noch tiefer in eine Depression zu fallen. Er umgab sich ständig mit Leuten und konnte nicht einmal den Gedanken ertragen, Muße und Zeit für sich allein zu haben. Wenn es keine Arbeit gab, von der er sich in Anspruch nehmen lassen konnte, dann gab es zumindest noch Einkäufe, die zu erledigen waren.

Bei unseren Sitzungen versuchte ich, meinen Gefühlen ihm (und seinen Problemen) gegenüber zu entfliehen, indem ich mich in meinen Kopf zurückzog. Es war, als könnte ich es nicht aushalten, wirklich mit ihm zusammenzusein, mir seine Geschichte anzuhören und ihm Mitgefühl und Verständnis entgegenzubringen. Ich haßte mich selbst wegen der Verachtung, mit der ich ihm begegnete. Denn der Ehrlichkeit halber sei gesagt, daß meine Spaziergänge, die ich dann im Geiste unternahm, um diesem Mann aus dem Weg zu gehen, der sich so verzweifelt meine Kumpanei wünschte, mich zumeist zu einem meiner Lieblingsausflugsziele führten – zu Autohändlern, ausgerechnet. Ich stellte mir im Geist alle die Autos vor, die ich besitzen wollte, ich verglich, welche Vorzüge das eine gegenüber dem anderen hatte, ich stellte mir vor, wie ich mich in jedem Wagen fühlen, wie er sich anhören und fahren lassen würde. Ich machte das wochenlang so, bis der Klient mir eines Tages, als ich gerade einmal wieder mit einer meiner Testfahrten in einem Porsche beschäftigt war, seine neue kostbare Golduhr zeigte und mir mit einemmal ein kalter Schauer den Nacken hinunterlief. Mir wurde plötzlich klar, und Ihnen wohl auch, warum es mir so schwerfiel, mit diesem Mann umzugehen: Was ich bei diesem Mann am meisten verachtete, waren exakt die Eigenschaften, derer ich mich selbst am meisten schämte.

Diese Erkenntnis wurde zu einem Wendepunkt für uns beide, zumal ich ihm anschließend meine Gefühle mitteilte. Und es half ihm enorm, daß ihm jemand so aufrichtig gesagt und auch bestätigt hatte, wie öde sein Leben war und wie er auf andere wirken mußte, nämlich nicht anders als er auf mich gewirkt hatte – arrogant, egozentrisch und oberflächlich. Aber das Ganze war auch für mich eine tiefgreifende Erfahrung, die mich mit meiner Flucht vor einem Selbst konfrontierte, das ein ganz bestimmtes Image projizieren wollte – das Image, um das es halt bei Autos insgesamt geht.

Ein ebenso üblicher Weg der Flucht vor dem essentiellen Alleinsein ist die Flucht in Bücher, zu Filmen, zum Radio und insbesondere zum Fernsehen. Diese Medien bieten nicht nur Unterhaltung, sie dienen auch als Ablenkung von uns selbst und helfen uns, das Alleinsein zu meiden und uns unseren ungelösten persönlichen Problemen nicht stellen zu müssen. Sobald wir zum Beispiel ins Auto steigen, stellen wir als erstes, nachdem wir den Wagen gestartet haben, das Radio an. So haben wir Gesellschaft. Das Radio dröhnt und deckt uns mit Nachrichten, Sportmeldungen und Musik ein, so daß wir erst gar nicht darüber nachdenken müssen, wohin wir fahren und warum wir dorthin fahren. Und beim Joggen oder bei einer Fahrradtour können wir uns getrost auf den Walkman verlassen, der uns Gesellschaft leistet und unseren Kopf mit äußeren Reizen sättigt und die Leere übertönt, die wir manchmal in unserem Innern empfinden.

Solange wir eine andere menschliche Stimme um uns haben, und sei es eine, die aus einem elektronischen Kasten kommt, können wir die Ängste meiden, die mit unserem Alleinsein verbunden sind. Ein Forscher, der sich mit diesem Phänomen beschäftigte, kam zu dem Ergebnis, daß die Personen, die am meisten vor dem Fernseher hängen, zugleich diejenigen sind, die die meiste Angst erfahren, wenn sie allein sind. Die Erfahrung, daß sie in solchen ganz privaten Augenblicken immer wieder von belastenden Gedanken und Phantasien gequält wurden, lehrte sie, ständig in irgendeiner äußeren Quelle Ablenkung zu suchen, um so vor ihrem inneren Selbst zu fliehen.

Ein Anwalt, der einen 14-Stunden-Tag im Büro absolviert und sich auch noch Arbeit mit nach Hause nimmt, scheint diese Erfahrung zu kennen. Er erklärt, wie er darüber denkt:

»Ich arbeite verdammt hart. Es ist ein mörderisches Geschäft, in dem ich es zum Teil mit sehr sonderlichen Menschen zu tun habe. Es ist wie im Krieg, entweder du gewinnst, oder du verlierst. Wenn ich nicht im Gericht bin oder über Akten sitze, hocke ich normalerweise vor dem Fernseher. Vor allem schaue ich mir Basketball und Football-Spiele an, aber auch ansonsten alle Sportsendungen. Wenn es keinen Sport gibt, sehe ich mir alte Filme an. Und manchmal halt verdammt jeden Quatsch! Aber ich halte es nicht aus, einfach nur dazusitzen und den Westenknopf auf meinem Bauch anzustarren. Wenn ich in einem Spiel, in einem Film oder irgend etwas anderem wirklich drin bin, scheint die Zeit einfach zu verfliegen, und ehe ich mich versehe, ist es Zeit, zu Bett zu gehen, und dann beginnt ein neuer Tag.«

Es ist nicht nur die Bequemlichkeit des Fernsehers, die dazu verleitet, daß der Fernseher in jedem durchschnittlichen Haushalt inzwischen sieben Stunden am Tag läuft. Es ist die Wirksamkeit, mit der das Fernsehen inneres Unbehagen übertönt. Wie diesem Anwalt fällt es vielen Menschen schwer, mit unstrukturierter Zeit umzugehen. Ein Knopfdruck genügt, und Lachen, Aufregung und vertraute Gesichter füllen den Raum. Und wir werden wieder einmal vorübergehend von jenen Gefühlen und Erinnerungen abgelenkt, die wir aus unserem Bewußtsein verdrängen und irgendwo in den abgelegenen Kammern unseres Geistes unter Verschluß halten.

Hinzu kommt ein weiterer Effekt: Wenn wir uns mit den Charakteren auf dem Bildschirm oder in einem fesselnden Buch identifizieren, in das wir uns bei unserer Flucht vor dem Alleinsein vertiefen, schlüpfen wir aus unserer Haut heraus und in die einer anderen Person hinein – die gewöhnlich sportlicher, schöner, talentierter und beliebter ist als wir. So gehen wir »Beziehungen« ein, die sicher sind, weil strikt eingleisig und nicht auf Wechselseitigkeit beruhend; und die den Vorteil haben, daß diese »Personen« uns nicht verletzen oder zurückweisen können.

Eine junge Geschäftsfrau erzählte mir, daß sie sich nur von allen Belastungen und Gedanken freimachen kann, wenn sie sich in die Seiten eines Buches oder in einen Fernsehfilm vertieft:

»Wenn ich alleine bin, brüte ich sehr viel. Ich frage mich, was beruflich vor mir liegt, und was die Leute im Büro von mir denken. Ich ergehe mich in Phantasien darüber, was ich machen würde, wenn ich mehr Geld hätte. Ich mache mir Gedanken, was wäre, wenn mein Mann sterben würde, und ob und wie ich allein zurechtkäme. Besonders viel denke ich über meine Kinder nach, und daß ich sie wahrscheinlich sehr nerve. Ich denke an all die Dinge, mit denen ich an meinem Äußeren unzufrieden bin, und überlege, wie ich sie ändern kann – meine Haare sollten fülliger und dichter und meine Oberschenkel nicht so fett sein. Wenn ich nicht lese oder irgend etwas anderes tue, sitze ich einfach da und denke über all diese Dinge nach.«

Natürlich kann man nicht endlos vor sich weglaufen. Manche versuchen zwar, sich mit Arbeit oder Fernsehen oder auch mit Alkohol oder Drogen abzulenken, aber solche Strategien funktionieren nur zeitweilig. Und wenn wir es am wenigsten erwarten, fallen dann alle unsere ungelösten Probleme wieder über uns herein und nehmen unser Bewußtsein in Beschlag. Das sind dann die Fälle, wo wir vielleicht Einschlafschwierigkeiten oder Konzentrationsprobleme bei unserer Arbeit haben. Aus keinem erkennbaren Grund ist uns einfach mulmig zumute: Urplötzlich tauchen völlig ungebetene Gedanken in unserem Kopf auf, die uns noch nie gekommen sind. Dinge, die uns bisher Freude bereiteten, hinterlassen plötzlich nur noch ein Gefühl der Leere. Wir sehnen uns nach etwas – und wissen nicht genau, wonach. Wir fühlen uns nicht mehr wohl mit unserem »Ich«, und es ist in diesem Augenblick alles andere als schön, in diesem Körper zu sein. Könnte unser Körper mit uns sprechen, würde er vielleicht folgendes sagen:

»Du Dummkopf, du bist verdammt lange vor dir selbst weggelaufen. Du hast mich ignoriert, mich in der Versenkung verschwinden lassen und so getan, als existierte ich nicht. Du versuchst, mich mit Ablenkungen und Zerstreuungen zu beschwichtigen und zu betäuben und mich um jeden Preis ruhigzustellen. Es ist so schwer, dich allein zu erwischen und mit dir reden zu können. Weißt du noch, wie du vor einigen Jahren allein zu Haus warst und nichts zu tun hattest? Du fühltest dich nicht wohl und konntest weder Ruhe noch irgend etwas finden, um dich zu beschäftigen. Ich habe damals versucht, mit dir zu reden. Aber als erstes hast du immer den Fernseher eingeschaltet, der dann eine Weile lief. Dann hast du es mit einem Buch versucht. Am Telefon konntest du niemanden erreichen. Du hast masturbiert. Damit war eine halbe Stunde weg. Dann habe ich dir zugeflüstert: ›Was machst du eigentlich? Bist du wirklich glücklich mit dem, was du tust? Nimm dir die Zeit, dich selbst kennenzulernen.‹ Mit dem Ergebnis, daß du dir erstmal einen harten Drink genehmigt hast, und das war's dann. Aber diesmal, meine Liebe, verschwinde ich nicht. Diesmal bleibe ich, um dir einzuheizen und dich so lange unter Druck zu setzen, bis du aufhörst, dich vor dir selbst zu verstecken, bis du dich in deiner eigenen Gesellschaft wirklich wohl fühlst. Natürlich ist dir mulmig zumute. Es gefällt dir nicht, was in deinem

Körper passiert... die Kälte, die Lethargie, die Ruhelosigkeit. Aber das ist der einzige Weg, den ich kenne, um deine Aufmerksamkeit zu bekommen.«

Wenn wir uns mit außergewöhnlichen Symptomen konfrontiert sehen, so hat das für gewöhnlich einen guten Grund – auch wenn wir ihn nicht identifizieren können. Es gibt ein Virus, das tief innen in jedem von uns lebt, das resistent gegenüber allen Ablenkungen ist, und das ist die Angst vor dem Alleinsein.

Unsere Urängste vor dem Alleinsein

Joseph Campbell, der Mythologie-Experte, stellt als das Hauptmerkmal, das Tiere und Menschen voneinander unterscheidet, unser Bewußtsein von unserer Sterblichkeit und die Schritte heraus, die wir unternehmen, um uns auf den Tod vorzubereiten. Zeit der menschlichen Geschichte haben Mythen dem Menschen als Quelle des Trostes und der Hoffnung bei der Auseinandersetzung mit seiner Sterblichkeit geholfen.[8]

Alle Kulturen und Religionen dieser Welt teilen eine universale Vorstellung vom Tod und Leben nach dem Tod, die für all diejenigen eine gewisse Beruhigung darstellt, die Angst vor dem Alleinsein im Unbekannten haben. Vom Alten und Neuen Testament bis zu den Hieroglyphen auf den Pyramiden begegnen wir dem Versprechen, daß der einzelne nach dem Tod sich nicht mutterseelenallein selbst überlassen bleibt. Das christliche Bild vom Himmel steht für einen Ort, der von einer Gemeinschaft Gleichgesinnter bevölkert wird. Die Hindus glauben an die Wiedergeburt, wonach jedes Wesen im ewigen Kreislauf die Welt durchwandert. Die altägyptischen und tibetischen Totenbücher, die Legenden der amerikanischen Indianerstämme und die griechische Mythologie – sie alle versprechen ein Leben nach dem Tod, das auch das Zusammensein mit anderen einschließt.

Unsere größten Ängste werden somit durch die Mythologie und Religion beschwichtigt: Das Sterben ist letzten Endes doch nicht so entsetzlich, und selbst wenn es uns nicht gefällt, bleibt, daß wir wenigstens nicht allein sein werden. Um diesen Punkt zu betonen, wird der Übergang des Todes mit einer gemeinschaftlich begangenen Zeremonie markiert, der Beerdigung. Und bei den Hinterbliebenen hält sich unerschütterlich das Gefühl, daß der Verstorbene noch immer bei ihnen ist, genau wie sie auch immer bei ihm sein werden.

Schon als Kind, lange ehe wir etwas vom Konzept und der Realität des Todes verstanden hatten, lernten wir die Erfahrung entsetzlicher Angst vor dem Verlassenwerden kennen. Aus der Sicht eines sehr kleinen Kindes hört ein Objekt, das dem Blick entzogen wird, auf zu existieren. Ein sechs Monate altes Baby sucht nicht nach einem Lieblingsspielzeug, das ihm weggenommen wurde – nach der kindlichen Vorstellung ist es für immer verschwunden. Sie können sich also vorstellen, wie es gewesen sein muß, wenn Ihre Eltern den Raum verließen, Sie als Gefangenen in der Wiege zurückließen und Ihr kindliches Hirn gezwungen wurde, sich mit der Vorstellung abzufinden, daß Mutter und Vater vielleicht nie mehr zurückkommen. Wer kann sich nicht an seine Ängste als Kind erinnern, wenn wir allein gelassen wurden? Jedes Geräusch und jeder eingebildete Schatten bekam eine besondere Bedeutung. Der Komiker Bill Cosby erzählt, wie er in seiner Angst vor dem Ungeheuer, von dem er fürchtete, es käme, um ihn, schutzlos und allein, wie er war, zu verschlingen, den ganzen Küchenboden mit Wackelpudding einstrich, um es zum Straucheln zu bringen. Aber unsere Urangst vor dem Alleinsein entspringt nicht nur dem Glauben an irgendwelche Monster, die kommen könnten, um uns zu zerreißen, sondern auch den Monstern, die in uns schlummern.

Wenn es bei einem Kind die Furcht vor dem Verlassenwerden ist, die seine Angst vor dem Alleinsein auslöst, welches sind dann die Monster, die der Erwachsene fürchtet, wenn er allein ist? Weitverbreitet sind etwa folgende Vorstellungen:

- »Und was ist, wenn ich eines Tages einfach die Kontrolle verliere? Was ist, wenn ich einfach ausflippe und ohne irgendeinen Grund vom Balkon springe?«
- »Und was ist, wenn mein Leben nur eine einzige Selbsttäuschung ist? Was ist, wenn all die Dinge, die ich für so verdammt wichtig halte, in Wirklichkeit überhaupt nichts bedeuten?«
- »Und was ist, wenn ich in Wirklichkeit nicht der oder das bin, der oder was ich zu sein glaube? Was ist, wenn die Leute in Wirklichkeit hinter meinem Rücken über mich lachen?«
- »Und was ist, wenn sie dahinterkommen, was ich damals gemacht habe? Was ist, wenn sie mir alles wegnehmen, was ich mir aufgebaut und wofür ich so hart gearbeitet habe?«

- »Und was ist, wenn meine Freunde mich im Stich lassen oder wenn mein Partner mich verläßt? Was ist, wenn sie dahinterkommen, wie es wirklich in mir aussieht?«
- »Und was ist, wenn meinem Kind oder meiner Mutter oder meinem Vater irgend etwas passiert? Wie sollte ich das jemals überleben?«
- »Und was ist, wenn ich Krebs oder AIDS oder irgendeine andere unheilbare Krankheit habe? Was ist, wenn ich heute sterbe?«

Diese letzte Frage scheint die größte Urangst zu wecken. Die Vermeidung des Alleinseins geht denn auch in der Tat auf unsere frühen Assoziationen zu Geburt und Tod zurück. Egal, wie wir versuchen, diese Urangst zu beschwichtigen – durch Eindecken mit produktiver Arbeit, den Glauben an ein Leben nach dem Tod, durch Illusionen von Unsterblichkeit –, tief in den hintersten Schlupfwinkeln eines jeden menschlichen Gehirns lauert dennoch die absolut panische Angst vor dem Nichts.

In jedem Moment kann eine Arterie in unserem Gehirn platzen oder das Dach, das wir über dem Kopf haben, über uns zusammenbrechen. Das Herz ist nur ein Muskel, der eines Tages schlappmachen wird. Und wenn es auch einige Milliarden Herzschläge sind, die wir, zeitlich gesehen, auf Erden leben, so ist dennoch die Zeit, die wir tot sein werden, so unendlich viel länger. Keine Frage. Diese erschreckenden Wahrheiten zur Vergänglichkeit unserer Existenz können besser unter Kontrolle gehalten werden, wenn wir in Gesellschaft anderer sind. Wenn wir allein sind, begegnen wir hingegen »unserem eigenen Selbst«, sagt Paul Tillich, »aber nicht als einem Selbst, sondern als dem Kampfplatz schöpferischer und zerstörerischer, göttlicher und dämonischer Mächte«.[9]

Was sicherlich auch noch in anderer Hinsicht ein Punkt ist, insofern nämlich, als das wir in der Abgeschiedenheit des Alleinseins vorzugsweise auch Gedanken an das Verbotene hegen. Wenn wir allein sind, haben wir die Freiheit, uns in Rachegelüsten zu ergehen und uns Dinge vorzustellen, derer wir uns entsetzlich schämten, wenn jemand davon wüßte. Der Autor Hugh Prather gesteht, daß er solche Rachegelüste sehr wohl kennt, aber auf einer Ebene, die ihm hilft, sich von der destruktiven Natur solcher Gelüste zu befreien: »In mir ist das Potential, jede teuflische Tat zu begehen, die auch von anderen Menschen begangen wird, und wenn ich dieses Potential nicht *fühle*, dann weiß ich, daß diese Triebe jederzeit die Kontrolle über mich gewinnen können.«

Solche Ideen und Phantasien bleiben solange harmlos und ohne Konsequenzen, wie wir ihnen keine Macht durch obsessives Denken einräumen. Ich kenne eine Frau, die ihren Mann sehr liebt und ihre Ehe nie in Frage stellen würde, aber von ungeheuerlichen, explizit sexuellen Phantasien in Zusammenhang mit einem Freund ihres Mannes geplagt wird. Aus Angst, über diese Dinge auch nur nachzudenken, geschweige denn, daß sie geneigt wäre, solche Impulse jemals auszuleben, meidet sie es, wann immer möglich, allein zu sein. Und wenn sie tatsächlich allein ist, hält sie sich so beschäftigt, daß ihr Hirn per se nicht auf Abwege gerät.

Viele Menschen haben Angst, daß sich ihre Gedanken verselbständigen, wenn sie für sich sind. Nehmen wir zum Beispiel den Computerfachmann, der sich selbst als netten, sensiblen und passiven Menschen beschreibt, zugleich aber sagt, daß er sich vor dem Zorn fürchtet, den er in sich fühlt. Er wird unruhig, wenn der Computer abgeschaltet und er gezwungen ist, sich mit einem leeren Bildschirm auseinanderzusetzen, den er dann in Gedanken mit Bildern von verhaßten Kunden füllt, die er strangulieren möchte, oder mit dem Bild seines arroganten Geschäftspartners, den er am liebsten vor sich sieht, wie er nach grausamer Folter um seinen Tod bettelt. Andere Männer und Frauen berichten von Gedanken, in denen sie ihre Lieben bewußt verletzen, in andere Identitäten schlüpfen, nackt durch die Straßen laufen, vergewaltigen und morden, jedes der Zehn Gebote verletzen und alle Sieben Todsünden begehen.

Zu den schmerzlichsten aller privaten Grübeleien gehören Selbstmordphantasien – ob es sich dabei um gelegentlich auftauchende flüchtige Vorstellungen oder um eine todernste Hauptbeschäftigung handelt. Abgesehen von denjenigen, die wirklich keinen Ausweg aus ihrem Elend mehr sehen, sind gewisse Selbstmordgedanken den meisten Menschen aus Zeiten großer Um- und Zusammenbrüche in ihrem Leben vertraut. Aber selbst wenn die Gefahr, diesen Impulsen nachzugeben, relativ gering ist, können die Vorstellungen als solche entsetzlich genug sein, wie der Fall einer Frau sehr plastisch zeigt:

»Es fing für mich mit einer harmlosen geistigen Spielerei bei einer Fahrt auf der Autobahn an. Was wäre, wenn ich jetzt das Lenkrad einfach einschlagen würde – es müßte nicht einmal sehr viel sein – und gegen einen Baum donnerte? Damit wären alle meine Probleme gelöst. Ich glaube nicht, daß ich das jemals machen würde, aber manchmal scheint es so leicht. Es fällt mir immer sehr schwer, das Bild vom Aufprall und vom brennenden Auto wieder loszuwerden, und ich vermeide es, nachts allein zu fahren, um erst gar nicht in Versuchung zu kommen.«

Wir haben alle unsere individuellen Toleranzschwellen, inwieweit wir unser Alleinsein genießen und unsere Urängste im Zaum halten können. Bei manchen wird diese Schwelle nach einer Stunde überschritten, bei allem, was darüber hinausgeht, können sie ihre eigene Gesellschaft nicht mehr aushalten, ohne daß Angstgefühle oder Nervosität aufkommen. Andere können demgegenüber bequem einen ganzen Monat auf jeden menschlichen Kontakt verzichten, ohne daß sich unangenehme Konsequenzen bemerkbar machen. Inwieweit wir Alleinsein tolerieren und es sogar ausgesprochen genießen können, hängt unmittelbar damit zusammen, ob und inwieweit wir uns unseren Ängsten gestellt und es gelernt haben, uns mit unserem inneren Selbst wohl zu fühlen. Für jeden, der voll und ganz und bewußt leben möchte, ist diese Konfrontation ein wesentlicher Schritt auf dem Weg zu persönlichem Wachstum.

Unabhängigskeitserklärungen

Angesichts des starken äußeren und inneren Drucks, der uns vom Alleinsein wegtreibt, ist es durchaus verständlich, warum es uns oft so schwerfällt, uns ohne anderweitige Ablenkung mit uns selbst zu konfrontieren. Und nicht zuletzt wird unsere Flucht vor uns selbst auch noch durch einen weiteren Punkt erleichtert: Schließlich können wir jederzeit auf die Forderungen der anderen verweisen, die Ansprüche an unsere Zeit und Energie stellen, und auf unsere Unabhängigkeit und persönlichen Wünsche zugunsten der Anliegen verzichten, die von der Gruppe an uns herangetragen werden. Dieses Phänomen mag das Beispiel einer Sozialarbeiterin verdeutlichen, die ihren beruflichen und persönlichen Verpflichtungen eine Weile entfliehen wollte:

»Ich wollte eine Woche ausspannen und hatte mich in einem beliebten Ferienhotel für Singles in der Karibik eingebucht. Am ersten Morgen dort brauchte ich erst einmal etwas Zeit für mich, um den größten Ballast hinter mir zu lassen. Während die anderen also zu ihren diversen Aktivitäten losstürmten, um ihre Joga-Stunden, Wasseraerobic-Kurse, ihren Segelunterricht oder Volleyballspiele zu absolvieren, ging ich los und suchte mir einen Platz unter einem Baum, wo ich mich hinsetzen und den großartigen Blick über eine Bucht genießen konnte.

In der einen Stunde, in der ich einfach nur dem Spiel des Wassers zusehen wollte, kamen nicht weniger als drei Leute des Reiseveranstalters unabhängig voneinander auf mich zu, um zu fragen, was mit mir los sei, warum ich keinen Spaß suchte und ob ich mich nicht lieber einer Gruppenaktivität anschließen wollte. Es war ihnen absolut unverständlich, daß es mir in meiner eigenen Gesellschaft auch so rundherum gutging. Ich wurde so bedrängt, mich den anderen bei ihrem ›Spaßhaben‹ anzuschließen, daß ich schließlich auf mein Alleinsein verzichtete, das andere als so störend empfanden. Den Rest der Woche verhielt ich mich dann ›angemessener‹ und nahm an den verschiedenen Aktivitäten teil, wobei ich mir allerdings die ganze Zeit wünschte, endlich wieder nach Hause zu kommen, wo ich zumindest die Abgeschiedenheit in meinem Auto genießen kann.«

Wir alle sehen uns oft stark unter Druck gesetzt, auf unsere ganz privaten Augenblicke zu verzichten und unser geheimes Selbst zurückzustellen. Sie brauchen nur an all die Dinge zu denken, denen Sie sich verpflichtet fühlen – dem Zusammenhalt Ihrer Familie wie auch Ihrer Familiengeschichte, Ihrer Nachbarschaft, dem Kollegium, der politischen Partei und gemeinnützigen Organisationen, Vereinen und Verbänden, der religiösen Gruppe und dem ethnischen Erbe, Ihrem Land, Staat und der Nation. Darin noch nicht enthalten sind all die zwanglosen freundschaftlichen Gruppen, Kegelvereine oder Schachclubs. Jeder und jede Gruppe scheint einen Teil von Ihnen haben zu wollen. Um als Spezies zu überleben, muß der einzelne mitunter zum größten Wohl der Gemeinschaft auf seine Freiheit und Unabhängigkeit verzichten. Was zum Beispiel heißen kann, Zeit für gemeinnützige Organisationen zu investieren oder für eine soziale Organisation gegen ein geringeres Entgelt zu arbeiten, als in der Privatwirtschaft zu verdienen wäre.

Das Ergebnis dieses ganzen äußeren Drucks, Zeit, Energie und Geld zu investieren, ist ironischerweise das starke Bedürfnis, sich vorübergehend von all diesen Verpflichtungen zurückzuziehen. Wir fühlen uns erdrückt und entwickeln eine Abneigung gegen jedes weitere Eindringen. Wir sehnen uns verzweifelt nach etwas Zeit für uns,

Zeit, in der wir tun und lassen können, was wir möchten. Aber wenn andere unseren Rückzug dann als zu lang empfinden, fangen die Telefonanrufe auch schon wieder an: »Hey, du hast dich so lange nicht sehen lassen. Was ist los?«

Von den Aktivitäten, denen wir uns hingeben, wenn wir allein sind, können wir vor uns selbst natürlich die am besten rechtfertigen, die sich rational als nicht egoistisch darstellen lassen. Bei den Fulani in Westafrika meldet sich jemand, der mal allein sein muß, freiwillig, die Viehherde zur Salzlecke zu treiben. Auf der gleichen Ebene wird es in unserer eigenen Kultur absolut akzeptiert, wenn jemand Zeit für sich reklamiert, um einen Pullover zu stricken, einen Motor aufzumotzen, den Rasen zu mähen, einen Roman zu schreiben oder gelegentlich auch zum Angeln oder auf die Jagd zu gehen. All das sind Beschäftigungen, die letztlich unter der Überschrift Geld sparen oder verdienen firmieren. Aber jeder, der zum Beispiel einfach irgendwo im Dunkeln auf einer Bank sitzt, wird mit Sorge, Argwohn oder gar Ablehnung betrachtet. Und ganz natürlich kommt in dem Fall die Frage: »Was machst du?« Oder noch besser: »Hast du nichts zu *tun*?«

Wir können gelegentlich zwar immer einmal wieder unsere Unabhängigkeit vom Gruppendruck erklären, doch in der Regel geht das nicht ohne einen gewissen emotionalen Preis ab. Schließlich wurde über die seit Menschengedenken fortgeschriebene genetische Programmierung sichergestellt, daß wir uns den gesellschaftlichen Verantwortlichkeiten fügen. Wir fühlen uns schuldig, wenn wir unseren Beitrag nicht leisten. Genau wie unsere frühen Vorfahren Repressalien ausgesetzt waren, wenn sie ihrer Lust nachgaben, spazierenzugehen statt ihrem Stamm bei der Jagd für die nächste Mahlzeit zu helfen, so werden auch wir in der Regel mit Gewissensbissen, wenn nicht gar mit sozialer Ablehnung konfrontiert, wenn wir beschließen, nur das zu tun, was *wir* tun möchten. Das Ergebnis ist, daß wir uns im Zweifel zwischen der Sehnsucht, Zeit für uns zu finden, und dem Druck, unseren sozialen Verpflichtungen nachzukommen, hin- und hergerissen fühlen. Dieser Konflikt ist jedoch nicht nur das Resultat des biologischen Herdeninstinkts oder des gesellschaftlichen Drucks, sondern auch des jahrhundertealten Krieges, bei dem es auf der einen Seite um die Rechte des Individuums und auf der anderen um die der Gemeinschaft geht. Schon immer gab es den Kampf zwischen dem menschlichen Bedürfnis nach Freiheit, Unabhängigkeit und Autonomie auf der einen und den kulturellen Werten der Kooperation, Kompromißbereitschaft und des gemeinschaftlichen Teilens auf der anderen Seite.

Der Sozialhistoriker Barrington Moore erklärt zu diesem grundlegenden Konflikt sogar: »Ohne Gesellschaft gäbe es das Bedürfnis nach Privatsphäre nicht.«[11] Natürlich könnte eine Gesellschaft nicht überleben, wenn Menschen nicht auch bereit wären, in gewissen Teilen auf ihre Privatsphäre zu verzichten. Desgleichen gilt aber auch, daß ein Individuum ohne die erholsamen Phasen der Zurückgezogenheit nur schwer überleben könnte – und sei es, daß es diese nur braucht, um weiterhin seinen produktiven Beitrag zum Wohle der Gemeinschaft leisten zu können.

Dennoch bleibt der Druck, der auf uns ausgeübt wird, uns nicht um unser Bedürfnis, allein zu sein, zu kümmern, und erst recht nicht, wenn dies in irgendeiner Hinsicht zu Lasten der gesellschaftlichen Interessen ginge. Wir brauchen nur an das Schicksal Sokrates' zu denken, der es um seiner privaten Meditationen und Reflexionen willen ablehnte, ein politisches Amt zu übernehmen. Doch gesellschaftliche Kritik oder Verschrobenheiten dieser Art wurden auch in Athen nicht allzugern gesehen, so daß einzelgängerischen Dissidenten mit Vorliebe letale Spott- und Schierlingscocktails serviert wurden.

Verglichen mit den Diktaturen und unterdrückerischen Regimen, die sich von Menschenrechten und individuellen Freiheiten derart eingeschüchtert fühlten, hat unsere Gesellschaft es weit gebracht. Bezeichnend für die Menschen, die die Vereinigten Staaten gründeten, war ihre Sehnsucht nach Freiheit, die Freiheit, ihre Religionen praktizieren und ihre persönlichen Rechte geltend machen zu können. Sie schätzten ihre Unabhängigkeit und begegneten jeder staatlichen Einmischung oder Gesetzgebung, die die Freiheit des einzelnen einschränkte, mit größtem Argwohn. Eine Haltung, die von der Amerikanischen Unabhängigkeitserklärung unterstrichen wurde, wenn es da etwa heißt: »Wir halten diese Wahrheiten für selbstverständlich, daß alle Menschen von der Schöpfung her gleich sind, daß ihr Schöpfer ihnen bestimmte, unveräußerliche Rechte mitgegeben hat. Darunter sind Leben, Freiheit und das Trachten nach Glück.« Und als sei das nicht genug gewesen, wurden mit der Bill of Rights noch die Grundrechte wie Meinungs- und Gewissensfreiheit verfassungsmäßig verankert, die unsere Privatsphäre und Individualität und die Unverletzlichkeit unseres persönlichen Raumes schützen.

Damit war es in der Geschichte erstmals gelungen, sich über die ansonsten üblichen Ängste und Vorbehalte gegenüber der Vereinzelung hinwegzusetzen. Wir wissen inzwischen, was durch viele Quellen belegt ist, daß die Vereinzelung ein ebenso wichtiger Teil der gesellschaftlichen Struktur wie die Partizipation ist. Was für die Gruppe wie für das Individuum ein Paradox darstellt. Fest steht jedoch, daß die Fähigkeit, innerhalb der Gruppe und mit anderen optimal zu funktionieren, unmittelbar von unserer Fähigkeit abhängt, wie wir mit uns selbst zurechtkommen.

Ganz private Augenblicke sind kein Luxus, sondern Voraussetzung für eine optimale geistige Gesundheit. Wir brauchen Zeit für uns, um neue Erfahrungen zu verarbeiten, um über unsere Entscheidungen nachzudenken und neue Entscheidungen treffen zu können, um uns zu entspannen und Energie aufzutanken, und um ein Stück Freiheit in einer Welt zu erfahren, die so viele Schranken und Zwänge kennt.

Der Vorsatz, etwas für unser Selbst zu tun

Auch wenn es schwierig ist, das Streben nach mehr Unabhängigkeit und Befriedigung im Alleinsein zu verwirklichen, so ist es dennoch ein hehrer und notwendiger Vorsatz. Sie müssen mit gewissen inneren und äußeren Widerständen rechnen, und wenn Sie wissen, welche auf Sie zukommen und warum, sind Sie für die vor Ihnen liegenden Kämpfe gerüstet. Damit können Sie ermessen, welche Herausforderung es sein wird, sich mit einem Teil von sich wohl fühlen zu lernen, der seit vielen Generationen darauf programmiert ist, Sie Angst empfinden zu lassen. Schließlich zeigte sich in der Geschichte unseres Planeten immer wieder, daß keine Kreatur, die sich von ihrem Stamm oder ihrer Herde absonderte, lange überleben konnte.

Das Alleinsein stellt eine Chance des Umgangs mit Ihrem privaten Selbst dar, eine Chance, sich Ihren Urängsten und Ihrem geheimen Selbst zu stellen und sich damit auseinanderzusetzen. Es hilft Ihnen, über das normale Bewußtsein hinaus zu einer tieferen Bewußtheit von Ihrer Existenz und einer klareren Vorstellung zu gelangen, in welche Richtung Sie steuern möchten.

Das war auch bei Marsha der Fall, der Frau, der Sie eingangs dieses Kapitels begegneten. Nach einigen Monaten Therapie war sie soweit, zunehmend nach einem Leben zu streben, das frei von Abhängigkeiten von anderen war und erfüllt von mehr Freude an ihren ganz privaten Augenblicken:

»Ich habe es satt, ständig vor mir selbst wegzulaufen und so zu leben, als brauchte ich einen Mann, um glücklich zu sein. Es widert mich an, daß ich mich jedesmal so elend fühle, wenn ich Zeit für mich hätte und nicht weiß, was ich damit anfangen soll. Ich weiß inzwischen, daß die Suche nach einem Ehemann nicht die Antwort auf mein Problem ist. Ich muß vielmehr lernen, es wirklich genießen zu können, wenn ich für mich bin. Ich möchte allein ins Kino oder Restaurant gehen und mich nicht darum kümmern, was andere denken. Ich merke, daß ich anfange, gegen fast alles zu rebellieren, was mir von Kindheit an beigebracht wurde: Ich werde mein Leben *nicht* dafür leben, um einen Mann glücklich zu machen. Und ich *werde* mehr Zeit für mich allein verbringen – und sie sehr genießen!«

4. Der Umgang mit unseren ganz privaten Augenblicken

Alleinsein mag mit Unbehagen verbunden sein, das muß jedoch nicht so sein. Um die nutzbringenden Effekte des Alleinseins ausschöpfen und die hemmenden Effekte unserer Urängste vor dem Alleinsein möglichst weit zurückdrängen zu können, müssen wir unsere innere Trägheit überwinden. Eine lähmende Trägheit, die in weiten Teilen auf die Einstellung zurückzuführen ist, die wir gegenüber dem Alleinsein einnehmen. Unsere Einstellungen sind eine Frage der Wahl. Wenn wir es vorziehen, uns, wenn wir allein sind, gefangen und hilflos zu fühlen, sind Einsamkeit und Langeweile zwangsläufig das Ergebnis. Sofern wir uns demgegenüber motivieren können und lernen, (1) anders über unsere Situation zu denken, (2) negative Gefühle abzuwehren, (3) das Risiko einzugehen, neue Verhaltensweisen auszuprobieren und (4) unsere Toleranz gegenüber dem Alleinsein zu erhöhen, so daß wir unsere eigene Gesellschaft besser aushalten können, werden unsere ganz privaten Augenblicke zu einer uns heiligen Zufluchtstätte der Ruhe und persönlichen Befriedigung.

Der innere Raum, innere Stimmen

Es gibt einen Ort, der so privat und für jeden anderen unzugänglich ist, daß Sie die einzige Person sind, die ihn kennt: Dieser Ort ist die ganz private, abgeschiedene Welt in Ihrem Geist und in Ihrer Seele. Dieser innere Raum ist zwar völlig isoliert, aber dennoch werden Sie dort ständig von Ihrer inneren Stimme begleitet, die fortwährend mit Ihnen spricht – die Ihnen etwas zuflüstert, Sie bedrängt, Ihnen Vorwürfe macht, Sie an Dinge erinnert, die ermutigt, nörgelt, die Ihnen sagt, was Sie tun sollen und wie Sie sich zu fühlen haben. Sie ist die Grundlage für viele Ihrer Einstellungen zur Welt und dafür, wie Sie diese Welt erfahren. Im Unterschied zu den starken Urängsten und existentiellen Problemen, die integraler Bestandteil des Menschseins sind, werden viele andere problematische Aspekte des Alleinseins wie Gefühle der Langeweile oder Einsamkeit grundlegend durch diese Dialoge geprägt, die Sie mit sich selbst führen.

In jedem Augenblick unseres Wachlebens findet irgendein Gespräch in unserem Innern statt. Wir sprechen gedankenlos den Text eines Liedes nach oder spielen vorab in Gedanken quasi probeweise ein Gespräch durch. Mal reden wir beruhigend auf uns ein, mal reden wir uns in Rage. Endlos führen wir Gespräche mit uns selbst, in denen wir sicher und wohlbehalten unsere Träume, Phantasien, Wünsche, Gelüste und Ängste zum Ausdruck bringen können. Dies ist unsere sicherste und heiligste Privatsphäre, die wir haben, egal, ob wir allein irgendwo im Wald oder irgendwo im Gedränge von Menschenmassen sind. Und manchmal kann unsere innere Stimme unglaublich grausam und verurteilend sein.

- »Ich kann nicht glauben, daß du etwas derart Blödes gesagt hast.«
- »Dieser Pickel verschandelt dein ganzes Gesicht!«
- »Du schaffst es nie, das in Ordnung zu bringen!«
- »Du hast dich verdammt aufgespielt und angegeben, und jeder wird dahinterkommen, daß das nichts als Angeberei war!«

Da wir in jedem Augenblick mit unserem geheimen Selbst zusammen sind, entgeht uns nur sehr wenig. Jede Unzulänglichkeit wird hundertfach vergrößert. Wir sind besessen von unseren Schwächen und Fehlern, weil wir sie alle so gut kennen.

Dieser innere Raum ist eine Welt, die den Blicken anderer entzogen bleibt. Manche von uns sind innerlich so völlig anders als sie nach außen erscheinen, daß Menschen, die glauben, sie bestens zu kennen, erstaunt wären zu sehen, wie es um ihr geheimes Selbst tatsächlich bestellt ist. Es ist allerdings weder notwendig noch möglicherweise erstrebenswert, diesen inneren Raum preiszugeben, indem wir anderen mehr davon offenbaren. Wer das Bedürfnis hat, zu beichten, kann das natürlich bei einem Priester, Therapeuten, dem Partner oder einem Freund tun. Aber uns geht es hier nicht um Selbstoffenbarungen als vielmehr um den Punkt der Selbstannahme.

Um ein gewisses Maß an Übereinstimmung zwischen dem ruhigen und kontrollierten Charakter, den wir nach außen hin an den Tag legen, und dem ruhelosen und aufgewühlten Charakter zu erreichen, der in unserem Innern lebt, ist es notwendig, uns unserer inneren

Stimme anzunehmen und sie konstruktiver zu machen. Im Unterschied zu dem leidigen gesellschaftlichen Druck und den elementaren existentiellen Problemen, mit dem und denen wir es lernen müssen zu leben, gibt es eine Reihe negativer Gefühle, bei denen es in unserer Macht steht, sie zu neutralisieren.

Das Problem der Langeweile

»Wie ist die Langeweile doch entsetzlich«, schrieb der Philosoph Kierkegaard. ». . . was ich sehe, ist Leere, das einzige, wovon ich lebe, ist Leere, das einzige, worin ich mich bewege, ist Leere . . . Der giftige Zweifel meiner Seele . . . verzehrt alles. Meine Seele ist wie das Tote Meer, über das kein Vogel fliegen kann; wenn er mittwegs gekommen ist, sinkt er ermattet hinab in Tod und Verderben.«[1] Fest steht, daß die Langeweile der Menschheit mehr Leid als irgendein anderer Zustand unseres Lebendigseins zugefügt hat. Die Langeweile treibt den menschlichen Geist zur Verzweiflung; Langeweile ist Ruhelosigkeit in Aktion, Dumpfheit, Leere, Unzufriedenheit, die Qual grundlos implodierender Energie.

Von allen Belastungen und Anspannungen des Lebens ist die Langeweile die heimtückischste. Voltaire bezeichnete sie als »unseren größten Feind«.[2] Eine Überzeugung, die von anderen Schriftstellern (wie Dostojewskij, Ibsen, Nietzsche, Pascal, Beckett, Baudelaire und Flaubert) geteilt wurde, die diese Marter allzugut kannten und von ihr regelrecht besessen waren. Eine Marter, die ein Mann sehr anschaulich beschreibt:

»Ich habe mein ganzes Leben mit Langeweile gekämpft, mit innerer Ruhelosigkeit und mit Frustrationen, mit der Sehnsucht nach irgendeiner Art von Action, von der ich aber nicht wußte, wo ich sie finden oder herholen sollte. Ich empfinde meine Arbeit als langweilig, es ist ständig der gleiche Mist, der sich wiederholt. Ich empfinde meine Ehe als langweilig, wir haben uns kaum noch etwas zu sagen. Wir bleiben nur zusammen, weil es zuviel Aufwand ist, uns zu trennen. Meine Freundschaften sind langweilig, wir tun immer nur das gleiche, spielen Golf, Karten oder trinken. Aber am meisten von allem finde ich mich selbst langweilig. Ich halte es nicht aus, länger als eine Stunde allein zu sein. Ich renne ständig hin und her. Ich mache mir den Fernseher an. Ich versuche zu lesen. Ich rufe Leute an. Wenn alles nichts hilft, rauche ich einen Joint. Dann ist alles wenigstens etwas erträglicher.

Ich weiß nicht, wieviele Seelendoktoren ich schon aufgesucht habe, um meiner Unzufriedenheit auf den Grund zu gehen. Aber ich finde die Therapie langweilig, nichts als Selbstbeweihräucherung. Ich rede über mich – ständig der gleiche alte Mist –, und der Therapeut tut so, als interessiere es ihn. Ich begreife nicht, wie jemand einen solchen Job machen und sich den ganzen Tag das Gejammere von Leuten anhören kann. Ich kann den Leuten zumindest sagen, sie sollen den Mund halten und zusehen, daß sie aus meinem Büro verschwinden.«

Von allen Schwierigkeiten beim Umgang mit unseren ganz privaten Augenblicken ist die Langeweile die üblichste und in gewisser Weise auch die harmloseste. Wer hat sich in den letzten Tagen oder Stunden oder auch Minuten denn nicht zumindest kurzzeitig gelangweilt gefühlt? Unerträglich wird Langeweile nur, wenn unsere innere Stimme uns verrät, wenn wir kein Ventil oder keine Ablenkung finden und jede Initiative verloren haben. Im 17. Jahrhundert schrieb der Philosoph Blaise Pascal zu dem Problem:

»So verrinnt das ganze Leben: man sucht die Ruhe, indem man einige Schwierigkeiten, die uns hindern, überwinden will; und hat man sie überwunden, dann wird die Ruhe unerträglich. Denn entweder denkt man an die Sorgen, die man hat, oder an die, die uns drohen. Und hätte man sich wirklich in jeder Hinsicht gesichert, so wird die Langeweile auf Grund ihres eigenen Rechtes sich nicht hindern lassen, aus dem Grunde des Herzens, wo sie natürlich wohnt, aufzusteigen und den Geist mit ihrem Gift zu erfüllen.

Derart unglücklich ist also der Mensch, daß er sich bekümmert, ohne irgendeinen Grund dazu zu haben, und allein durch die Anlage seines Gemüts; und so billig ist er, daß, obgleich es tausend echte Gründe des Kummers gibt, das geringste, ein Billard oder ein Ball, den er schlägt, genügen, um ihn zu zerstreuen.«[3]

Die Langeweile hat jedoch auch ihre positiven Effekte, indem sie uns vorübergehend immer wieder Phasen der Revitalisierung liefert. Wir kommen zur Ruhe und entspannen uns, sie gibt unserer Batterie die Zeit, sich wiederaufzuladen. Sie stellt, um es mit den Worten des Psychologen Sam Keen auszudrücken, die Chance dar, »unsere Panzerung abzustreifen, Schicht für Schicht die uns auferlegten Motivationen und Werte abzulegen und unserer wahren Essenz näherzukommen«.[4]

Ein gutes Beispiel, wie Langeweile in einem produktiven Sinne genutzt werden kann, liefert Joshua Slocum, der 1895 als erster allein in seinem Segelboot die Welt umrundete. Mit einundfünfzig Jahren brach er in seinem siebenunddreißig Fuß langen Boot zu seiner Weltumsegelung auf und war drei Jahre und sechsundvierzigtausend Meilen allein auf offener See. An einem Punkt, als er einmal zweiundsiebzig Tage lang keine Menschenseele gesehen hatte, schrieb er: »In der ganzen Zeit hatte ich nicht einmal schlechte Laune. Ich fühlte mich auch nie allein, sogar Korallenriffe boten mir Gesellschaft oder ließen mir doch wenigstens keine Zeit, mich einsam zu fühlen, was schließlich dasselbe ist.«[5]

Bei seiner einsamen Fahrt begegnete Slocum feindlich gesinnten Eingeborenen, Haien, Unwetter, Stürmen, Piraten, Bootsschäden, heimtückischen Riffen, Krankheiten und Versorgungsschwierigkeiten, aber ironischerweise machte ihm nichts mehr zu schaffen als eine Flaute. Wenn ihm kaum mehr zu tun blieb, als sich auszuruhen und seine Reise zu genießen, beschlich ihn die Einsamkeit. So daß die nächste Krise oder das nächste Abenteuer eine willkommene Abwechslung und Erleichterung war. Es war ein harter Kampf, den er mit den Gezeiten des Meeres zu führen hatte, aber noch härter war es, mit den flüsternden Stimmen aus der Vergangenheit umzugehen. Langeweile war für Slocum bedrohlicher als die Gefahr zu kentern. Nie und nimmer hatte er sich vorgestellt, daß er bei seiner Mission mehr psychologischen als physischen Hindernissen begegnen würde. Aber von allen exotischen Orten, die er besuchte, bestand Slocums größte Leistung dennoch in der Erforschung der unbekannten Meere in seinem Innern.

Der Schmerz der Unzufriedenheit, der uns quält, wenn wir allein sind, gibt den Anstoß zur Selbsterforschung, um unser Selbst besser verstehen zu lernen und mehr Intimität zu ihm zu finden. Es sind solche Phasen, in denen wir uns genauer unter die Lupe nehmen, in denen dann Ruhelosigkeit die Motivation zum Handeln liefert und Unzufriedenheit zu Veränderungen führt. Und das gilt nicht nur für den Umgang mit Langeweile und Trägheit, sondern auch für den Umgang mit noch unangenehmeren Gefühlen, die mit dem Alleinsein assoziiert werden.

Die Erfahrung der Einsamkeit

Wenn Langeweile die verbreitetste negative Konsequenz einer schlechten Einstellung zum Alleinsein ist, dann ist Einsamkeit die schmerzlichste. Wie die meisten Schwierigkeiten, die aus dem Alleinsein erwachsen, ist auch die Einsamkeit ebensosehr das Ergebnis selbstzerstörerischer Überzeugung wie das Ergebnis äußerer Umstände. In ihrem Buch *Alone in America* schreibt Louise Bernikow, daß Einsamkeit, ähnlich wie Langeweile, darauf zurückzuführen ist, daß man nicht weiß, was man mit seiner Zeit anfangen soll, wenn man allein ist.[6]

Eine Frau beschreibt, welche Folterqualen sie auszustehen hat, weil sie nichts mit sich selbst anzufangen weiß.

»Ich fühle diesen unbeschreiblichen Schmerz hier, direkt in meinem Herzen. Es ist ein schmerzliches Gefühl, die unbändige Sehnsucht, mit jemandem zusammenzusein. Und gleichzeitig fühle ich mich so mutlos und hilflos, weil ich niemanden weiß, den ich anrufen oder den ich besuchen könnte. Die ganzen Beziehungen, die ich habe, existieren scheinbar nur, weil ich mich ständig darum bemühe. Wenn ich nicht anrufe oder die Initiative zu Treffen ergreife, glaube ich, käme niemand auf der Welt je auf mich zu.

Letztes Wochenende wollte ich zum Beispiel so wahnsinnig gerne ins Ballett gehen. Ich hatte sogar schon angefangen, mich anzuziehen, um allein zu gehen. Aber dann dachte ich daran, wie ich mich fühlen würde, in der Pause allein im Foyer herumzustehen und zu sehen, wie alle anderen paarweise zusammenstehen und fröhlich miteinander plaudern. Ich dachte, wie unwohl ich mich fühlen würde, ohne jemanden, mit dem ich mich unterhalten könnte. Und dann dachte ich auch an die lange Rückfahrt nach Hause, bei der ich allein wäre und mit niemandem das Erlebte teilen könnte. So zog ich mich wieder aus, meinen Bademantel an, verkroch mich ins Bett, zog mir die Decken über den Kopf und weinte mich in den Schlaf.«

Diese Worte einer Frau, die sich sieben Jahre nach ihrer Scheidung ihrer neuen Situation immer noch nicht angepaßt hat, verdeutlichen sehr anschaulich den Schmerz intensiver Einsamkeit. Wissenschaftler wie James Lynch und Ronald Glaser kamen sogar zu dem Ergebnis, daß Einsamkeit tödlich sein kann! Diejenigen, die sich isoliert oder entfremdet und einsam fühlen, können im wahrsten Sinne des Wortes an gebrochenem Herzen sterben. Bei gerade verwitweten

Personen ist das Risiko, an Herzversagen zu sterben, zehnmal höher als bei Vergleichspersonen, die ihre Lebensgefährten und -gefährtinnen nicht verlieren. Ähnlich sind Personen, die single oder geschieden sind, vergleichsweise größeren körperlichen Risiken ausgesetzt; das Immunsystem einsamer Menschen bricht leichter zusammen, so daß sie anfälliger gegenüber Krankheiten sind.[7]

Die Erfahrung der Einsamkeit wird vielfach mit älteren Menschen assoziiert. Es sind aber nicht nur die älteren Menschen, die anfällig dafür sind. Im Gegenteil, Gefühle der Einsamkeit *nehmen* mit dem Alter zunehmend *ab*. Die Wahrscheinlichkeit, sich einsam zu fühlen, ist zum Beispiel bei einem Collegestudenten viermal größer als bei einem älteren Mitbürger, obwohl der letztere eher allein lebt und weniger Freunde hat. Forscher der New York University erklären diese Diskrepanz mit den unrealistischen, idealistischen und romantischen Erwartungen, die der junge Mensch mit Partnerschaft oder Freundschaft verknüpft. Der junge Mensch begegnet bei seiner Suche nach Intimität mehr Enttäuschungen als der alte Mensch, weil er mehr von anderen erwartet und verlangt.

»Einsam« ist ein Wort, das viele Menschen benutzen, um zu beschreiben, wie sie sich fühlen, gleichwohl gibt es mindestens ein halbes Dutzend verschiedene Zustände, für die dieses Wort zutrifft. Der Arzt und Humanökologe J. Ralph Audy unterscheidet zwischen Episoden der Einsamkeit, die ein normaler Teil der Existenz sind, und Zuständen der Einsamkeit, die intensiver und eher chronischer Natur sind. Am Ende des Spektrums steht für ihn die pathologische Einsamkeit, die er als freiwilligen sozialen Rückzug, als einen Extremzustand beschreibt, der in der Regel von Selbstmitleid, Lustlosigkeit, Depression und untröstlicher Traurigkeit begleitet wird.[8] Das letzte dieser Symptome wird von einer Frau von einem durchaus außergewöhnlichen Standpunkt aus beschrieben, mit dem sie betont, daß sie die Dinge nimmt, wie sie sind:

»Zu den Dingen, die ich mache, wenn ich allein bin, gehört, daß ich mir erlaube, mich meiner Traurigkeit offen und so ungehemmt hinzugeben, wie sie aus mir herausbricht. Bei dieser Traurigkeit geht es um Verlustgefühle – angefangen vom Tod eines geliebten Menschen bis zu dem Gefühl, daß mein Leben, daß die Zeit mir zwischen den Fingern zerrinnt, es geht darum, daß Leute wegziehen, oder darum, daß mir bewußt wird, daß sich bestimmte Dinge nie realisieren werden und daß Illusionen, die einmal weg sind, für immer weg sind.

Diese Traurigkeit überkommt mich wie eine Welle mit einer derart niederschmetternden Kraft, mit einem derart brennenden Schmerzgefühl mitten in meiner Brust, daß ich von der Intensität und Plötzlichkeit immer wieder völlig überrascht werde. Es ist ein derart starkes körperlich spürbares Ziehen und Zerren und Beengtsein in meinem Innern, daß ich mich frage, welche Muskeln dort überhaupt sind – diese Muskeln, die sich anspannen und schnell bewegen und im Schluchzen oder Seufzen oder bei Wutausbrüchen Entspannung finden. Manchmal spüre ich es mehr in meiner Kehle, dieses Zusammenziehen und erstickende Gefühl. Ich glaube, ich versuche, dieses Gefühl zu ersticken, um es gar nicht erst aufkommen zu lassen, aber in der Regel funktioniert das nicht, und so lasse ich es zu und gebe mich ihm hin, und damit verschwindet es irgendwie.

Diese Traurigkeit und Einsamkeit werden durch eine Erinnerung ausgelöst – durch äußere Ereignisse oder innere Wanderungen. Ich mache manchmal solche inneren Wanderungen, weil ich das Bedürfnis habe, mich tiefer auf meine Gefühle einzulassen, mich durch sie hindurchzuarbeiten, bis zu einer anderen Ebene, einer anderen Qualität. Mich diese Verzweiflung erfahren zu lassen gehört zu den schmerzlichsten Dingen, die ich je durchgemacht habe, und dennoch habe ich von diesen Qualen das meiste gelernt. «

Die Aussagen dieser Frau verdeutlichen das Potential der Einsamkeit, nicht nur unserer Vernichtung, sondern auch unserem persönlichen Wachstum Vorschub zu leisten. In welche Richtung die Einsamkeit sich dann im Einzelfall bewegt, scheint im wesentlichen von der jeweils vorliegenden Ursache der Einsamkeit abzuhängen. Als Carin Rubinstein und Philip Shaver im Rahmen einer wissenschaftlichen Erhebung fünfundzwanzigtausend Menschen nach den Gründen fragten, warum sie sich einsam fühlten, wurden verschiedene Faktoren genannt.[9]

Untätigkeit. Genau wie bei der Langeweile sind die größten Schwierigkeiten, die Menschen mit der Einsamkeit haben, die der Untätigkeit, Ruhelosigkeit und daß sie nicht wissen, wohin mit ihrer Energie. Sobald man wieder eine Beschäftigung gefunden hat, abgelenkt ist und sich in eine bestimmte Richtung bewegt, verflüchtigt sich die Einsamkeit und wartet im Hintergrund auf die nächste Mußephase.

Das leere Haus. Die zweithäufigste Situation, von der Menschen berichten, daß Einsamkeit sie beschleicht, ist, in ein leeres Haus nach Hause zu kommen. Solange man draußen in der Welt ist, agiert und reagiert, kauft und verkauft, den Geschäften des alltäglichen Lebens nachgeht, hat man zumindest die Illusion der Verbundenheit mit anderen. Den ganzen Tag über gehen wir mit Menschen um, am Telefon oder persönlich. Ein Nachbar winkt zum Gruß, wenn wir zur Arbeit aus dem Haus gehen. Ein Hund begrüßt uns bellend und wackelt vor Freude mit dem Schwanz. Wir kaufen eine Zeitung, und die Kassiererin lächelt freundlich und sagt: »Schönen Tag noch.« Der Umgang mit Kollegen oder Kunden, Bekannten oder Freunden, alle möglichen menschlichen Kontakte während des Tages lassen uns glauben, daß wir ein integraler Bestandteil der funktionierenden Welt sind. Andere sorgen sich um uns. Wir sind wichtig, werden gebraucht, sind mit anderen verbunden.

Und dann gehen wir durch die Tür in unser leeres Haus, und nichts als Stille empfängt uns. Niemand, der uns grüßt, niemand, der uns mit offenen Armen willkommen heißt. Kein Essensduft, der uns empfängt. Nichts rührt oder bewegt sich. Kein menschliches Leben. Nur Pflanzen und Rechnungen, die auf uns warten. Das ist die Situation, in der viele von Gefühlen der Einsamkeit beschlichen werden.

Beziehungsstatus. Der dritthäufigst genannte Grund für Gefühle der Einsamkeit ist der Beziehungsstatus, die Frage, ob man verheiratet ist. Trotz aller Klagen und Kritik, wonach Menschen sich in ihrer Ehe gefangen fühlen, bietet die Ehe einen beachtlichen Schutz vor der Einsamkeit. Bei Alleinstehenden, insbesondere bei denjenigen, die in keiner Beziehung leben, ist es wesentlich wahrscheinlicher als bei ihren verheirateten Freunden, daß sie sich einsam fühlen. Ihnen fehlt der häusliche routinemäßige Ablauf, der ein wesentlicher Bestandteil einer befriedigenden Beziehung ist. Sie sehnen sich oft nach mehr Körperkontakt – nicht nur nach sexueller Intimität, sondern auch nach einfacher körperlich gezeigter Zuneigung – in den Arm genommen werden, liebevolle Berührungen, ein liebevolles Rückenstreicheln. Sie vermissen die Sicherheit einer Beziehung und die feste Einbindung in die Zukunft.

Sich mißverstanden fühlen. Ein vierter Auslöser der Einsamkeit ist das Gefühl, von anderen mißverstanden zu werden. Stellen Sie sich vor, sie sind bei einer Veranstaltung, wo Sie sich völlig fehl am Platze fühlen, weil Sie nur sehr wenige Menschen kennen. Sie versuchen, Blickkontakt mit einigen herzustellen, die Ihnen interessant erscheinen. Was passiert? Die so Anvisierten wenden ihren Blick schnell ab, in der Annahme, daß sie flirten wollen. Sie versuchen nun, Anschluß in einem Gespräch zu finden, werden aber zunächst völlig ignoriert. Sie versuchen, einen günstigen Augenblick abzupassen, um einen Einstieg zu finden und Ihre Meinung zu sagen. Und dann stellt sich schließlich heraus, daß Sie das Thema, über das diskutiert wurde, falsch verstanden haben, so daß ihr Beitrag nur blöde war und am Thema vorbeiging. Und Sie ziehen sich beschämt und eingeschüchtert wieder in die Masse zurück.

Von Fremden mißverstanden zu werden ist jedoch nicht halb so schlimm, wie wenn dies im engsten Familien- und Freundeskreis geschieht. Nichtsdestotrotz ist Einsamkeit unausweichlich das Ergebnis, wenn uns vorübergehend oder ständig vor Augen geführt wird, daß wir anders als andere sind, daß unsere Werte und Ansichten nicht so ohne weiteres von der Welt da draußen angenommen werden. Wir stehen mit unseren Überzeugungen allein da, und dieses Gefühl kann manchmal sehr einsam machen.

Schüchternheit. Menschen, die sich am ehesten einsam fühlen, sind in der Regel schüchtern, still, zurückhaltend und introspektiv; sie machen sich selbst unsichtbar. Und verschlimmert wird das Ganze noch durch ein Selbstgesprächsmuster, das dafür sorgt, daß sie isoliert, mutlos und demoralisiert bleiben.

Intensive Gefühle. Einsame Menschen empfinden besonders stark Wut, Langeweile, Niedergeschlagenheit, Frustrationen und Ungeduld. Ihre ganzen negativen Emotionen erscheinen vergrößert.

Irrationales Denken. Einsame Menschen lassen einen kognitiven Stil erkennen, der voller Selbstkritik und Selbstverurteilungen ist. Sie mißverstehen die Botschaften anderer, fehlinterpretieren das Verhalten anderer und neigen dazu, die Realität zu übertreiben und zu verzerren. Sie werten ihre eigenen Leistungen ab und begegnen anderen dennoch mit Zynismus und Mißtrauen.

Fehlende soziale Kompetenz. Einsame Menschen erscheinen oft zurückgezogen und unzugänglich. Es fehlen ihnen gesellschaftliche Fertigkeiten, und sie sind unfähig, Gelegenheiten zum Umgang mit anderen zu schaffen. Sie sind übermäßig auf sich selbst konzentriert und unempfänglich für die Belange anderer. Es fällt ihnen im allgemeinen schwer, mit anderen umzugehen, und die Erfahrungen, die sie mit anderen machen, bleiben bei ihnen oft in einem düsteren Licht zurück.

Aktives Alleinsein statt Einsamkeit

Einer der besten Wege, wie Menschen mit ihren Gefühlen der Einsamkeit umgehen können, ist, daß sie ihre Einsamkeit in einen neuen Rahmen stellen und ihr den Rahmen einer aktiven Form des Alleinseins geben. So wird der vorherrschenden Traurigkeit oder dem empfundenen Schmerz eine bestimmte Bedeutung beigemessen; vielleicht ist diese Form des Leidens sogar notwendig und dient als Übergang für weiteres Wachstum. Wichtig ist des weiteren, daß Sie sich selbst eine Hoffnung geben, die realistische Erwartung, daß alles besser werden kann und wird.

In seinem Werk über kognitive Behandlungen von Depressionen hat Jeffrey Young verschiedene Selbstgesprächsmuster identifiziert, die die Einsamkeit maßgeblich verschlimmern, Muster, die aber auch modifiziert werden können, um sie zu lindern.[10]

- »Ich werde immer allein sein.«
- »Ich bin wie ich bin, und daran kann ich nichts ändern.«
- »Ich halte es nicht aus, allein zu sein.«
- »Ohne jemanden, mit dem man es teilen kann, hat das Leben keinen Sinn.«
- »Keiner versteht mich.«
- »Männern (Frauen…) kann man nicht vertrauen.«
- »Es ist nicht der Mühe wert, sich mit anderen zu treffen; sie enttäuschen dich doch nur.«
- »Ich bin besser allein, als das Risiko einzugehen, nochmals verletzt zu werden.«
- »Andere mögen mich nicht.«

Selbst die Diagnose, »Ich bin einsam«, ist ein Urteil darüber, wie wir uns fühlen. Die gleiche Situation – ob wir in ein leeres Haus kommen, allein auf einer Party sind oder Zeit frei und unstrukturiert zu unserer Verfügung haben – kann, abhängig von unserer Perspektive, sehr unterschiedlich interpretiert werden. Wer anfällig für Einsamkeitsgefühle ist, ist rasch mit Etikettierungen zur Hand, die seine Unzufriedenheit zum Ausdruck bringen. Diejenigen, die relativ immun gegenüber Einsamkeitsgefühlen sind, haben das Wort aus ihrem Vokabular gestrichen. Für sie existiert »Einsamkeit« nicht einmal mehr als ein bestimmtes Gefühl; sie haben sie als eine Variante empfundener Unzufriedenheit in einen neuen Rahmen gestellt.

Ein anderer hilfreicher Faktor im Umgang mit der Einsamkeit ist, unserem Schmerz einen persönlichen Sinn und Zweck zu geben. Diejenigen, die verwitwet oder geschieden sind oder verlassen wurden, empfinden die Zeit, die sie allein verbringen, anders als Mönche, Forscher oder Schriftsteller, die ihr Alleinsein bewußt *gewählt* haben. Aber selbst Menschen, die sich in ähnlichen Situationen befinden, können ihre Erfahrung mit völlig unterschiedlichen Gefühlen verbinden. Nehmen wir nur die Not eines gerade geschiedenen Mannes, der verbittert, hilflos, verzweifelt und absolut ratlos ist, was er jetzt tun soll, und stellen ihr die Situation einer Frau entgegen, die auch ihren Mann verloren hat, der es aber wichtig erscheint, zu lernen, sich ihren neuen Lebensumständen anzupassen, unabhängig zu leben und zu beweisen, daß sie sich selbst versorgen kann.

Auch wenn Einsamkeit sich nicht vermeiden läßt, so bleibt, daß sie zumindest unser Wachstum fördern kann. Aufgrund der ihr eigenen unangenehmen Natur fungiert die Einsamkeit als Warnsystem, das anzeigt, daß etwas aus dem Gleichgewicht ist. Genau wie Fieber oder ein beliebig anderes körperliches Symptom ein Ungleichgewicht im Körper signalisiert, motiviert die Einsamkeit den menschlichen Organismus, das Gleichgewicht zwischen Alleinsein und sozialem Umgang wiederherzustellen. Es kann ein konstruktiver Schmerz sein, der, wenn er genau verstanden und korrekt interpretiert wird, uns dahin führt, daß wir entschlossener handeln, auf der zwischenmenschlichen Ebene Risiken eingehen und von uns aus die Initiative zu sozialen Kontakten ergreifen können. Die Einsamkeit mag zwar ein unvermeidlicher Bestandteil unseres Menschseins sein, sie kann nach den Worten des Psychologen Clark Moustakas jedoch ein notwendiger Schritt zu persönlichem Wandel sein.

»In der Einsamkeit liegt eine Kraft, eine Reinheit, eine Selbstversunkenheit und Tiefe, die keiner anderen Erfahrung gleicht. Einsam sein ist eine totale, direkte und lebendige Existenz, die tief erlebt wird und so anders ist, daß es keinen Platz mehr für andere Wahrnehmungen, Gefühle und Bewußtsein gibt. Einsamkeit ist eine innere Erfahrung, die auf nichts anderes hinweist und keinen anderen Sinn und keine anderen Ergebnisse hat als ihre eigene Verwirklichung. Einsam sein bedeutet nicht, daß man heimatlos ist. Es gibt hier keine Flucht und keinen Ausweg, der Mensch ist ganz da, so vollständig, wie er nur sein kann.«[11]

Das Muster unserer Selbstgespräche ändern

Inzwischen dürfte klar sein, daß die negativen Erfahrungen des Alleinseins wie Langeweile und Einsamkeit in erster Linie das Ergebnis der von uns gewählten Einstellung zu unserer Situation sind. Diese Einstellung können wir jedoch ändern und unser Alleinsein positiver empfinden, indem wir es lernen, anders mit uns über die Dinge zu sprechen, die wir erfahren. Um das Problem zu veranschaulichen, brauchen wir nur die Art und Weise zu vergleichen, wie zwei Menschen innerlich auf verschiedene Situationen reagieren könnten.

Phillip und Marcie sind sich zwar nie begegnet, sie befinden sich jedoch in einer ähnlichen Lebenssituation. Beide leben allein, und keiner von beiden hat derzeit eine Liebesbeziehung. Wir können jedoch sehen, wie sehr sie sich in ihren Selbstgesprächsmustern als Reaktion auf verschiedene alltägliche Gegebenheiten unterscheiden:

Ein Sonntagabend... und nichts zu tun

Phillip:	Marcie:
»Nichts zu tun und nirgends, wo ich hingehen kann. Ich halte das einfach nicht mehr aus!«	»Endlich etwas Zeit, mich zu entspannen. Toll, endlich unverplante Zeit, um absolut nichts zu tun!«

Bei der Erinnerung an eine vergangene Liebesbeziehung

Phillip:

»Wie konnte sie mir das antun? Ich werde nie mehr jemanden finden, der mich liebt. Es zahlt sich nicht aus, anderen zu vertrauen; ich werde am Ende doch immer nur wieder betrogen. Ich hasse es, allein zu sein, aber ich werde dennoch nie wieder das Risiko eingehen, jemanden so zu lieben.«

Marcie:

»Es ist traurig, daß die Dinge sich nicht so entwickelten, wie ich es mir gewünscht habe. Aber ich weiß, wenn ich Geduld habe, gut für mich sorge und mit meinem Leben weitermache, werde ich schließlich wieder jemanden kennenlernen, der es genauso wert ist.«

Allein bei einem gesellschaftlichen Anlaß sein

Phillip:

»Schrecklich! Ich weiß nie, was ich in solchen Situationen tun soll. Diese Leute hier sehen sowieso alle wie Idioten aus. Wenn ich eine Frau anspreche, lacht sie mich bestimmt einfach nur aus. Gott, wie ich das hasse! Warum bin ich nur hergekommen?«

Marcie:

»Ganz schön hart! Einmal tief durchatmen und reinspringen. Der dort sieht doch ganz interessant aus. Was kann ich schlimmstenfalls von ihm zu hören bekommen? Es kann jedenfalls nicht schlimmer sein, als so hilflos hier herumzustehen und mich nur entsetzlich zu fühlen. Komm, auf geht's...«

Eine ruhelose Nacht

Phillip:

»Dieses ständige Hin- und Herwälzen ist einfach nur frustrierend! Ich werde nie Schlaf finden und morgen ein völliges Wrack sein. Nachts ist das Alleinsein noch schlimmer. Ständig muß ich daran denken, wie alles

Marcie:

»Ich kann offenbar nicht schlafen. Woran liegt's? Was beschäftigt mich? Nun, es bringt nichts, mir Gedanken über etwas zu machen, was ich eh nicht kontrollieren kann. Warum soll ich mich quälen und hier wach im Bett

schiefgegangen ist, immer wieder. Wenn ich doch nur...«

herumliegen? Ich genehmige
mir lieber ein heißes Bad und
lese dann noch etwas.«

Sich einer harmlosen, dem Alleinsein vorbehaltenen Gewohnheit hingeben

Phillip:

Marcie:

»Wenn jemand wüßte, daß ich
das mache, sie hielten mich alle
für verrückt. Ich fühle mich anschließend immer so schuldig,
aber ich kann es scheinbar einfach nicht lassen. Warum bin ich
so schwach? Oder anders herum,
warum kann ich es mir nicht zugestehen, einfach ein paar einfache Freuden genießen?«

»Es tut so gut, einfach ich selbst
zu sein, wenn sonst niemand da
ist. Ich fühle mich völlig frei, so
zu sein, wie ich möchte, oder das
zu tun, was ich möchte und wann
immer ich es möchte. Und das ist
toll!«

In Anbetracht ihrer inneren Dialoge würden diese beiden Individuen
ohne Zweifel sehr unterschiedlich auf die gleichen Situationen reagieren. Während Philip sich einsam, niedergeschlagen und hilflos
fühlt, weil er die Situationen, die sich ihm stellen, so negativ sieht,
zieht Marcie es vor, die gleichen Gegebenheiten völlig anders zu interpretieren.

Kognitive Theoretiker wie Albert Ellis, Aaron Beck, David Burns
und Jeffrey Young haben sich in ihrer Arbeit intensiv darum bemüht,
den Menschen beizubringen, die Lebensereignisse, denen sie begegnen, rationaler, ruhiger und produktiver zu sehen. Im Rahmen ihrer
weitreichenden Forschungen während der letzten vierzig Jahre haben
diese Psychologen und Psychiater verschiedene Prinzipien des rationalen Denkens identifiziert. Beispiele davon sahen wir in Marcies
innerem Dialog. Um eine Strategie des rationalen Denkens zu entwickeln, müssen Sie verschiedene, logisch aufeinander aufbauende
Schritte befolgen, bei denen es unter anderem darum geht, sich eine
Reihe von Fragen zu stellen:

1. Wie fühle ich mich in dieser Situation, und ist dieses Gefühl in Ordnung für mich?

»Ich empfinde Angst, und ich fühle mich unruhig und frustriert, und ich bin wütend, und nein, was ich empfinde, ist nicht in Ordnung. Ich möchte mich nicht so fühlen. Und es ist meine Wahl, das, was hier abläuft, in einer Weise zu interpretieren, die es mir ermöglicht, alles mehr unter Kontrolle zu haben.«

2. Welche irrationalen Dinge sage ich zu mir selbst?

»Warum passiert mir das immer?«

»Das Leben ist einfach nicht fair.«

»Das ist entsetzlich, und ich werde es nie schaffen.«

»Ich muß eine Beziehung haben, um glücklich zu sein.«

»Es gibt nichts, was ich tun kann.«

»Ich bin so allein.«

3. Was kann ich statt dessen zu mir sagen, was angemessener erscheint und mehr der Realität entspricht?

»Solche Dinge passieren mir nicht *immer*, es kommt mir nur so vor, weil ich verärgert bin. So etwas hier passiert mir in Wirklichkeit relativ selten, und ich übertreibe im Moment nur.«

»Stimmt, das Leben ist nicht fair. Wenn es so wäre, würde ich immer bekommen, was ich mir jeweils wünsche. Aber weder Pech noch Schicksal sind für die Misere verantwortlich, in der ich jetzt stecke – die habe ich allein mir selbst zuzuschreiben, und so kann ich mich auch nur selbst wieder herausziehen.«

»Das ist nur halb so schrecklich, wie ich es darstelle. Sicher, es ist bedauerlich, daß ich nicht haben kann, was ich mir wünsche, aber es ist wohl kaum die Tragödie, die ich daraus mache.«

»Ich *brauche* in Wirklichkeit keinen Lover, um glücklich zu sein; er wäre nur eine schöne Ergänzung zu meinem Leben. Tatsache ist, daß ich auch als Single ganz gut zurechtkommen kann und zurechtkomme.«

»Es sieht nur so aus, als gäbe es im Moment nichts, was ich tun könnte. Es sind jedoch nur meine Faulheit und meine Trägheit, die mich auf meinen vier Buchstaben sitzen und darauf warten lassen, daß irgend etwas geschieht. Wenn es nichts gibt, womit ich mich im Augenblick selbst unterhalten kann, so liegt das nur daran, daß ich noch nicht die Energie aufgebracht habe, mir etwas Produktives oder etwas, was Spaß macht, auszudenken.«

»In einem gewissen Sinne bin ich allein, natürlich, aber nicht in dem Maße, wie ich es mir einzureden versuche. Daß einmal niemand angerufen hat, heißt nicht, daß ich keine Freunde und keine Familie habe, denen sehr an mir gelegen ist. Und wenn ich keine Beziehungen von der Qualität habe, wie ich sie mir wünsche, so ist das mein Fehler, daß ich nicht von mir aus die Initiative zu mehr Tiefe und intimerer Kommunikation ergreife.«

»Was soll's, daß nicht alles so läuft, wie ich es mir ausdenke?! Ich kann dennoch das beste aus der Situation machen, indem ich die Dinge so akzeptiere, wie sie sind, statt nichts weiter zu tun, als darauf zu pochen, sie müßten anders sein.«

»Ich lasse zu, daß ich mich über etwas aufrege, das relativ unbedeutend für mein Leben ist. Wird etwa in hundert Jahren noch jemand davon wissen oder sich darum scheren?«

Die hier aufgezeigte innere Strategie hat weitreichende Implikationen: Wir können die negativen Gefühle, die uns in Zusammenhang mit unserem Alleinsein beschleichen, abwehren, indem wir die Art und Weise ändern, wie wir über unsere Lebensumstände denken. Mit etwas intensiverer Beschäftigung mit dem Thema und etwas Übung können wir es lernen, die Welt in einem positiveren Licht zu interpretieren und unsere Lebenssituation in einer Weise zu sehen, die uns ein größeres Maß an innerer Kontrolle erlaubt. Entscheidend dafür ist, daß wir die Art und Weise ändern, wie wir mit uns selbst sprechen. Aussagen wie die zuvor genannten können uns helfen, daß wir uns besser fühlen, sie können unser Selbstgefühl verbessern und somit unsere Bereitschaft fördern, das Risiko einzugehen, auch einmal alternative Wege des Handelns und Seins auszuprobieren.

Die Bereitschaft, Risiken einzugehen

J. und V. Rosenbaum, Autoren des Buches *Conquering Loneliness*, gelangten bei ihren Untersuchungen zu dem Schluß, daß diejenigen, die unzufrieden sind, wenn sie allein sind, zugleich auch passiver sind, als sie sein müßten.[12] Sie sind nicht geneigt, eine aktive Rolle zu übernehmen und dafür zu sorgen, daß in ihrem Leben etwas passiert, und sie gehen insbesondere Risiken jedweder Art aus dem Weg. Womit natürlich nicht »riskante« Verhaltensweisen gemeint sind, die etwa die körperliche Sicherheit gefährden könnten; gemeint sind jene ganz privaten Erfahrungen, die eine Herausforderung auf der emotionalen Ebene darstellen, weil sie eine gewisse Initiativbereitschaft oder den Drang, das Unbekannte zu erforschen, voraussetzen.

Einsame Menschen experimentieren nicht mit neuen Verhaltensweisen, sie ergreifen nicht die Initiative zu neuen Beziehungen, sie gehen nicht das Risiko ein, sich selbst offen preiszugeben. Sie weigern sich, die Verantwortung für ihre mißliche Lage und damit dafür zu übernehmen, daß sie selbst etwas daran tun und ändern können.

Risiken werden im allgemeinen aus Furcht vor den Konsequenzen gemieden. Ehe wir irgendein neues Verhalten ausprobieren, werden wir oft von Zweifeln geplagt, ob das Ganze nicht doch eine Katastrophe nach sich ziehen könnte. So ist es denn auch die Angst zu scheitern, die am meisten unsere Bereitschaft hemmt, das Risiko einzugehen, einmal anders zu sein, als wir bisher waren, und den Panzer der Isolation zu durchbrechen. Es erfordert Mut und Entschlossenheit, diese Versagensängste sowie die Ängste vor Zurückweisung, Verwundbarkeit und Intimität zu überwinden und uns dem Sturm entgegenzustellen, der in unserem Innern tobt.

Ein anschauliches Beispiel in diesem Zusammenhang ist die Erfahrung eines vielbeschäftigten Managers, dessen Wachleben in jeder Stunde durch Sitzungen, Beratungen und gesellschaftliche Verpflichtungen ausgebucht ist. Unlängst wurde ihm bewußt, daß er nicht einmal die denkbar einfachsten Formen des Alleinseins, etwa allein in einem Restaurant zu essen, aus persönlicher Erfahrung kennt. Der Zufall wollte es, daß er plötzlich einen völlig unverplanten Abend vor sich hatte, seine Frau war verreist, und so beschloß er, es wäre eine nützliche Übung für ihn, einmal allein essen zu gehen. Das mag nicht wie ein sehr großes Risiko aussehen, aber für ihn war das ein völlig unbekanntes Terrain, etwas, was er schon immer einmal hatte machen wollen.

»Für Leute wie mich, die sehr wenig Erfahrung mit dem Alleinsein und Nichtstun haben, ist das zunächst einmal definitiv mit einem ganz anderen Bewußtseinszustand verbunden. Ich möchte einen Vergleich ziehen, auch wenn er anderen vielleicht abwegig erscheint, aber es war, als befände ich mich trotz der Öffentlichkeit in einer Isolationszelle. Ich hatte eine enorme Bewußtheit von all den Dingen, die in meinem Kopf abliefen. Ebenso registrierte ich den steten emotionalen Wechsel gleich Ebbe und Flut in meinem Innern, da ich mit meinen Gefühlen wesentlich intensiver, als ich es normalerweise tue, auf all das reagierte, was mit mir und um mich herum geschah – etwa meine emotionale Reaktion auf die Schnelligkeit, mit der der Kellner kam, oder meine Gefühle der Isolation, als am Nachbartisch Gelächter aufkam, oder auch meine Hoffnungen, mit denen ich die Eingangstür beobachtete, ob nicht doch jemand hereinkäme, den ich kenne.

Darüber hinaus wurde mir sehr bewußt, wie sehr ich visuell Dinge wahrnahm, da ich anfing, mich umzusehen, was ich nie tue, wenn ich mit jemandem zusammen bin. All das zeigt, denke ich, den Wert des Alleinseins als potentieller Lehrer: Es bietet die Chance, mit sich selbst in einer Weise in Kontakt zu kommen und Dinge zu registrieren, so wie ein Schriftsteller vielleicht die Dinge des alltäglichen Lebens wahrnimmt und sie aus einer neuen Perspektive erlebt.

Ich finde, diese Erfahrung hat sehr viel Ähnlichkeit mit der, wenn man an einem kalten Tag von draußen ins Warme kommt und zuerst eine Schicht der Kleidung ablegt und dann, sowie man sich aufgewärmt hat, die nächste. Ich bin sicher, wenn ich nun häufiger das Alleinsein suche, daß die Erfahrung sich ändern wird und noch andere Schichten zum Vorschein kommen – die sich dann voneinander vielleicht ebensosehr unterscheiden wie ein schwerer Mantel von einem T-Shirt.«

Die Metapher von der schützenden Kleidung, die Schicht für Schicht abgelegt wird, während man näher an den inneren Kern herankommt, ist tatsächlich ein treffendes Bild, um den Prozeß zu beschreiben, der mit der introspektiven Zeit verbunden ist, die wir in unserer eigenen Gesellschaft verbringen. So wird uns mit der Zeit, wenn wir uns denn wohl genug fühlen, um eine weitere Schutzschicht abzulegen, bewußter, was um uns herum und in unserem Innern vor sich geht. Und mit jeder weiteren Schicht, zu der wir bei dieser Selbsterforschung vorstoßen, werden wir natürlich auch verwundbarer.

Es gibt einen direkten Zusammenhang zwischen den Risiken, die wir eingehen, der Energie, die wir dafür aufwenden, Gelegenheiten zum Alleinsein zu suchen, und dem Potential an Freude, das wir erfahren können. Die schwierigste Herausforderung von allen dabei ist, uns von den Fesseln unserer gewohnheitsmäßigen Muster und der vorhersehbaren Routine zu befreien, um uns Optionen zu eröffnen, die wir noch nie gesehen haben.

In meinen Interviews, bei denen ich die einzelnen fragte, wie sie ihre privaten Augenblicke verbringen, galt mein Hauptinteresse unter anderem dem Bereich, bei dem es um Beschäftigungen ging, die ihnen ursprünglich riskant erschienen. Wenn ich nachfolgend einige der Lieblingsbeschäftigungen aufliste, mit denen Menschen ihr Alleinsein verbringen und genießen, so hoffe ich damit, auch Sie zu motivieren, daß Sie sich einen Ruck geben, das Risiko einzugehen, neue Aktivitäten auszuprobieren und damit die Grenzen dessen zu erweitern, was Sie als angenehm und schön betrachten. Manches auf dieser Liste erscheint Ihnen vielleicht weder riskant noch schwierig, da diese Dinge schon zu Ihrem Repertoire gehören. Andere Punkte können hingegen vielleicht den Impetus liefern, Ihren Horizont in der Nutzung des Alleinseins zu erweitern.

Eine exemplarische Liste von riskant erscheinenden Aktivitäten

Aktivität: Sich mit einem Thema beschäftigen, das einem seit jeher schwer verständlich ist (zum Beispiel Differentialrechnung, organische Chemie oder phänomenologische Philosophie).
Risiko: Daß man feststellt, daß man es nicht versteht, egal, wie sehr man sich auch bemüht.

Aktivität: Die eigenen Fertigkeiten in einem Bereich verbessern, in dem man bisher ungeschickt war (zum Beispiel Automechanik, was Instandhaltung und Reparaturen angeht, Kochen von Spezialitäten oder Computer).
Risiko: Daß man mit den Grenzen dessen konfrontiert wird, was man lernen oder bewältigen kann.

Aktivität: Im Tennisclub einen Platz reservieren lassen, nur um den eigenen Aufschlag zu üben.
Risiko: Daß die anderen denken, man hätte niemanden zum Spielen gefunden.

Aktivität: Einige der schlimmsten Ängste aufzuschreiben und nach ihren Ursprüngen zu suchen.
Risiko: Daß man auf eine Menge ungelöster Probleme stößt, mit denen man sich in Wirklichkeit nicht beschäftigen möchte.

Aktivität: Allein essen zu gehen, in ein Restaurant, das einem gefällt (oder allein in ein Konzert, in die Oper, ins Theater oder zu einer Hochzeit).

Risiko: Daß man von jemandem gesehen wird, den man kennt, und der dann Mitleid mit einem hat, weil man allein ist.

Aktivität: Anfangen, Rad zu fahren, obwohl man bisher nie sportlich war (oder anfangen mit Laufen, Gewichtheben, Yoga, Golf oder Skilanglauf).

Risiko: Daß man feststellt, daß man nicht das Geschick, die Kondition oder das Durchhaltevermögen dazu hat.

Aktivität: Sonntags in den Park zu gehen, um nichts weiter zu tun, als einen Drachen steigen zu lassen.

Risiko: Daß man es langweilig und albern findet und wünscht, man wäre zu Hause geblieben.

Aktivität: Eine Verabredung am Samstagabend abzusagen, um einfach zu Hause zu bleiben und einmal Luft zu holen.

Risiko: Daß man lange Zeit keine Einladungen mehr bekommt.

Aktivität: Allein Urlaub zu machen.

Risiko: Daß man sich mies fühlt, es nicht schafft, sich selbst zu unterhalten und wünscht, es wäre jemand da, mit dem man das Erlebte teilen könnte.

Aktivität: Sich zu zwingen, zu Hause zu bleiben und nichts, gar nichts zu tun – kein Fernsehen, keine Bücher, keine Anrufe, keine Arbeit – einfach nur dasitzen und sich entspannen.

Risiko: Daß man sich in seiner eigenen Gesellschaft zu Tode langweilt, wenn man nicht etwas zu tun hat.

Es ist seltsamerweise die letztgenannte Aktivität, von der verschiedene Personen sagten, sie sei ihnen am riskantesten von allen erschienen. Die möglichen Konsequenzen der anderen Aktivitäten waren scheinbar zu bewältigen – das heißt, wenn sich herausstellen sollte, daß man sich mies fühlte, daß man bei etwas, das man versuchte, nicht gut war, daß andere sich fragten, warum man allein war; all diese Dinge erschienen nicht als so verheerend, wie sich der

Tatsache zu stellen, daß man seine eigene Gesellschaft nicht sonderlich liebte. Aber auch dieser Punkt kann überwunden werden, wenn Sie bereit sind, das Risiko einzugehen, zu lernen, auch Zeit allein zu verbringen und Gefühle der Angst, Einsamkeit oder Langeweile zu überwinden. Ihre eigene Gesellschaft zu genießen, können manche Menschen nur über die Erfahrung einer therapeutischen Isolation lernen, bei der sie gezwungen werden, sich selbst zu begegnen.

Die therapeutische Isolation

Es gibt systematische Wege, wie wir unseren Schutzpanzer Schicht für Schicht ablegen und lernen können, uns mit unserem ungeschminkten, nackten Selbst wohler zu fühlen. Dabei geht es um eine Reihe speziell abgestufter Aktivitäten. Die einfachste Version ist, allein spazierenzugehen. Solche Phasen des Alleinseins bieten uns die Chance, wieder einen freien Kopf zu bekommen und die Belastungen des Tages zu verarbeiten. Längere Phasen der Isolation können zum Beispiel durch Ausflüge zum Zelten über Nacht, durch einen gezielten Rückzug oder dadurch erreicht werden, daß wir uns in einen speziellen Isolationstank, einen »Floater«, hineinbegeben, in dem wir von akustischen und optischen Signalen abgekoppelt werden. Darüber hinaus gibt es auch in der Psychotherapie einen Ansatz, der ausgehend von fest strukturierten Phasen der Isolation beim einzelnen die Bereitschaft fördern will, das Risiko einzugehen, sich selbst kennenzulernen.

Ein Beispiel ist die Morita-Therapie, von einem japanischen Psychiater erfunden, die durch Bekämpfen von Isolations- und Entfremdungsgefühlen das Ziel verfolgt, eine Einheit mit der Natur und der Gesellschaft zu fördern. Was paradoxerweise dadurch erreicht wird, daß der Klient über sein Alleinsein gezwungen wird, aus sich herauszugehen und damit introspektive Gedanken zu blockieren, die oft zur Selbstkritik führen. In der Morita-Therapie wird der Klient von seiner Egozentrik, von seinem Narzißmus und seiner obsessiven Konzentration auf sein Selbst getrennt, die die natürliche Welt ausschließt.[13] Die Grundsätze dieser Behandlung sind durchaus hilfreich, da sie ein gebotenes Gegengewicht zu einer allzu übertriebenen Introspektion darstellen. Nach den Prinzipien der Zen-Philosophie werden negative, mit dem Alleinsein verbundene Gefühle dadurch aufgelöst, daß die eigene Energie und Konzentration auf Bereiche außerhalb des Selbst gerichtet werden. Was eine Alternative für all diejenigen darstellt, die festgestellt haben, daß das Nachdenken über den Sinn ihrer Existenz, wenn sie für sich sind, nur noch mehr Leid erzeugt.

In der ersten Phase der Behandlung wird dem Klienten eine Woche strenger Bettruhe verordnet – kein Besuch, kein Radio, kein Fernsehen, nichts zu lesen, nichts zu schreiben, absolute Ruhe. Der Klient wird mit seiner Neurose völlig allein gelassen, bis er sie als Teil von sich akzeptiert hat. In der nächsten Phase wird dem Klienten gestattet, die Isolation seines Bettes zu verlassen und seinem natürlichen Drang zu folgen, sich wieder zu bewegen; er darf erste Spaziergänge im Garten machen, leichtere Arbeiten verrichten und ein Tagebuch führen, allerdings »nicht über seine Gefühle, sondern nur über seine täglichen Aktivitäten«. In einer weiteren Phase schaltet sich dann schließlich der Morita-Therapeut ein, aber nicht, um, wie in der üblichen Therapie, Vertraulichkeiten auszutauschen, was nur wiederum der Egozentrik und damit der Essenz der Neurose Vorschub leisten würde, sondern vielmehr, um die Aufmerksamkeit des Klienten vom Selbst weg und zur Welt der Natur und der anderen zu lenken.

Wie extrem diese Behandlung auch erscheinen mag, einige Prinzipien der Morita-Therapie können durchaus nutzbringend in unserem Alltagsleben sein:

- Verbringen Sie eine Stunde ohne jede Ablenkung oder Zerstreuung allein. Erweitern Sie allmählich die Sitzungen bis auf acht Stunden im Block.
- Beobachten Sie, wieviel Zeit Sie sich narzißtisch besessen in Ihrem Kopf mit sich selbst beschäftigen. Lenken Sie Ihre Aufmerksamkeit weg von sich selbst und zur Welt der anderen Menschen und der Natur hin.
- Gewöhnen Sie sich an, jeden Abend nach einer Phase der Ruhe zu schreiben. Beschreiben Sie, was Sie tagsüber gesehen und gemacht haben – insbesondere die einfachsten Dinge. Versuchen Sie zu beschreiben, wie eine Wolke am Himmel gewandert ist, oder wie das Lachen eines Kindes geklungen hat.

Ob Sie nun eine Strategie vorziehen, bei der die Überwindung der Obsession mit dem eigenen Selbst im Vordergrund steht, oder eine, die Ihnen hilft, Ihrem inneren Kern näherzukommen, die Worte des Theologen Paul Tillich enthalten in jedem Fall eine Grundwahrheit, die uns helfen kann, die negativen Gefühle zu bewältigen, die mit dem Alleinsein assoziiert werden: »Das Gefühl der Verlassenheit kann nur überwinden, wer die Einsamkeit ertragen kann. Wir haben ein natürliches Bedürfnis nach Einsamkeit, weil wir Menschen sind; wir wollen erfahren, was es bedeutet, ein Mensch zu sein, daß heißt, einsam zu sein – nicht in Qual und Angst, sondern in Freude und Mut.«[14]

Diese Freude und dieser Mut, die ein so wesentlicher Teil des Alleinseins sind, fließen ganz natürlich, sobald es Ihnen gelungen ist, die Ängste, Langeweile und Einsamkeit zu neutralisieren, jene Punkte, über die wir in den letzten zwei Kapiteln gesprochen haben. Die Art und Weise zu ändern, wie Sie mit sich sprechen, Risiken einzugehen und die Fähigkeit zum Alleinsein zu erhöhen, sind mit Sicherheit entscheidende Schritte in diesem Sinne. Die nachfolgenden Kapitel, die sich auf spezifische Eigenschaften konzentrieren, Eigenschaften, die mit befriedigendem und produktivem Alleinsein assoziiert werden, sind dazu gedacht, Sie bei Ihren weiteren Bemühungen zu unterstützen.

5. Fürsorglich gegenüber dem Selbst sein

Die große Mehrzahl unserer ganz privaten Augenblicke verbringen wir mit den denkbar alltäglichsten Beschäftigungen, mit Dingen, um die wir weder irgendein Tamtam machen, noch machen wir sie sehr bewußt. Dazu gehört die Routine der Körperpflege, daß wir uns um unsere diversen Körperfunktionen kümmern, Streß und Spannungen abbauen und uns irgend etwas hingeben, was uns gut tut. All diese Dinge sind entscheidend, um effektiv in der Welt funktionieren zu können. Sie sorgen nicht nur dafür, unseren Körper äußerlich anderen gegenüber präsentabel zu machen, sondern ihn auch innerlich wohltuend zu versorgen. Solche Handlungen der Fürsorglichkeit gegenüber unserem Selbst stehen somit für jenen Teil unserer ganz privaten Zeit, in der wir ausschließlich damit beschäftigt sind, uns um unsere eigenen Wünsche und Bedürfnisse zu kümmern.

Obwohl alle, wirklich alle Menschen die in diesem Kapitel angesprochenen Dinge tun, gehen wir ihnen dennoch fast immer in aller Abgeschiedenheit nach, dann, wenn wir allein sind. Bei den Hunderten von Gesprächen, Interviews und Diskussionen, die ich bei meinen Recherchen für dieses Buch führte, stellte sich immer wieder heraus, daß die Befragten noch nie zuvor mit jemandem darüber gesprochen hatten, wie sie sich in ihren ganz privaten Augenblicken um ihre Bedürfnisse kümmern.

Und alle waren erstaunt, festzustellen, daß auch andere ihre ausgeklügelten persönlichen Rituale etwa beim Baden und bei der üblichen Körperpflege haben, daß auch andere großen Wert auf ihre Badezimmerlektüre legen und diese mit Bedacht wählen, daß auch andere ihre Eßmarotten und unorthodoxe Zusammenstellungen entwickelt haben, die sich am besten essen lassen, wenn man allein ist, oder daß auch andere vollendet die Kunst beherrschen, mitten in der Nacht, ohne vollständig aufzuwachen, aufs Klo zu gehen. All das sind ganz gewöhnliche private Augenblicke, sie stellen aber dennoch Gelegenheiten dar, die wir nutzen können, um unser Leben zu bereichern und mehr für uns zu tun.

In diesem Kapitel erfahren Sie, wie Menschen auf ganz normale oder auch exzentrische Weise diese Zeit der Fürsorge gegenüber ihrem Selbst allein genießen. Dieser Überblick dürfte Ihnen zeigen, wie wichtig diese Aktivitäten sind, um entspannt und gepflegt zu bleiben, um Lebensfreude und persönliche Erfüllung zu finden. Und Sie werden erleichtert oder auch amüsiert feststellen, daß die ganz privaten Augenblicke der anderen sich nicht allzusehr von Ihren eigenen unterscheiden.

Vor dem Spiegel

Etwa 10 Prozent der Zeit, die wir allein sind – bei manchen Menschen bis zu mehrere Stunden täglich –, wird durch unsere Körperpflege in Anspruch genommen. In Anbetracht der Milliardenbeträge, die jährlich für Kosmetika, Seifen, Haarpflegeprodukte, Körperlotionen, Parfums und andere Hygieneprodukte ausgegeben werden, gehört die Körperpflege wohl unstrittig zu den sichtbarsten Dingen, die zeigen, wie Menschen etwas für sich tun. Dabei geht es nicht nur um den Erhalt der Gesundheit, weitaus mehr noch steht dahinter das Bemühen, möglichst jugendlich und attraktiv auszusehen.

Der Zoologe Desmond Morris hat die Geschichte der Körperpflegegewohnheiten zurückverfolgt und die einzelnen Entwicklungsstufen, angefangen von der öffentlichen Form des Grußes (Primaten begrüßen sich, indem sie sich gegenseitig das Fell lausen), über das Bemühen, für die persönliche Hygiene zu sorgen, bis hin zum privaten Luxus der Menschen, sich in den Augen anderer begehrenswerter zu machen, nachgezeichnet. Ein glattrasiertes Gesicht oder ein ordentlich gestutzter Bart, ein kunstvoll geschminktes Gesicht, ein Ring durch die Nase, eine Tätowierung auf der Stirn – all das waren ursprünglich anerkannte Prestige- und Statussymbole. In der Antike waren die aufwendig mit Lidschatten, Puder und Farbe geschminkten Gesichter der Frauen ein Zeichen, daß sie viel Zeit hatten, um sich dieser Aufgabe des Schminkens zu widmen.[1]

In der Antike hatte das Make-up ursprünglich jedoch die Aufgabe, Schutz vor Sonne zu bieten. Die Ägypter nutzten das Augenmakeup, um die Strahlung des intensiven Sonnenlichts zu reduzieren. Heute sind Kosmetika demgegenüber natürlich dazu da, um sich dem anderen Geschlecht gesünder, jünger und attraktiver zu präsentieren. Rouge und Lippenstift ziehen zum Beispiel unbewußt die männliche Aufmerksamkeit an, da sie die verstärkte Tönung bei sexueller Erregung simulieren.

Viele Körperpflegeaufgaben können ausgesprochen entspannend und erquicklich sein. Einer Mutter von drei kleinen Kindern geben die wenigen Minuten, in denen sie sich die Nägel manikürt, das Gefühl, sich etwas Gutes zu tun:

»Ich mache mir gern die Nägel, wenn alles ruhig im Haus ist, wenn alle in der Familie versorgt sind und niemand mich bittet, etwas für ihn zu tun. Ich kann mich dabei völlig entspannen und zu mir finden. Und dann höre ich auch schon wieder, wie jemand die Treppe hoch nach mir ruft: ›Mami, machst du mir was zu essen?‹ ›Mami, könntest du mir helfen, meine Baseballkarten zu suchen?‹ »Mami, der Trockner surrt!‹ ›Anita, könntest du mir helfen, den Tisch hinüberzutragen?‹ ›Liebling, würdest du diesen Brief lesen und sagen, was du davon hältst?‹ Gott, es ist zum Verrücktwerden! Man könnte glauben, die Welt würde stillstehen, wenn ich nicht da wäre, um verschusselte Sachen zu suchen oder etwas zu essen vorzubereiten.

Aber wenn ich mir die Nägel mache, versuche ich, mich gegenüber all diesen Ansprüchen abzuschotten. Es macht mir so viel Spaß, diese Zeit allein zu sein und nur etwas für mich zu tun. Ich genieße es, mir das Endprodukt, den glatten Lack, anzuschauen. Und es gibt noch etwas, was ich dabei liebe: wenn ich mich einfach auf einen Vorgang konzentriere und beobachte, wie ich vorsichtig das Pinselchen aus der Flasche ziehe und sorgfältig darauf achte, daß genau die richtige Menge Nagellack auf dem Pinsel ist. Und anschließend das Warten, bis die Nägel trocken sind und das vorsichtige Testen an den Lippen. Dann kommt die zweite Schicht, und wieder Warten, und schließlich kommt dann die Deckschicht. Es gibt mir ein wundervolles Gefühl, wenn ich damit fertig bin!«

Ein anderes Beispiel ist der Verkäufer, der beschreibt, wie er sich zur Entspannung und zu seinem Vergnügen pflegt, nachdem er den ganzen Tag über meistens etwas für andere getan hat. Nach all den Telefonaten mit potentiellen Kunden, von denen viele an seinen Produkten nicht interessiert waren, kann er es kaum erwarten, wieder in seine Wohnung zu kommen, um in der Abgeschiedenheit seines Badezimmers wieder aufzutanken und seine geschundene Seele zu heilen.

»Der Umgang mit anderen Menschen macht müde, so bleibe ich

manchmal einfach zu Hause und tue mir etwas Gutes. Ich habe so meine ganz speziellen Sitzungen zum Aufpäppeln, die sich bis weit in den Abend hineinziehen. Als erstes bringe ich ein Radio ins Badezimmer und zünde mehrere Kerzen an. Dann nehme ich ein langes heißes Bad und weiche mich so lange ein, bis auch das letzte Quentchen Spannung aus meinem Körper heraus ist. Manchmal genehmige ich mir sogar eine Gesichtsmaske. Wenn ich mich so gründlich reinige, so gibt mir das das Gefühl, als würde ich damit all die Zurückweisungen wieder wettmachen, die ich die ganze Woche über einstecken muß.«

Während diese beiden beschreiben, wie sie sich die mit dem Pflegeprozeß verbundenen vergnüglichen Seiten zunutze machen, geht es bei einem Großteil der Energie, die für die Körperpflege aufgewendet wird, aber doch ausschließlich um den erstrebten Effekt auf andere. Die meisten Menschen haben Probleme mit ihrem Aussehen, und, egal, wie attraktiv sie vielleicht auf andere auch wirken, sie haben eine lange Liste von Dingen, die sie an ihrem Äußeren gerne ändern würden. So daß denn auch der Spiegel ein zentraler Punkt in ihrem ganz privaten Leben wird. Allein ist es erlaubt, das eigene Spiegelbild zu überprüfen, ohne Angst, kritisiert zu werden, man sei zu sehr mit sich selbst beschäftigt.

Für die meisten von uns beginnt und endet der Tag in der Abgeschiedenheit des Badezimmers, wo wir im Spiegel nach Hinweisen suchen, ob sich im Laufe des Tages oder während der Nacht irgend etwas an unserem Äußeren geändert hat. Allein, jenseits der starren Blicke anderer, wird jeder Quadratzentimeter unseres physischen Selbst erkundet, kritisch und ungehemmt. Der Körper wird gewogen, abgetastet und untersucht. Wobei zu letzterem die genaue Bestandsaufnahme von allen Falten, Hautunreinheiten, grauen Haaren und des zurückgehenden Haaransatzes gehört – was alles nichts Peinliches hat.

Viele Menschen verbringen Zeit vor dem Spiegel, betrachten selbstkritisch die Person, die ihnen entgegenstarrt, und arbeiten unermüdlich daran, sich im bestmöglichen Licht erscheinen zu lassen. Eine Frau experimentiert jeden Tag vor dem Spiegel, um auszuprobieren, wie sie ihr Äußeres am vorteilhaftesten verändern kann:

»Ich nehme den Kamm und spiele mit meinem Haar, bürste es und probiere unterschiedliche Frisuren aus. Dann kontrolliere ich immer meine Augenbrauen, wenn ich allein bin, um zu sehen, ob irgendwelche Härchen nachgewachsen sind, wo keine sein sollen. Da ich klein bin, weiß ich einfach, daß andere meine Augenbrauen sehen können. So bemühe ich mich, daß sie immer tadellos gepflegt sind. Darüber hinaus experimentiere ich auch gerne mit meinem Make-up. Manchmal kaufe ich mir jede Woche einen neuen Lippenstift oder Lidschatten oder Eyeliner. Mit dem Ausprobieren der neuen Sachen warte ich immer, bis ich einige Minuten Zeit habe, damit ich in Ruhe prüfen kann, wie sie aussehen und wie sie sich mit den Produkten kombinieren lassen, die ich bereits habe. Als erstes entscheide ich, welchen ›Look‹ ich mir geben möchte – leicht und beschwingt oder dunkel und rassig; abhängig von der Farbe der Kleidung, die ich tragen will, entscheide ich dann die Frage, ob ich den Lidschatten, Eyeliner und die Wimperntusche passend dazu wähle. Dann nehme ich die entsprechenden Produkte und schminke mich.

Der beste Teil kommt, wenn es an den Kleiderschrank geht. Ich mache das Licht an und überfliege alles, was in ordentlichen Reihen dort hängt. Jedes Teil löst eine Erinnerung aus, wo und zu welchem Anlaß ich es gekauft habe. Vor einer besonderen Party zum Beispiel nehme ich alle die Kleidungsstücke heraus, die ich in Betracht ziehe, und breite sie auf dem Bett aus. Ich probiere dann eines nach dem anderen an, wähle den passenden Schmuck und die passenden Accessoires und betrachte mich im Spiegel. Dann, mit der Vorstellung, mein Haar wäre bereits perfekt frisiert, probiere ich verschiedene Gesten und Körperhaltungen aus, die ich benutzen und einnehmen könnte – ein Schulterzucken, ein offenes Lächeln, eine Profilansicht. Dann stelle ich mich auf die Zehenspitzen, um zu sehen, wie es wirken würde, wenn ich Stöckelschuhe anzöge, und spiele dabei nochmals mein ganzes Repertoire an Bewegungen durch. Ich überlege, was die anderen tragen werden und ob ich mit dieser Kombination nun den von mir erhofften ›Look‹ erziele. Dann frage ich mich, wie mein Mann reagieren und was er mir raten oder empfehlen würde. Und ich lächele mir selbst zu, da ich einen Kommentar kenne, den er immer macht: ›Ohne Unterwäsche würde das noch besser aussehen!‹«

Für diejenigen, die, wie diese Frau, mit ihrem Aussehen relativ zufrieden sind, sind solche Abläufe vor dem Spiegel Routineerfahrungen. Aber für diejenigen, die sich schwer mit ihrer Figur oder bestimmten Körpermerkmalen tun, kann auch diese Selbstüberprüfung extrem frustrierend und deprimierend sein. Statt sich darauf zu konzentrieren, das Beste aus ihren Möglichkeiten zu machen, nutzen sie ihre Pflegephasen für eine extrem kritische und peinlich genaue Selbstüberprüfung, wobei sie sich an irgendwelchen idealen und vermeintlichen Schönheitsmaßstäben messen. Und genau das macht die nachfolgend zitierte Frau:

»Ich studiere meine Nase. Ich bin es gewohnt, sie im Spiegel von vorne anzuschauen, aber wenn ich dann vor einem dreiteiligen Klappspiegel stehe und sie von der Seite sehe, bin ich immer wieder entsetzt, wie groß sie aussieht! Meine erste Reaktion ist, daß sie in Wirklichkeit gar nicht so groß sein kann. Dann sehe ich sie mir von der anderen Seite an. Und ich bin wieder entsetzt, obgleich diesmal etwas weniger. Dann nehme ich die Hände zu Hilfe und drücke sie etwas ein und hoch, um zu sehen, wie es aussähe, wenn ich sie operativ korrigieren ließe. An dem Punkt wünsche ich mir dann immer, ich hätte es machen lassen, und kann nicht verstehen, daß ich den Schritt nie getan habe! Nachdem ich meine Nase aus allen Blickwinkeln untersucht habe, stelle ich mir vor, bei der Operation ginge irgend etwas schief, ich wäre am Ende entsetzlich entstellt und hätte ein Ding im Gesicht, das wie eine Doppelgarage aussieht. Dann sage ich mir, daß es so doch vielleicht besser ist. Das Ganze spiele ich einige Male in der Woche durch – soll ich mir die Nase korrigieren lassen oder nicht, soll ich, oder soll ich nicht?«

Es sind leider sehr viele Menschen, die, besessen von vermeintlichen Unzulänglichkeiten an ihrem Aussehen, ihre Zeit, die sie allein sind, mit Herummäkeln an diesen Dingen verbringen, ob es dabei um den zurückgehenden Haaransatz, den Bauch oder die Fettpolster auf den Hüften geht. Es ist, als würde jeder äußerlich sichtbare Pickel oder Fehler »verdorbener Ware« gleichgesetzt, mit irgendeiner Unzulänglichkeit, von der wir wissen, daß wir sie in unserem Innern verbergen – mit jenem Teil von uns, der sich häßlich, dumm, verlogen, unzulänglich oder unsicher fühlt. Wenn eine Menge an Zeit für die Pflege, das Inspizieren und Beurteilen unserer äußeren Erscheinung aufgewendet wird, steht denn auch in Wahrheit vielleicht der unbewußte oder symbolische Versuch dahinter, die Außenseite eines lädierten Selbst aufzupäppeln – die Seite, die für jeden nur allzu sichtbar ist.

Natürliche Körperfunktionen

Wenn für die meisten Menschen gilt, daß sie Probleme mit irgendwelchen Aspekten ihres Aussehens haben, so gilt praktisch für jeden, daß ihn in Zusammenhang mit natürlichen Körperfunktionen ein gewisses Unbehagen beschleicht, selbst wenn es nur darum geht, öffentlich *darüber zu reden*. Normalerweise werden diese Dinge nur in Zusammenhang mit einem Witz zur Sprache gebracht, wo es dann erlaubt ist, darüber zu lachen (aber, bitte, nicht zu laut).

Während Essen und Trinken in allen menschlichen Gesellschaften im Beisein anderer gepflegt werden, findet die Verdauung bzw. der Stuhlgang immer in der Abgeschiedenheit des Alleinseins statt. Wenn es um den Umgang mit irgendwelchen Körperflüssigkeiten geht, wird in der Tat kulturübergreifend das Alleinsein vorgezogen. Diese heilige Intimsphäre entstand jedoch nicht nur aus sanitären Gründen (um Ausscheidungen vom Wohnbereich zu trennen), sondern auch aus dem Wunsch heraus, unsere Würde und Sicherheit zu schützen, wenn wir in unserer Beweglichkeit gehemmt oder wehrlos sind. Selbst wenn wir niesen, schließen wir kurz die Augen, wenden uns ab und bedecken die Nase und Mund mit einem Taschentuch oder der Hand, aber nicht nur, um möglichst keine Bazillen zu streuen, sondern auch um eine situative Zurückgezogenheit zu gewinnen.

Toilettenverhaltensmuster. In seinem Buch über Scham und Intimsphäre erklärt Karl Schneider, warum Ausscheidungsfunktionen universal auf eine absolut zurückgezogene Sphäre beschränkt sind. Zunächst einmal werden Exkremente in der Regel mit Verwesung assoziiert. Ihr Geruch und Aussehen, an denen wir so Anstoß nehmen, sind Wege der Natur, uns daran zu erinnern, diese Funktionen getrennt von unseren Wohnbereichen zu halten.[2]

Jenseits der einfachen Sorge um die Hygiene ist hier aber auch noch eine natürliche Vermeidungsreaktion gegenüber Ausscheidungen im Spiel, als ginge es bei diesen Dingen um die Inkarnation des Bösen. Wie so oft bei den menschlichen Vorstellungen von der Natur, wird auch der Körper mit Polaritäten assoziiert, einer Zweiteilung zwischen dem, was »gut« ist (das Herz, der Geist, das Gehirn), und dem, was »schlecht« ist (die Genitalien und alle körperlichen Produkte).

Jeder hat seine ganz privaten Toilettenverhaltensmuster. Manche behandeln die Ausscheidung ihrer Exkremente als eine tägliche Aufgabe, die möglichst schnell zu erledigen ist, während andere sie als eine Gelegenheit nutzen, ungestört Frieden und Ruhe zu finden, als eine Zeit, um allein zu sein und sich zu entspannen, um den eigenen Gedanken nachzuhängen, über Probleme nachzudenken oder zu lesen. Das Lesen auf der Toilette ist im übrigen eine der universalen Gepflogenheiten, denen viele sich in ihren ganz privaten Augenblicken hingeben, über die aber nur wenige jemals sprechen. Und manche sind sehr wählerisch, wenn es um ihren Lesestoff geht. Wie das Beispiel eines Mannes anschaulich zeigt:

»Ich habe festgestellt, daß ich auf der Toilette besser zurechtkomme, wenn ich mir etwas zu lesen mitnehme. Ich brauche halt morgens meine Zeit auf dem Klo, etwa zwanzig Minuten. Das ist ganz schön lange, um nur dazusitzen und den Handtuchhalter anzustarren.

Wichtig für mich ist, daß ich etwas finde, was man jeweils fünfzehn Minuten lesen und wieder weglegen kann, ohne beim nächsten Mal lange suchen zu müssen, worum es eigentlich ging. Ideal ist ein Buch oder eine Zeitschrift, worin es um ein bestimmtes Thema geht, über das man dann den Rest des Tages weiter nachdenken kann. Ich war lange überzeugt, daß Kurzgeschichten das Perfekte für die Toilette wären, da man sie bei einer Sitzung lesen kann. Inzwischen finde ich jedoch, daß ein Roman von Joyce oder Proust mir wesentlich mehr Freiheit geben, weil es egal ist, wo ich anfange und aufhöre.«

Im Zusammenhang mit der Toilette gibt es noch eine weitere durchaus universale, aber nur selten angesprochene Gewohnheit. Von Kindern, die oft zwölf Stunden lang durchhalten können, ohne dem Ruf der Natur folgen zu müssen, wird Urinieren nicht selten als lästig empfunden. Dieses »Ärgernis« in der Kindheit wird dann im späteren Erwachsenenalter in dem Zuge zu einer üblicheren Beschäftigung, wie die Fähigkeit der Blase, Flüssigkeit zu speichern, abnimmt. Ein Mann in den Vierzigern beschreibt das nächtliche Ärgernis mit seiner zunehmenden Blasenschwäche:

»Eines der deprimierendsten Zeichen, daß ich älter wurde, war, daß ich keine Nacht mehr durchhalten konnte, ohne aufzustehen und zur Toilette zu gehen. Und das Schlimmste war, daß es so plötzlich kam, daß ich nicht mehr einhalten konnte. Inzwischen stehe ich zwei-, manchmal dreimal mitten in der Nacht auf und stolpere herum, um, möglichst ohne gegen eine Wand zu rennen, zur Toilette zu kommen. Der Punkt ist, es zu schaffen, ohne voll wach zu werden, weil ich sonst nicht mehr einschlafen kann. Wie ein Schlafwandler fuchtele ich mit den Händen vor mir herum, um nicht gegen eine Tür oder irgend etwas anderes zu rennen. Angekommen, lehne ich mich auf der Toilette an der Wand an, um nicht zu sehr zu schwanken. Frauen haben's da leichter, sie können sich hinsetzen, aber die Männer müssen stehen und im Dunkeln versuchen, ihr Ziel richtig zu treffen, und das möglichst ohne wach zu werden. Manchmal geht's auch schon mal daneben, und ich bekomme nasse Füße. Sofern ich dann nach einem Lappen suche, um es aufzuwischen, werde ich mit Sicherheit wach, also trockne ich mir die Füße über den Teppich schleifend auf dem Weg zurück ins Bett leidlich ab.«

Das Intimleben von Frauen. Die Menstruation ist zwar ein regulärer Teil des Lebens jeder Frau, doch es wird nur selten darüber gesprochen, es sei denn euphemistisch, wenn dann etwa von »den Tagen« die Rede ist. Die Menstruation ist eine Zeit, in der viele Frauen das Bedürfnis haben, besonders auf sich einzugehen und sich um sich zu kümmern, physisch und psychisch. Es ist eine Zeit besonderer Verwundbarkeit, in der die Toleranzschwellen gegenüber Frustrationen, Streß und Deprivation oft reduziert sind. Es ist eine Zeit, die für viele Frauen mit unangenehmen Symptomen wie Krämpfen, Brechreiz, Müdigkeit, Anspannung und Reizbarkeit verbunden ist. Und viele fühlen sich in dieser Zeit auch isolierter.

Der Anthropologe Peter Farb beschreibt einen Teil des Aberglaubens, der dafür sorgte, daß die Regelblutung hinter verschlossene Türen verbannt wurde:

> »Der Aberglaube, daß es gefährlich sei, unter einer Leiter herzugehen, ist wahrscheinlich ein Überbleibsel aus der Zeit, als die Menschen nicht unter Brücken, Bäume oder Klippen treten wollten, wenn sich gerade eine Frau dort befand, die ihre Periode hatte, aus Furcht, ihr Blut könne auf sie herabtropfen. In vielen Gesellschaften ist es Frauen während der Menstruation verboten, wertvolle Gegenstände anzufassen, außerdem schreibt man ihnen die Schuld für Unfälle und Zerstörungen zu.[3]

Farb zitiert auch den römischen Gelehrten Plinius den Älteren als Beispiel für die extremen Positionen, die seit Menschengedenken vertreten wurden und dafür sorgten, daß Frauen während ihrer Menstruation isoliert wurden. Plinius schrieb der Regelblutung der Frau gar seltsame Wirkungen zu, er war überzeugt: »Most, dem sie in diesem Zustand zu nahe kommen, wird sauer, Feldfrüchte werden durch Berührung unfruchtbar, Setzlinge sterben ab, Gartenpflanzen verdorren, und die Früchte der Bäume, unter denen sie gesessen, fallen ab; der Glanz der Spiegel wird schon durch das Hinsehen matt, das Eisen verliert seine Schärfe, das Elfenbein seinen Glanz, Bienenstöcke sterben aus, Erz sogar und Eisen befällt sogleich der Rost.«[4]

Angesichts solcher Legenden, die über Jahrhunderte hinweg weitergegeben wurden, ist es kein Wunder, daß wir auch heute noch Relikten der Scham in Zusammenhang mit der Menstruation begegnen. Repräsentativ für die Gefühle, die viele Frauen in Verbindung mit ihrer Periode haben, dürfte die nachfolgende Schilderung einer Frau sein:

»Wenn ich merke, daß meine Periode kommt, möchte ich mich einfach ins Bett verkriechen und dort bleiben, bis sie vorbei ist. Ich verliere nicht gerne die Kontrolle über mich, ich möchte nicht launisch sein und bei jeder Kleinigkeit weinen. Sobald mein Mann gemerkt hat, daß ich die Tage habe, nutzt er sie als Entschuldigung, um alles, was ich sage, herunterzuspielen und abzutun, so als würde er mich nicht ernst nehmen oder als zählten die Dinge nicht, die ich empfinde.«

Wie eine Frau sich im einzelnen während der Menstruation um sich kümmert, hängt jedoch von mehr als nur von ihrer Toleranzschwelle gegenüber körperlichem Unwohlsein ab. Im Grunde ist es nicht erstaunlich, daß die vorgenannte Frau sich während ihrer Periode von ihrem Mann nicht ernstgenommen fühlt; sie nimmt sich auch selbst nicht ernst. Sie ist selbst zu der Überzeugung gelangt, daß eine Woche im Monat von vornherein in jeder Hinsicht abzuschreiben ist – in der Zeit fühlt sie sich hilflos, auch nur irgendeinen Aspekt ihres emotionalen Lebens kontrollieren zu können.

Aber selbst Frauen, die gravierender unter dem prämenstruellen Syndrom leiden, haben es inzwischen gelernt, sich selbst und ihrem Partner beizubringen, daß sie auch in dieser schwierigen Zeit *nicht* abzuschreiben sind. Sie beharren vielmehr darauf, daß ihnen in dieser Zeit das gleiche Mitgefühl und Verständnis entgegengebracht wird, das sie auch ihren Männern entgegenbrächten, wenn sie sich nicht in Topform fühlten. Und sie versuchen darüber hinaus, sich eine positivere Einstellung zu eigen zu machen, wonach die Menstruation nicht als »Fluch« gesehen wird, sondern als Symbol der Fruchtbarkeit, Jugend und des natürlichen hormonellen Zyklus, der dazu anhält, etwas für sich zu tun und sich zu pflegen.

Die Zyklen der Männer sind nicht so klar durch monatlich festgelegte Zeiten markiert; die biologischen Zyklen der Männer werden von einem anders gearteten hormonellen Druck bestimmt. Von ihrem ersten feuchten Traum in der Jugend an lernen Männer, daß das Bedürfnis, alle paar Stunden, Tage oder Wochen zu ejakulieren (je nach Alter und mehr oder weniger ausgeprägtem Sexualtrieb), ein ebenso wundervoller wie offenbar unkontrollierbarer Trieb ist, der in jedem Fall geheimzuhalten ist.

Selbstbefriedigung

Dieses Thema gehört wohl zu den ersten Dingen, an die die Leute denken, wenn von ganz privaten Augenblicken die Rede ist, ob in Zusammenhang mit Männern oder Frauen. Warum fällt es uns so schwer, über Masturbation zu reden? Schließlich ist es eine Aktivität, die von 80 bis 90 Prozent aller Erwachsenen regelmäßig praktiziert wird. Dennoch wird ihr in fast jeder Kultur mit starker Mißbilligung begegnet. Seit Menschengedenken wird mit Nachdruck versucht, Menschen vom Masturbieren abzuhalten; dahinter steht die Angst, durch rückläufige Paarungsbereitschaft könnten die Geburtenraten sinken. Um dieses Masturbationsverbot zu verstärken und den Betreffenden Schuldgefühle wegen dieses vermeintlichen Verbrechens gegen die Menschheit einzuflößen, behaupteten medizinische und religiöse Autoritäten (noch bis in die jüngere Vergangenheit), autoerotische Vergnügungen führten zu Erblindung, Epilepsie, Geisteskrankheiten, Schwachsinn, Rheumatismus, Hämorrhoiden, Verstopfung, Homosexualität, Gonorrhöe, Wachstumshemmung und sogar zum Tod.

Obwohl weder physische noch psychische Folgeschäden aufgrund von Selbstbefriedigung bekannt sind, sofern sie nicht exzessiv praktiziert wird, ist sie dennoch mit dem Gefühl behaftet, daß es sich dabei um etwas Unanständiges und Schmutziges handelt. Selbst heute, wo wir es besser wissen sollten, sind viele noch der Meinung, Masturbation sei irgendwie pervers. So haben sich denn Generationen von Heranwachsenden hinter verschlossene Türen zurückgezogen, um die fremden neuen Vergnügungen auszuprobieren, die ihre Genitalien ihnen bereiten können. Und ihre negative Programmierung zur Masturbation sorgt dafür, daß diese heimlichen Selbstentdeckungsreisen mit Humor verewigt werden, wie in Philip Roths *Portnoys Beschwerden*, worin Portnoy seinem Therapeuten beichtet:

> »Ich reiß mir die Hosen herunter und greife wie wild nach meinem bereits mitgenommenen Rammbock, der die Tür zur Freiheit aufstoßen wird, meinen noch nicht voll entwickelten Schwanz, obwohl meine Mutter bereits draußen vor der Tür steht und ruft... Doktor, verstehen Sie, wogegen ich anzugehen hatte? Mein Schwengel war eigentlich das einzige, was wirklich mir gehörte... O meine Geheimnisse, meine Scham, mein Herzklopfen, mein Erröten, meine Schweißausbrüche!... Doktor, ich kann es nicht mehr aushalten, immerzu in Angst zu leben – ohne Grund! Segnen Sie mich mit Mannhaftigkeit! Machen Sie mich mutig! Machen Sie mich stark! Machen Sie mich ganz! Ich war lange genug ein netter jüdischer Junge, der in der Öffentlichkeit seinen Eltern Ehre macht, während er im geheimen daliegt und wichst! Lange genug!«[5]

Von einem psychologischen Standpunkt aus ist die Masturbation – im Unterschied zur religiösen Sicht – ein natürlicher, normaler und dem Wohle des Selbst dienender Vorgang. Von einem geheimen, im Privaten begangenen Verbrechen gegen die Gesellschaft kann wohl kaum die Rede sein; vielmehr handelt es sich dabei um ein erotisches Vergnügen, das eine wundervolle Fluchtmöglichkeit in die Lust bietet. Allen Unkenrufen zum Trotz werden der Masturbation in der Tat eine ganze Reihe nutzbringender Effekte zugeschrieben, wie etwa der prominente Sexologe Albert Ellis sie beschreibt.[6] Dazu gehören:

Abbau von Spannungen. Carolyn ist arbeitslos. Der Verlust ihres Arbeitsplatzes traf sie hart, und der Umgang mit ihrer neuen Situation ist für sie mit einer Menge Streß verbunden. Sie haßt es, der Situation ausgeliefert zu sein, in der andere über ihr Leben entscheiden können. Und sie haßt die ganze Stellensucherei und die leidigen Vorstellungsgespräche, obwohl sie entschlossen ist, am Ball zu bleiben. Aber manchmal wird der Druck einfach zu viel, sie leidet unter Schlafstörungen und Stimmungsschwankungen und hat gelegentlich Konzentrationsschwierigkeiten. In den Fällen funktionieren dann selbst ihre üblichen Entspannungsmethoden, auf die sie für gewöhnlich zurückgreift, wie heiße Bäder oder lange Spaziergänge, nicht mehr so gut. Für Carolyn ist Masturbieren das einzige, womit sie ihren Streß jeweils wirklich abbauen kann:

»Von Zeit zu Zeit merke ich, daß sich in mir eine Spannung aufbaut, die offenbar auf keinem anderen Weg als durch Masturbieren abgebaut werden kann. Eine Spannung, die offenbar nichts damit zu tun hat, wie viel oder wie wenig Sex ich habe. Ich fühle einfach nur den Druck, der nicht verschwinden will. Nichts hilft mehr.

In mir spult sich dann dieser innere Dialog ab. Ich versuche mich zu beruhigen, indem ich mir sage, daß langfristig schon alles gut wird, wenn es mir kurzfristig nur gelingt, meine Nerven zu beruhigen. Ich sage mir dann, daß, wenn ich gelegentlich das Bedürfnis habe, es mir selbst zu machen, das ja schließlich nicht bedeutet, daß mir der Sex mit meinem Mann keinen Spaß macht. In Wirklichkeit empfinde ich es nicht einmal wie Sex, es ist mehr wie das Gefühl, das man hat, wenn man niesen muß, und es kommt einfach nicht. Und wenn es dann raus ist, fühlt man sich so viel besser.

In der Regel lege ich mich aufs Bett und benutze einen Vibrator. Es ist nicht unbedingt eine lustvolle Erfahrung. Dafür sind die Empfindungen zu intensiv; so versuche ich, mich abzulenken, damit ich das Ganze überhaupt aushalten und mich entspannen kann. Anschließend habe ich immer das Gefühl, als sei ein Bedürfnis befriedigt worden, und ich kann wieder an die Dinge gehen, mit denen ich vorher beschäftigt war.«

Erhöhung der sexuellen Ansprechbarkeit. Beim Masturbieren bringen Sie sich selbst bei, sexuell ansprechbarer zu werden. In der Sexualtherapie werden Paare, die unter sexuellen Funktionsstörungen wie vorzeitige Ejakulation oder Orgasmusschwierigkeiten leiden, zur Selbststimulation angehalten. Sie werden gedrängt, zunächst für sich im Stillen zu masturbieren, um den optimalen Ansatz zu finden, und anschließend vor ihren Partnern, um sowohl körperliche Hemmungen zu überwinden als auch die partnerschaftliche Kommunikation zu verbessern. Eine Frau, die sich wegen ehelicher Sexualprobleme einer Therapie unterzog, berichtete von den enorm nutzbringenden Effekten, die sie entdeckte, als sie im Rahmen ihrer Therapie zur Masturbation angehalten wurde:

»Ich glaube, der härteste Teil meiner Behandlung in der Sextherapie war, es zu lernen, mich wohl dabei zu fühlen, mich selbst zu berühren. Es war schon irgendwie bescheuert, diese Anleitungen zu befolgen, wie man etwa einen Vibrator benutzt oder bei Wassermassagen vorgeht. Aber ich mußte mir erst selbst zum Orgasmus verhelfen können, ehe ich meinem Mann beibringen konnte, wie er vorzugehen hat. Es war am Anfang so peinlich, vor meinem Mann zu masturbieren, wie ich es tun sollte. Aber das mußte sein, um schließlich auch beim Geschlechtsverkehr zum Orgasmus zu kommen.«

Förderung der Unabhängigkeit. Personen ohne Partner oder Partnerinnen können über die Masturbation sexuelle Lust suchen, ohne dem Risiko einer Abhängigkeit von anderen zu begegnen. Viele Singles empfinden es als demütigend, sich auf gesellschaftliche Spielchen einlassen zu müssen, nur um für einen Abend sexuelle Entspannung zu finden. Zu Recht fürchten sie die Konsequenzen von Sex mit einem unbekannten Partner. Zusätzlich zu den Risiken, vergewaltigt oder mißhandelt zu werden, sich AIDS oder Geschlechtskrankheiten einzuhandeln, begegnen sie hier außerdem den Gefahren, die unweigerlich damit verbunden sind, mit jemandem intim zu werden, den man kaum kennt – der Gefahr der Verwundbarkeit, des Vertrauensmißbrauchs und der Zurückweisung.

Eine alleinstehende Frau von Mitte Fünfzig beschreibt, welches Gefühl der Unabhängigkeit die Masturbation ihr gibt:

»Ich bin seit langem single. Ich würde gern mit jemandem in einer Beziehung leben, aber ich bin vor Jahren schon so weit mit mir ins reine gekommen, daß das Schicksal das einfach nicht für mich bereithält. Ich bin glücklich – ich liebe mein Leben. Aber Sex ist nicht inbegriffen – zumindest nicht mit einem Partner. So masturbiere ich oft. Es hilft mir beim Einschlafen. Ich krieche mit einem erotischen Buch ins Bett, das mich langsam antörnt, und dann bringe ich mich irgendwie selbst auf Touren.«

Ausgleich zwischen unterschiedlichen Sexualtrieben. Die Masturbation bietet einen Weg, die Diskrepanz zwischen den unterschiedlichen sexuellen Bedürfnissen der Ehepartner auszugleichen. Aufgrund von Altersunterschieden und den Unterschieden in den Erfahrungen sowie den hormonellen Systemen kommt es nur selten vor, daß beide Partner identische Präferenzen hinsichtlich der Qualität und Quantität ihres Sexuallebens haben. Während der eine am liebsten jeden Tag oder sogar zweimal täglich Sex hätte, gibt der andere sich vielleicht mit einem Orgasmus pro Monat zufrieden. Die Diskrepanz ist für gewöhnlich zwar nicht so groß, aber die meisten Paare müssen intern verhandeln, wie oft sie miteinander Sex haben.

Hier schafft die Masturbation den Ausgleich, der es einem Partner erlaubt, sich gelegentlich (oder regelmäßig) selbst um seine sexuellen Bedürfnisse zu kümmern, und für den anderen zugleich den Vorteil hat, daß weniger Ansprüche an ihn gestellt werden. Und das ohne zu außerehelichen Affären zu flüchten, die die Beziehung destabilisieren könnten. Eine junge Frau, deren Mann geschäftlich viel auf Reisen ist, nutzt Masturbieren als sicheres Ventil für ihre sexuellen Bedürfnisse, die sich ansonsten vielleicht in Affären kanalisieren würden:

»Also, wenn ich es mir nicht selbst machen würde, müßte ich mich wohl auf eine Affäre oder so etwas einlassen. Ich liebe es, mich in unserem Garten hinter dem Haus in die Sonne zu legen. Ich reibe mir dann langsam den ganzen Körper mit Öl ein und lasse mich so richtig aufwärmen. Dann nehme ich Eisstückchen und lege sie mir auf die empfindlichsten Körperstellen. Was mich am meisten dabei anturnt, ist der Gedanke, daß mich jederzeit jemand dabei sehen könnte. Na, Tatsache ist, daß ich so tue, als machte ich mich als Präsent für jemanden zurecht, der mich gleich lieben wird. Manchmal gebe ich mich der Phantasie hin, daß ich Reizwäsche anziehe, mir das Haar hochstecke und Make-up auflege, mich dann hinlege... und dann eine Stunde oder länger masturbiere. Und dann hebe ich ab in den Himmel.«

Die Frau, die das erzählte, ist eine ob ihres überaus ordentlichen Haushaltes und ihrer ausgesprochen gepflegten Erscheinung vielbewunderte Mutter und Hausfrau. Sie hatte neben ihrem Mann, mit dem sie seit zehn Jahren verheiratet ist, nie einen anderen Sexualpartner. Sie fühlt sich ihrem Mann sehr nahe und spricht relativ offen über alle Dinge, die sie beschäftigen – außer über die Sexualphantasien, die sie auslebt, wenn sie allein ist.

Aber sobald ihr Mann von der Arbeit nach Hause kommt, schlüpft sie in ihre übliche Kleidung und in ihre Rolle als liebende und pflichtgetreue Ehefrau zurück. Und niemand käme auf eine andere Idee, als daß sie den ganzen Tag mit Saubermachen, Besorgungen und Kochen verbracht hat. Dieser Aspekt ihres geheimen Selbst bleibt sicher hinter ihrem unschuldigen Auftreten vor allen anderen verborgen.

Der Phantasie sind bei der Selbstbefriedigung keine Grenzen gesetzt. Diese ganz privaten Augenblicke führen zur Entdeckung einer immer intensiveren Lust, und sie bieten die Möglichkeit zu einer abwechslungsreich gestalteten Sexualität, nach der viele sich sehnen. Bei meinen Interviews schildern sehr viele, wie sie Vibratoren, Kissen, Reizwäsche und unterschiedlichste Gegenstände als Hilfe zur Selbststimulation nutzten. Eine experimentierfreudige Frau belohnte sich, wenn sie die Wäsche gemacht hatte, damit, daß sie sich während des Schleudergangs auf die Waschmaschine setzte!

Was all diese Stimmen – von Männern und Frauen, Alleinstehenden und Verheirateten, Alten und Jungen – sagen, ist, daß es zahllose Möglichkeiten gibt, auf dem Wege der Selbstbefriedigung zum Orgasmus zu kommen. Dennoch bleibt, daß die Masturbation kein Ersatz für jene emotionale, geistige und körperliche Nähe sein kann, die man nur in Verbindung mit einem Partner oder einer Partnerin erfährt. Die Masturbation ist ein einsamer Akt, eine ganz private Aktivität, die gleichwohl das beste Beispiel für jene ekstatischen Höhen ist, die erreichbar sind, wenn man allein ist. Sie stellt keine Bedrohung für die Beziehungen mit anderen dar, sondern erhöht vielmehr die Qualität der Zeit, die wir für uns sind. Je sinnlicher, einfühlsamer und geschickter Sie bei der Selbststimulation sind, desto besser sind Sie als Liebhaber oder Liebhaberin, da Sie besser auf Ihren Partner oder Ihre Partnerin eingehen können. Über die Masturbation lernen Sie Ihren Körper und die Reaktionen, zu denen er fähig ist, besser kennen, und Sie lernen, ihn mehr zu lieben. Die Selbstbefriedigung ist eine der wirksamsten Methoden, sich selbst etwas Gutes zu tun und Streß abzubauen.

Streß abbauen durch Entspannung

Das Gegenteil von erhöhter Erregung als Weg, sich etwas Gutes zu tun, ist die reduzierte Stimulation in Form von Entspannung. Nach anstrengender Arbeit oder einer Phase anstrengenden kreativen Denkens brauchen wir eine Auszeit, damit Geist und Körper sich erholen können. Bequem im Sessel sitzend können wir uns einige Stunden oder einen Abend lang nach der von uns bevorzugten Methode entspannen – ein Nickerchen machen, meditieren, Süßigkeiten knabbern, fernsehen, lesen, Musik hören oder stricken. Ebenso können wir uns mit körperlichen Aktivitäten entspannen, indem wir das Auto waschen oder einen Spaziergang im Wald machen. Wir müssen den Druck von uns abfallen lassen, die Arbeit Arbeit sein lassen, etwas für uns tun und neue Energiereserven aufbauen. Wir wählen diese Aktivitäten, weil sie es uns erlauben, uns vorübergehend von allen Belastungen und Anforderungen des Alltags »abzumelden«. Sie geben unserem Geist und Körper die Chance, sich zu erholen und wieder zu Kräften zu kommen.

Nehmen wir zum Beispiel die Erfahrung des vielbeschäftigten Managers, der es genießt, sich mit komplizierten Puzzles zu entspannen:

»Ich liebe es ausgesprochen, mich mit Puzzles zu beschäftigen, wenn ich allein bin. Wenn ich sie kaufe, suche ich solche, die am kompliziertesten und schwierigsten sind. Und wichtig ist, daß sie nicht mehr oder weniger einfarbig sind. In Puzzles, die aus etwa zweitausend Teilen bestehen, kann ich mich so vertiefen, daß ich sonst an nichts mehr denke. Die Welt verschwindet dabei. Ich werde eins mit dem Puzzle. Sofern sich noch jemand im gleichen Raum aufhält, nehme ich ihn nicht einmal wahr. Es ist durchaus ähnlich wie bei der Erfahrung, die ich gemacht habe, als ich meditierte. Es erfordert gerade soviel Konzentration, daß ich bei der Sache bleiben muß, aber auch wiederum nicht soviel, daß ich dabei nicht an zwei Orten gleichzeitig sein könnte. Es gibt kaum etwas, was so entspannend für mich ist.

Wenn ich mich an den Tisch setze, bin ich immer ganz aufgeregt. Denn mir ist bewußt, daß ich jetzt in eine Welt eintrete, die nur mir gehört. Alles andere verschwindet dabei. Am Anfang gibt es immer einen Augenblick der Entfremdung, wenn ich mich hinsetze und vielleicht ein oder zwei Tage nicht an dem Puzzle gearbeitet habe, das da vor mir auf dem Tisch liegt. Aber alle Teile liegen noch so, wie ich sie zurückgelassen habe. Im ersten Augenblick sind sie nicht meine Freunde. Hier ist dann dieses befremdliche Wiederbekanntmachen und Nachvollziehen, warum ich bestimmte Teile dorthin gelegt habe, wo sie liegen, etwa die verschiedenen Nuancen der Blauschattierungen, wenn ich einen Himmel zusammenpuzzle. Aber peu à peu komme ich wieder hinein und verliere mich, wobei ich aber nicht bewußt merke, wann dieser Augenblick eintritt.«

Andere finden die größte Entspannung in einem Buch oder bei einem bestimmten Radio- oder Fernsehprogramm. Nach einem langen Tag können ein oder zwei Stunden Fernsehen eine erquickliche Möglichkeit sein, die eigenen Sorgen zu vergessen. Ein Mann erklärt, wie wohltuend er Fernsehen für sich empfindet:

»Wenn ich einen harten Tag hatte, gehört zu den ersten Dingen, die ich tue, daß ich den Fernseher einschalte... ein bestimmtes Kabelprogramm, wo immer Natursendungen gebracht werden. Nach so einem harten Tag, an dem ich das Gefühl habe, bei lebendigem Leibe aufgefressen zu werden, sehe ich dann, wie diese wundervolle grazile Gazelle mit ihren behenden Sprüngen förmlich durch die Luft fliegt, bis sie von einem Leoparden geschnappt wird, der sich daran macht, sie zu verschlingen, während sie noch um sich tritt. Ich schaue mir das im Fernsehen an und denke: ›Mann, so schlecht hab ich's doch gar nicht!‹«

Ein weiterer Vorteil von Fernsehen oder Radiohören ist, daß man es mit anderen Aktivitäten kombinieren kann, die nicht unsere ganze Aufmerksamkeit erfordern. Ein sechsundfünfzigjähriger Collegeprofessor beschreibt, wie er sich entspannt, wenn alle anderen im Haus schlafen und er mit seiner Arbeit fertig ist:

»Ich liebe Kabelfernsehen, diese sechsundfünfzig Kanäle, zwischen denen man ständig hin- und herspringen kann. Ich suche mir dann eine Sportübertragung – Baseball, Basketball, Tennis oder auch Wasserpolo. Es ist völlig egal. Ich bin jeweils wie hypnotisiert. Das ist live. Das ist real. Es geschieht jetzt in diesem Augenblick. Es ist nicht irgend etwas Nachgestelltes oder Geschauspielertes. Das sehe ich mir für gewöhnlich etwa eine Stunde an, dann flippe ich die Programme noch weiter durch. Nebenbei habe ich immer eine ganze Latte von Dingen, die ich zu tun habe. Davon erledige ich ganz gerne was, und zwischendurch gieße ich Blumen. Dann setze ich mich wieder vor den Fernseher mit dieser phantastischen Fernbedienung, die es mir ermöglicht, in einer Stunde tausend Leben zu leben.«

Andere verbringen Stunden völlig versunken vor ihrem Computer. Solange Sie darauf achten, daß sie ein gesundes Gleichgewicht wahren zwischen der Zeit, die Sie vor dem Fernseher oder mit Ihren Computerspielen verbringen, und der Zeit, die Sie aktiv nutzen, brauchen Sie sich keine Sorgen zu machen. Gleichwohl haben diese passiven Formen der Alleinunterhaltung nur Lebenserfahrung aus der Retorte zu bieten, man ist Beobachter statt aktiv beteiligt. Nichts kann persönliches Reisen und reales Lebensengagement ersetzen. Aber wie könnte man andererseits in nur einer Stunde in den Genuß kommen, bei der Geburt eines Schneeleoparden zuzusehen, eine Eiskunstlaufweltmeisterschaft mitzuerleben oder einem Theaterstück beizuwohnen?

Solche Zuschauerereignisse haben eine lange und illustre Geschichte, die vom Kolosseum und Globe Theatre bis zu den Mammutschauplätzen der heutigen Zeit reicht. Immer schon haben Menschen Foren gesucht, wo sie aus zweiter Hand Situationen miterleben können, denen sie in ihrem Leben ansonsten normalerweise nicht begegnen würden. Diese Erfahrungen erweitern und bereichern unsere Perspektive, und sie erlauben uns, Emotionen rauszulassen, für die wir anderweitig keine Ausdrucksmöglichkeiten finden. Bei besonnenem Genuß – der nicht das Ziel verfolgt, vor dem Leben wegzulaufen, sondern sich zu bilden und zu unterhalten und so der Erholung dient – können die unterschiedlichsten Formen der Entspannung, neben dem Spaß, den sie zu bieten haben, auch eine großartige Quelle der Stimulation und eine Plattform zu persönlichem Wachstum sein. Das gilt ebenso für die eher passiven Formen, über die wir gerade gesprochen haben, wie für die, bei denen wir uns in die natürliche Welt hinausbegeben.

Begegnung mit der Natur

Zu Hause entspannen ist etwas, was wir täglich tun; bei besonderen Anlässen brauchen wir eine andere Umgebung, um wieder klar denken und sehen zu können. Zu den Themen, die sich wie ein roter Faden durch das Muster der ganz privaten Augenblicke im Leben der Menschen ziehen, gehört das periodisch immer wieder auftauchende Bedürfnis, sich eine Auszeit zu nehmen, um wieder eine eigene Mitte zu finden, und zwar vorzugsweise an einem Ort, der ein Maximum an Zurückgezogenheit bietet.

Die Welt der Natur ist ideal, um allein zu sein. Bäume, Büsche, Wasserläufe, Hügel und Täler bieten Schutz vor unliebsamen Störungen. Wir können die weite sich vor uns ausdehnende Landschaft betrachten, durch Wälder wandern, auf Berge klettern, in Seen schwimmen und uns auf lauschigen Wiesen niederlassen. Die Geräusche der Natur – das Zirpen der Grillen, das Heulen von Kojoten, das Singen der Vögel, das Rauschen der Blätter, das Plätschern des Wassers – sind ebenso erregend wie beruhigend und unterhaltend.

Was die Anziehungskraft der Wildnis, von abgelegenen Gegenden, Parks und anderen natürlichen Umgebungen ausmacht, ist unser Wunsch, einmal von allen gesellschaftlichen Regeln und Gesetzen, von den künstlichen Strukturen wie Zäunen, Stopschildern und Reklametafeln wegzukommen, ganz zu schweigen von der Überwachung durch die Familie, Freunde und Nachbarn. Die von mir Interviewten nannten aber auch noch andere Gründe, warum sie mit Vorliebe in der Natur Entspannung suchen:

Frieden und Ruhe. Der Anblick und die Geräusche der Natur und die sinnlichen Wahrnehmungen, die sie uns bietet, sind als solche entspannend – die Wärme der Sonne, der Klang plätschernden Wassers, die Schönheit eines stillen Sees, ein Berggipfel oder dichter Wald. Eine vielbeschäftigte Mutter von drei Kindern beschreibt den Frieden, den sie empfindet, wenn sie allein im Wald ist:

»Ich fahre gerne mit meiner Familie zum Zelten. Da ich jedoch drei Söhne habe, kann es manchmal ganz schön hektisch zugehen, selbst im Wald. Aber nichtsdestotrotz finde ich immer Zeit für lange und gemütliche Spaziergänge für mich. Ich kann dann die Erde unter meinen Füßen fühlen, die nachgibt und so weich ist. Ich fühle die Kühle in der Luft und die Nähe zu den Bäumen. Es ist so wohltuend und schön, daß ich am liebsten nie mehr fort möchte.«

Meditative Erneuerung des Selbst. In der Stille, die wir an einem Berghang, auf einem Waldpfad oder auf dem Gipfel eines Berges finden, können wir leichter hören, was wir denken. Viele, mit denen ich sprach, meinten, zu den wichtigsten nutzbringenden Effekten, die sie an sich wahrnehmen, wenn sie allein in der Natur sind, gehöre, daß es ihnen hier möglich ist, einen Zustand absoluter geistiger Klarheit zu erreichen.

Ein Mann, der bei seiner Skiwanderung, die er allein quer durch die Berge Colorados unternahm, Tagebuch führte und seine Gedanken aufschrieb, notierte:

»Das ist genau das, wofür ich so hart gearbeitet habe – ungestörte Stunden um Stunden, in denen ich allein dasitzen, denken, fühlen und sehen kann. Hier bin ich auf meiner eigenen Wiese, außer mir gibt es hier weit und breit niemanden. Auf der einen Seite ist die allmählich ansteigende Wand der Berggipfel. Die andere Seite ist durch einen Bestand von Nadelhölzern begrenzt.

Ich sitze unter einem großen Baum und habe nach beiden Seiten, nach links und nach rechts, einen freien Blick. Die Sonne ist sehr intensiv. Selbst ausgezogen bis auf meine langen Unterhosen ist mir immer noch warm. Um mich herum funkelt der verharschte Schnee, unberührt soweit das Auge reicht, abgesehen von meiner eigenen Spur, die ins Tal führt. Es ist, als hätte ich mein ganzes Leben auf diese kostbaren Stunden gewartet. Nichts existiert, als das Gefühl von Wind, der mich umspielt, und das Piepsen jenes einzelnen Vogels, der mich beobachtet, wie ich ihn beobachte.«

Die Natur als Lehrmeisterin. Die Natur bietet zahllose Möglichkeiten, etwas über die Mysterien des Lebens zu lernen. Eine Frau fühlt sich zur Natur hingezogen, weil sie sich hier auf einer tieferen Ebene als Mensch erfahren kann, aufgrund der Verbundenheit, die sie zu all den lebenden Kreaturen um sie herum empfindet:

»Wenn ich im Wald spazierengehe, fühle ich mich manchmal zu bestimmten Bäumen hingezogen. Ich gehe zu ihnen hin und umarme sie; es ist, als verbinde sich unsere Energie, als bezöge ich Stärke aus ihnen. Während ich weitergehe, spreche ich mit kleinen Büschen und Gräsern, ich frage sie: ›Wenn ich dich pflücken und mit nach Hause nehmen und trocknen würde, wofür wärst du gut?‹ Und ich rede immer mit den Tieren – gut, mit Stinktieren bin ich vorsichtig –, aber mit Waschbären und Eichhörnchen. Ich rede nicht in Worten, ich rede mit den Augen mit ihnen und sage: ›Ich freue mich sehr, daß ich dir über den Weg gelaufen bin und daß du mir gestattest, eine Weile bei dir zu sein. Sei vorsichtig, denn es gibt noch andere Zweibeiner hier in der Gegend, die dir schaden könnten.‹«

All jenen, die nicht in die Wildnis fliehen können, können Terrassen, Veranden, Gärten und Parks die nötige Abgeschiedenheit und die natürliche Umgebung liefern, in der man sich entspannen und in sich selbst versenken kann. Im Zweifel können Sie von all diesen Orten aus etwas Sonne einfangen und Vögel oder Eichhörnchen beobachten. Selbst einfach im Regen oder fallenden Schnee zu stehen, kann entspannend sein, wie ein Städter begeistert erklärte: »Ich liebe den Zauber einer windstillen Winternacht, wenn schwere Schneeflocken fallen – jene Nächte, die nicht zu kalt sind – und man den Schnee fast *hören* kann, wie er mit großen feuchten Flocken alles bedeckt und in ein funkelndes eisiges Königreich verwandelt.«

Gartenarbeit. Ein weiterer Weg, den viele als Erbauung in der natürlichen Welt erfahren, ist die Gartenarbeit. Eine Lehrerin führt die besondere Freude, die sie bei ihrer Arbeit an ihrem Rasen empfindet, darauf zurück, daß sie hier, anders als bei ihren Schülern, bei denen sich die Veränderungen im Laufe des Jahres kaum merklich vollziehen, unmittelbar die Ergebnisse ihres Schaffens sehen kann:

»Eine Beschäftigung, die ich genieße, wenn die Temperaturen draußen angenehm sind, ist, das Unkraut auf meinem Rasen zu jäten. Das ist etwas, womit ich niemanden störe. Und es gibt niemanden, der Lust hat, mir dabei zu helfen. Und wenn ich in einer abgelegenen Ecke bin, findet mich niemand. Es ist sehr entspannend. Ich konzentriere mich einfach auf die vor mir liegende Aufgabe – und bin jedesmal gespannt, wie lang die Wurzel ist, die ich aus der Erde ziehen kann. Wenn ich fertig bin, kann ich zufrieden über einen Grasflecken schauen und weiß, daß ich etwas geleistet habe, damit er besser aussieht.«

Die Herausforderung des Abenteuers. Nicht alle Erfahrungen in der Natur sind passiver Art. Manche Menschen hungern nach Möglichkeiten, die natürliche Welt zu nutzen, um sich selbst herauszufordern. Bergsteigen oder eine Weltumsegelung im Alleingang setzen definitiv ein hohes Maß an körperlicher Kondition und eine Menge Mut voraus; jenseits davon erfordern diese Aktivitäten aber auch ein gewaltiges Maß an innerer Entschlossenheit. Diese Abenteurer erforschen nicht nur neue Territorien der Welt, sondern auch Neuland in sich selbst.

Tom Neale verbrachte fünf Jahre auf einer unbewohnten Insel, nur um der Herausforderung willen, ob er auf sich allein gestellt würde überleben können. Er begegnete einer ganzen Reihe von Gefahren, Krankheiten und Stürmen. Aber seine schwierigsten Zeiten waren nicht die, in denen er mit dem Wetter, sondern die, in denen er mit seinen Gedanken und Gefühlen zu kämpfen hatte. Besonders schwer fiel es ihm, sich seinen eigenen inneren Rhythmen anzupassen, nachdem er sich zeitlebens an die von seiner Kultur vorgegebenen gehalten hatte. Nach seiner Rückkehr in die Zivilisation dachte er über seine Erfahrung nach:

»Ich hatte sechs Jahre Zeit gehabt, jeden Augenblick, den ich auf der Insel zugebracht hatte, noch einmal zu überdenken und meine Fehler einzusehen. Dabei war ich voller Reue zu der Erkenntnis gelangt, daß ich, der das geruhsame Leben auf den Inseln so liebe, bei meinem ersten Aufenthalt auf Anchorage versäumt hatte, die Erfahrungen eines halben Lebens in der Südsee zu nutzen. Und warum? Weil ich die Insel, auf die ich so stolz war, am liebsten mit einem Schlag in ein Paradies verwandelt hätte. So hatte ich, ohne es zu wollen, dem zeitlosen Dasein meiner Insel die hastige Betriebsamkeit des Großstadtlebens aufgezwungen, der ich doch gerade entfliehen wollte.«[7]

Neale trieb sich ständig zu einer solchen Hektik an – damit, sich eine Unterkunft zu bauen, Nahrung zu suchen, sich gegen die Elemente zu schützen –, daß er sich selbst kaum einmal die Chance gab, sich zu entspannen und einfach zu sich zu finden. Er war der Routine des durchschnittlichen Städters entflohen, der es nicht anders kennt, als sich im Dauerstreß mit Aktivitäten abzulenken, nur um dabei zu enden, daß er hier genau das gleiche tat. Am Ende war er jedoch überzeugt, daß seine größte Leistung nicht sein Überleben war, sondern daß es die Tiefen waren, die er letztlich in seiner Seele und in seinem Geist hatte erforschen können. Nachdem ihm bewußt geworden war, daß er mit seiner Flucht vor der Gesellschaft auch vor sich selbst geflohen war, kehrte Neale zehn Jahre später auf seine Insel zurück, um hier den Rest seines Lebens zu verbringen.

Sein einsames Inselleben, die Aufgabe, seine eigene Gesellschaft zu genießen, wurde seine größte Herausforderung. Es hat einen tieferen Grund, daß Neale und andere Forscher wie Admiral Richard Byrd[8] oder Joshua Slocum[9] (dem Sie im vorhergehenden Kapitel begegneten) ihre Unternehmungen alleine starteten. Mit anderen zusammen, die ihnen hätten Gesellschaft leisten und sich an der Arbeit hätten beteiligen können, wären die Dinge sicherlich leichter gewesen. Sinn und Zweck solcher Expeditionen sind jedoch eben nicht nur die Erforschung der äußeren Welt, sondern auch der inneren Welt – zu erfahren, wie man unter Streß reagiert, wenn ansonsten niemand da ist, auf den man sich stützen kann; sich genügend Zeit in der Isolation zu nehmen, um sich selbst umfassender kennenzulernen; um Klarheit zu gewinnen, wer man genau ist und was man hier auf Erden macht.

Die Freiheit, natürlich zu sein. Die Natur ist per Definition eine entspannende, natürliche Umgebung, die es uns erlaubt, Hemmungen abzulegen und gesellschaftliche Konventionen hinter uns zu lassen. Die Umgebung als solche verlockt uns, zur Lebensweise unserer Vorfahren zurückzukehren. Wenn wir im Wald sind, gehen wir auf die Pirsch, schleichen uns an Tiere heran, wir jagen und fischen, unser Gang wird leichter und unbeschwerter. Allein im Wald fühlen wir uns frei, so zu sein wie wir sind, unser natürliches Selbst hervortreten zu lassen. Das damit verbundene Gefühl beschreibt ein Mann mit der nachfolgenden etwas ungewöhnlichen Erfahrung:

»Als ich noch in Europa lebte, verbrachte ich einen Tag in einem abgelegenen Wald. Alles war saftig grün. Der Boden war weich und federte unter meinen Füßen. Die Bäume waren dick. Und alles roch wie... wie nur ein Wald riechen kann. Ich spazierte den ganzen Tag darin herum, betrachtete die Flora und Fauna, folgte einem Fluß, um zu sehen, wo er hinführte, und versuchte, zumindest einen flüchtigen Blick vom Leben in der Wildnis zu erhaschen. Es war einer der phantastischsten Tage in meinem Leben. Ich hatte noch nie einen solchen Frieden und eine solche Ruhe empfunden. Ich verliebte mich in die Welt und ganz besonders in diesen Wald. Ohne zu überlegen, was ich tat, ließ ich mich auf den weichen Boden fallen und umarmte die Erde, wobei ich meinen Körper so bewegte, als vereinigte ich mich im Liebesakt mit dem Wald. Es war mein Weg, diese Liebesbeziehung zu vollenden, die ich an jenem Tag mit der Natur hatte.«

Diese Erfahrungen mit allein unternommenen Ausflügen in die Natur fördern keineswegs unbedingt weitergehende Isolationsbestrebungen. Das Ergebnis ist im Gegenteil oft, daß sie zu einer engeren Verbundenheit mit anderen führen, so wie sie uns helfen, uns auf etwas außerhalb von uns selbst zu konzentrieren. Wenn wir uns mit der natürlichen Welt verbunden fühlen, fühlen wir uns auch wesensverwandter mit dem Rest der menschlichen Rasse.

Das Paradox des Alleinseins ist, daß ebenjene ganz *privaten* Augenblicke unsere Wirksamkeit in der *Öffentlichkeit* fördern. Wenn wir uns um uns selbst kümmern und unsere persönlichen Bedürfnisse befriedigen, Zeit für uns zu haben, um zu entspannen und Druck abfallen zu lassen, sind wir wesentlich besser in der Lage, auf die Ansprüche anderer einzugehen. Wenn wir die Qualität unserer Aktivitäten verbessern, mit denen wir etwas für uns tun, und uns die Zeit für einen Spaziergang im Wald, ein heißes Bad, einen fesselnden Roman oder Film nehmen, fühlen wir uns besser, wir sind mit uns selbst zufriedener und reagieren weniger gereizt auf all die anderen Verpflichtungen. Kurz: Wir fühlen uns gerüsteter, uns um die alltäglichen Dinge des Lebens zu kümmern und mit ihnen fertig zu werden.

6. Selbstbestimmt sein

Das Alleinsein schafft die idealen Voraussetzungen, um produktiv zu sein und nachdenken zu können, indem es uns erlaubt, uns ohne jede Ablenkung oder irgendwelchen Druck von außen voll auf uns selbst oder eine Sache zu konzentrieren. Wir haben ein Maximum an Freiheit, zu tun, was wir möchten, wann immer uns der Sinn wonach auch immer steht. Um diese ganz private Zeit optimal nutzen zu können, um Aufgaben in Angriff zu nehmen und sie auch zu Ende führen zu können, brauchen wir jedoch ein gewisses Maß an Motivation, Selbstdisziplin und Selbstbestimmtheit. Was im übrigen für jede Aktivität gilt, die Menschen aufgreifen, um ihre Lebensqualität in irgendeiner Hinsicht zu verbessern – egal, ob es um die Beschäftigung mit einem neuen Themenbereich, um Tagebuchschreiben oder darum geht, bei einem Fitneß- oder Meditationsprogramm durchzuhalten.

Das Alleinsein produktiv nutzen

Personen, die das Gefühl haben, ihre ganz privaten Augenblicke produktiv zu nutzen, fühlen sich in ihrem Alleinsein am zufriedensten und wohlsten. Sie haben das Gefühl, damit, wie sie ihre Zeit verbringen, etwas geleistet zu haben – ob sie am Motor ihres Wagens herumgebastelt, an einem Wollteppich gehäkelt oder ein gutes Buch gelesen haben; entscheidend ist, daß die jeweilige Aktivität ihnen das Gefühl gibt, sie lernen, wachsen und machen Fortschritte.

Die Fähigkeit, selbst extremem Alleinsein einen Sinn abzugewinnen, ist eine Herausforderung, vor der jeder steht, der die Qualität seines Alleinseins verbessern möchte. Betroffen sind ebenso Personen, die aufgrund von Scheidung oder dem Tod des Partners bzw. der Partnerin allein leben, wie auch Gefangene, die in Einzelhaft gehalten werden. Von allen Stimulationen und Kontakten abgeschnitten, sind zum Beispiel Kriegsgefangene gezwungen, aus sich heraus ihre eigenen Methoden zu entwickeln, wie sie mit ihrem ultimativ monotonen Dasein umgehen. Der Hauptfeind ist die Zeit.

Jacob Timmerman, ein jüdischer Verleger in Argentinien, wurde in den Siebzigern ein Opfer der damals herrschenden Diktatur. Er überlebte die Jahre qualvoller Einzelhaft und konnte später beschreiben, wie er mit der Folter der Isolation fertig geworden war. Sein Mut, seine Entschlossenheit und seine Geduld zeigen die Kraft und Stärke des menschlichen Geistes, selbst unter den extremsten Bedingungen und unsäglichen Entbehrungen produktiv zu sein:

»Sehr viel später wurde mir erst bewußt, daß ich eine Rückzugsmethode entwickelt hatte. Ich probierte alle mir verfügbaren Mittel durch, während ich in meiner Einzelzelle hockte, bei den Verhören, bei den langen Folterungen und danach, wenn nur noch die Zeit blieb, Zeit, Zeit und noch mal Zeit, Zeit nach allen Seiten und in jeder Ritze der Zelle, Zeit an den Wänden, auf dem Boden, in meinen Händen, nur Zeit, ich versuchte, mich irgendwie beruflich zu beschäftigen, allerdings völlig abgekoppelt von den Ereignissen um mich herum, oder ich stellte mir alle möglichen Dinge vor. Ich mied aber bewußt alle Spekulationen über mein eigenes Schicksal, das meiner Familie und der Nation. Ich widmete mich einfach voll und ganz dem Bewußtsein, daß ich ein einsamer Mann war, den man mit einer speziellen Aufgabe betraut hatte.«[1]

Produktive Beschäftigungen oder die Illusion von Leistung geben dem Gefangenen in seinem einsamen Dasein einen Sinn. Ob er irgendein Gerät erfindet, Liegestütze trainiert, komplizierte mathematische Gleichungen ausrechnet, sich die Namen von Baseballspielern aufsagt, sich einen Roman ausdenkt oder – wie bei Timmermans Lieblingsbeschäftigung – im Geist einen Buchladen mit der großartigsten Weltliteratur bestückt, der Häftling unterteilt seine Zeit nach den Dingen, die er gemacht hat.

Alleinsein ist die Chance, unsere Konzentration und Energie, frei von allen äußeren Ablenkungen, in eine einzige Richtung zu kanalisieren. Eine Möglichkeit, die Qualität unserer ganz privaten Zeit zu verbessern, ist, diese Zeit für kreative und produktive Beschäftigungen zu nutzen. Ganz oben auf der Liste selbstbestimmter Beschäftigungen stehen jene, bei denen es darum geht, unser inneres Selbst besser kennenzulernen. Künstlerische Bestrebungen und Hobbys haben den Vorteil, daß wir über die Arbeit an einem Projekt zugleich mehr über unsere Fähigkeiten lernen können. Noch förderlicher ist es jedoch, uns regelmäßig Zeit zum Nachdenken und Tagebuchschreiben und damit zur Selbsterforschung zu nehmen.

Ein persönliches Tagebuch führen

Einzigartig am Tagebuchschreiben ist unter anderem die absolute Geheimhaltung. Das Wissen, daß das Geschriebene auf immer nur unseren Augen vorbehalten bleibt (abgesehen von den Textpassagen, die wir vielleicht hier und da mit anderen teilen), ermöglicht es uns, uns über die Kriterien der Scham, Kritik und Zustimmung hinwegzusetzen und offen und frei das zu schreiben, was wir denken.

Es hat auch den Vorteil, daß wir über die Kommunikation mit uns selbst an den negativen Aspekten, die wir mit dem Alleinsein verbinden, arbeiten können. Das Tagebuch ist ein Medium für die Selbsttherapie, mit dem wir in vieler Hinsicht die gleichen Ziele wie bei der Arbeit mit einem Therapeuten erreichen können, besonders wenn wir es regelmäßig nutzen. Wie bei jedem Lernen ist auch hier tägliches Üben am besten. Neben vielen anderen nützlichen Funktionen, die ein Tagebuch erfüllt, können wir damit unsere Selbstdisziplin verbessern, unsere analytischen Fähigkeiten sowie die Fertigkeit, uns selbst zu beraten.

Anaïs Nin, eine Schriftstellerin, die fast ihr ganzes Leben Tagebuch führte, produzierte über einhundertfünfzigtausend Seiten, auf denen sie ihre Gedanken festhielt und ihre Freunde und Bekannten beschrieb, die zu den berühmtesten Denkern ihrer Tage gehörten. Sie war der Überzeugung, daß Tagebuchschreiben die denkbar lohnendste und sinnvollste Nutzung der ganz privaten Augenblicke darstellt. Sie empfand diese Betätigung als außerordentlich nützlich, als »eine Übung schöpferischer Willenskraft, als eine Übung der Synthese, als Medium, um eine Welt nach unseren Wünschen zu schaffen statt nach den Wünschen anderer, als Mittel, das Selbst zu schaffen und uns selbst zu gebären«.[2]

Genau wie Nin haben auch andere Schriftsteller und Denker immer wieder festgestellt, daß regelmäßige Reflexionen in einem Tagebuch zu weitaus mehr als nur zum Sortieren ihrer Gedanken vor dem Hintergrund ihrer Arbeit gut sind. Sie sind dem Innenleben auf vielen anderen Ebenen förderlich. Um nur einige Beispiele zu nennen:

Die Aufarbeitung innerer Konflikte. Schreiben ist naturgemäß eine Beschäftigung, die zur Introspektion einlädt, weil hierbei festgehalten wird, was sich in unserem Innern abspielt – was wir denken und fühlen und wie wir die Welt wahrnehmen. Und in dem Sinne ist

131

Schreiben denn auch ein vorzüglicher Weg, um persönliche Probleme zu lösen, denn während wir beschreiben, was geschehen ist, kommen uns oft automatisch auch Ideen, was zu tun ist, um ein Problem zu beheben. Aber selbst wenn uns nicht spontan irgendwelche Lösungen einfallen, hilft das Tagebuchschreiben, den Konflikt genau zu definieren. Sobald wir die Situation benannt haben, können wir immer wieder darauf zurückkommen und nachlesen, was war, sodann die Parameter beschreiben, unsere Frustrationen und alle bisher gescheiterten Bemühungen – oder es manchmal auch dabei belassen, uns einfach zu unserer Verwirrung zu bekennen.

Schriftsteller haben seit jeher eine Vorliebe für das Tagebuch, das sie als privates Medium nutzen, um persönliche Probleme aufzuarbeiten und sich durch Blockaden hindurchzuarbeiten, die sie in ihrer Produktivität hemmen. John Steinbeck nutzte das Tagebuch zum Beispiel täglich, um sich einzuschreiben und auf Vordermann zu bringen, ehe er an seinem großen Roman *Jenseits von Eden* weiterarbeitete. Er fühlte sich blockiert und verunsichert, wie die Charaktere und die Handlung sich im einzelnen weiterentwickeln sollten, und beschrieb sich als verzweifelt an seinem neuen Marmorschreibtisch sitzend und seine Sammlung frisch gespitzter Mongol-Bleistifte anstarrend. Er nutzte sein Tagebuch als Weg, sich durch die Ängste und Hemmungen hindurchzuarbeiten, die ihn in seiner Kreativität behinderten.

»13. Februar [Dienstag]
Es muß gesagt werden, dass mein erster Arbeitstag ein Fiasko ist. Ich komme einfach nicht ins Schreiben. Wie immer macht mir die Angst davor, die erste Zeile hinzuschreiben, schwer zu schaffen. Erstaunlich, das Lampenfieber, das einen jeweils befällt, die Beschwörungsformeln, die Stossgebete, die Verzagtheit. Es ist, als wären die Wörter unauslöschlich, ja, als verbreiteten sie sich wie Farbe im Wasser und färbten alles ringsum. Ein seltsames und geheimnisvolles Geschäft, das Schreiben. Seit es erfunden wurde, ist eigentlich fast kein Fortschritt zu verzeichnen. ›Das Buch der Toten‹ der Ägypter ist so gut und hochentwickelt wie irgend etwas im 20. Jahrhundert, wenn nicht besser. Trotzdem stecken hunderttausende in meinen Schuhen und beten fieberhaft um Erlösung von ihren Wortqualen.«[3]

Schriftstellern wie Steinbeck oder auch jedem anderen, der sich auf dem Papier auszudrücken versteht, bietet das Tagebuch die Möglichkeit, aufgestaute Gefühle abzuladen und damit ihre Macht zu neutralisieren, weiterhin jeden Fortschritt zu blockieren. Das Ziel ist nicht unbedingt, ein bestimmtes Problem ein für allemal zu lösen oder eine endgültige Antwort auf eine spezielle Frage zu finden, als einfach den Sachverhalt umfassend zu untersuchen und detailliert zu beschreiben, was wir genau fühlen, denken und erfahren.

Systematische Problemlösung. Die Aufgabe als solche, unsere innersten Konflikte und Verwirrungen niederzuschreiben, hat eine kathartische Wirkung. Zu dem Versuch, Probleme systematisch, Schritt für Schritt aufzuarbeiten, muß jedoch etwas gesagt werden. Diejenigen, die eher ziel- als prozeßorientiert sind, geben sich nicht damit zufrieden, einfach niederzuschreiben, was abläuft – sie sind bestrebt, eine Lösung für ihren Kampf zu finden. Und sie können von Problemlösungsstrategien profitieren, die ihnen helfen, möglichst präzise und methodisch vorzugehen.

Personen, die sich bei irgendeiner wichtigen Entscheidung festgefahren haben – welchen beruflichen Weg sie einschlagen, ob sie bei einer Sache in einer bestimmten Richtung vorgehen, ob sie heiraten oder ob sie Kinder haben sollen –, profitieren oft davon, ihre Gedanken zu Papier zu bringen, eine Strategie, die Benjamin Franklin die »moralische Algebra« zur Entscheidungsfindung nannte. Eine detaillierte Problemlösungsstrategie entwickelte der Pädagoge Robert Carkhuff; sie hilft dem Tagebuchschreiber oder der -schreiberin, einige der typischen Fallen zu vermeiden, in die viele geraten, Fallen, die jeden Denkprozeß massiv behindern können.[4] Dazu gehören: Die Bedeutung einer Entscheidung überzubewerten; die Annahme, daß es nur eine einzige richtige Antwort auf die anstehende Frage gibt; die Angst, einen Fehler zu machen, und die Verantwortung für die Konsequenzen nicht tragen zu wollen.

Carkhuffs systematischer Problemlösungsansatz baut im einzelnen auf folgenden Schritten auf:

Als erstes ist der innere Konflikt eingehend zu untersuchen, wobei den Fragen, wie er sich entwickelte, wie er sich manifestiert, und welche Gefühle und Gedanken wir diesbezüglich haben, besondere Beachtung zu schenken ist.

Ein Beispiel: Noelle fühlt sich völlig überfordert von all den Ansprüchen, die an sie gestellt werden – da sind die Kinder, um die sie sich kümmern muß, ein Haus, das in Ordnung zu halten ist, ein Ehemann, der will, daß sie auf ihn eingeht, Freunde und Freundinnen, die um ihre Aufmerksamkeit und Zeit buhlen, Bücher, die sich ungelesen auf ihrem Nachttisch stapeln, und nicht zuletzt sind da auch noch die Anforderungen, die ein interessanter, aber sehr strapaziöser Beruf mit einer fünfundvierzig Stundenwoche an sie stellt. Sie fühlt sich frustriert, erschöpft und gefangen. Sie schafft es jedoch, mit vielen dieser Gefühle in Verbindung zu kommen, indem sie sie aufschreibt.

Als nächstes gilt es herauszufinden, wie es zu der jetzigen Situation kam.

Um bei unserem Beispiel zu bleiben: Mit der Zeit, nach mehreren Tagebucheintragungen, wird Noelle bewußt, daß sie jemand geworden ist, den sie nicht sehr liebt: ständig in Hektik und unter Druck, terminlich überlastet, leicht aufbrausend und fast ohne Zeit, allein zu sein. Sie merkt, daß sie Aversionen gegenüber ihrer Familie entwickelt hat, Freunde und Freundinnen meidet und sich hinter ihrer Arbeit versteckt, wo sie zumindest in greifbarer Weise für ihre Anstrengungen bezahlt wird. Ihr fällt auf, wieviel Zeit sie allein darauf verwendet, sich ihren Phantasien hinzugeben, wie sie ihr Geld am liebsten ausgeben möchte – für ein neues Haus, ein neues Auto, eine Reise nach Spanien. Ebenso kommt ihr der Gedanke, daß sie vielleicht nach Erwartungen lebt, die nicht ihre eigenen sind. Sie hört Stimmen in ihrem Kopf, und schreibt auf, was sie ihr sagen – da ist die Stimme ihrer Mutter, die ihr vorhält, wie entsetzlich es ist, daß sie ihre Familie vernachlässigt... und die Entschlossenheit, die Noelle fühlt, ihr zu beweisen, daß sie Unrecht hat, und daß sie, Noelle, alles schafft, und alles perfekt schafft. Sie sieht auf dem Papier vor sich die Erwartungen ihrer Kinder, ihres Mannes, ihrer Eltern, ihres Chefs, ihrer Freunde und Freundinnen... und ihr wird klar, daß es absolut nicht so weitergehen kann. Irgendwo muß gekappt werden.

Nachdem die Entstehungsgeschichte des Problems untersucht wurde, besteht der nächste Schritt darin, das Ganze in spezifische Elemente zu untergliedern, an denen man arbeiten kann.

Noelle wird bewußt, daß die an ihr Leben gestellten Anforderungen über ihren verfügbaren zeitlichen Rahmen hinausgehen. Sie ist terminlich so überlastet, daß sie keine Chance hat, jedem und allem jemals gerecht zu werden. Sie hat es versäumt, Grenzen zu ziehen und stopp bei allem zu sagen, was über den Rahmen dessen hinausgeht, womit sie bequem fertig werden kann. Die einzige denkbare

Lösung in ihren Augen ist, einen Teil ihrer Aktivitäten zurückzu-
schrauben und ihr Leben in irgendeiner Form einschneidend zu ändern. Aber wie soll sie entscheiden, was auf der Strecke bleiben muß?

Hier gilt es nun, alle denkbaren Möglichkeiten gedanklich durchzuspielen. Dabei sind Selbstkritik und Selbstzensur zu vermeiden –
und statt dessen auf dem Papier einfach alle Optionen aufzulisten, die
hilfreich sein könnten.

Bei Noelle kommt eine Liste mit über fünfunddreißig Ideen zustande, darunter, daß sie sich um mehr Hilfe bemühen will (durch
ihren Mann, eine Haushälterin, einen Babysitter, eine Assistentin
oder einen Assistenten im Büro), daß sie bestimmte Aktivitäten dros-
seln will (weniger Überstunden im Büro sowie reduzierte Teilnahme
an beruflichen und sonstigen Sitzungen) und daß sie mehr Zeit für
sich aushandeln will. Durch ihr Tagebuch hat Noelle schließlich den
Punkt erreicht, an dem sie die Quelle ihrer Probleme geklärt hat,
identifiziert hat, was sie tun kann, um sie zu lösen, und Ideen entwik-
kelt hat, wie sie ihren Plan in die Tat umsetzen kann.

Diese von Carkhuff vorgeschlagene Methode wie auch jede andere
Form der schriftlichen Selbstanalyse erzieht dazu, einen Teil unserer
ganz privaten Zeit dafür zu verwenden, unsere Gedanken und Ideen
zu ordnen und so eine objektivere Perspektive zu bestimmten Aspekten unseres Lebens zu gewinnen. So daß wir klarer jene Gefühle,
Gedanken, Ziele und Verhaltensweisen identifizieren können, die
höchste Priorität für uns haben, und entsprechend unsere Anstrengungen auf die Erreichung dieser Zielsetzungen ausrichten können.

Schärfere Beobachtungsgabe. Mit einem Tagebuch als lebensläng-
lichem Begleiter können Sie ein schärferer Beobachter Ihrer Mitmenschen werden. Sie entwickeln eine Sensibilität für Details im
Verhalten anderer, so daß Sie mit dem geübten Auge eines gewieften
Soziologen die Ereignisse um sich herum wahrnehmen können.

Der Dichter Rainer Maria Rilke schuf mit *Die Aufzeichnungen des
Malte Laurids Brigge* ein Werk, worin diese fiktive Figur über sieben
Jahre hinweg die ganze Bandbreite der Möglichkeiten ausschöpfte,
die das Tagebuchschreiben bietet. Der nachfolgende Auszug mag zeigen, wie er seine Umwelt wahrnahm und zu welchen Einsichten er
dabei gelangte:

»Ich sitze und lese einen Dichter. Es sind viele Leute im Saal, aber man spürt sie nicht. Sie sind in den Büchern. Manchmal bewegen sie sich in den Blättern, wie Menschen, die schlafen und sich umwenden zwischen zwei Träumen. Ach, wie gut ist es doch, unter lesenden Menschen zu sein. Warum sind sie nicht immer so? Du kannst hingehen zu einem und ihn leise anrühren: er fühlt nichts. Und stößt du deinen Nachbar beim Aufstehen ein wenig an und entschuldigst dich, so nickt er nach der Seite, auf der er deine Stimme hört, sein Gesicht wendet sich dir zu und sieht dich nicht, und sein Haar ist wie das Haar eines Schlafenden. Wie wohl das tut. Und ich sitze und habe einen Dichter.«[5]

Die Lebenserfahrung lehrte Sie, sich eine Meinung aus der Beobachtung der menschlichen Natur, der Welt und wie sie funktioniert, zu bilden. Jeder hat seine persönliche Philosophie und seine persönlichen Wertvorstellungen, die jeweils einmalig sind. Da niemand die Welt mit den gleichen Augen wie Sie sieht, erlaubt Ihr individuelles Fenster es Ihnen, Ihre als solche einzigartigen Wahrnehmungen zu dem aufzuschreiben, was Sie spüren, sehen, hören und fühlen.

Wichtige Erinnerungen. Von allen Funktionen, die das Tagebuch in der menschlichen Geschichte erfüllte, ist der, daß es als Nachschlagewerk für wichtige Ereignisse zu nutzen ist, vielleicht der größte Wert beizumessen. Ein heranwachsendes Mädchen hält darin seinen ersten Kuß, sein erstes Rendezvous, seinen ersten Liebeskummer und die damit einhergehenden Gefühle, seine Hochgefühle und seine Verzweiflung fest. Im Laufe der Jahre werden dann weitere wichtige Entwicklungsstufen beschrieben: Studium und Abschluß, Heirat, Geburt des Kindes, der Tod geliebter Menschen. So daß wir in den nachfolgenden Jahren immer wieder zurückblättern und irgendwelche Ereignisse und wie wir uns dabei fühlen wieder aufleben lassen können.

Der Schriftsteller Albert Camus hatte in weiten Teilen seines Lebens mit den Problemen der Einsamkeit und Entfremdung zu kämpfen, Themen, die in vielen seiner Bücher zum Tragen kamen. Wie bei so vielen Schriftstellern kam auch bei ihm die Saat für viele seiner philosophischen Ideen und literarischen Abhandlungen aus seinen persönlichen Erfahrungen, die vielfach in seinen Tagebüchern festgehalten waren. Er hatte als junger Mann angefangen, Tagebuch zu führen. Ein besonders beeindruckendes Ereignis notierte er etwa mit Mitte Zwanzig in seinem Tagebuch:

»Paris.
Die Frau im oberen Stockwerk hat sich das Leben genommen, indem sie sich in den Hof des Hotels stürzte. Sie war 31 Jahre alt, sagt ein Mieter, das genügt für ein Leben, und wenn sie ein bißchen gelebt hat, konnte sie auch sterben. Über dem Hotel liegt noch der ganze Schatten der Tragödie. Zuweilen kam sie herunter und bat die Besitzerin des Hotels, sie zum Abendessen dazubehalten. Unvermittelt umarmte sie sie – aus Bedürfnis nach Nähe und Wärme. Es endet mit einem sechs Zentimeter langen Riß in der Stirn. Ehe sie starb, sagte sie: ›Endlich!‹«[6]

Ausprobieren neuer Formen des Seins. Das Schreiben in einem Tagebuch kann auch eine Art Probelauf für die Realität sein. Frei von äußeren Zwängen und Urteilen können wir mit alternativen Möglichkeiten des Denkens, Fühlens, Handelns und Seins experimentieren. Bei diesen ganz privaten Reflexionen können wir Bereiche unseres Lebens unter die Lupe nehmen, an denen etwas getan werden muß, oder auch Sorgen und Probleme, mit denen wir uns auseinandersetzen müssen. Dabei können wir uns an die Strategie halten, die die Schriftstellerin May Sarton in ihren Tagebüchern als so hilfreich empfand – die der ehrlichen und kritischen Selbstüberprüfung, die zu konstruktiven Veränderungen führt:

»Ich bin heute morgen in Tränen aufgewacht. Ich frage mich, ob es möglich ist, sich mit fast Sechzig noch radikal zu ändern. Kann ich es lernen, Aversionen und Feindseligkeit zu kontrollieren, jene Ambivalenz, die irgendwo weit unterhalb der Bewußtseinsebene geboren wird? Wenn nicht, werde ich den Menschen, den ich liebe, verlieren. Ich kann nichts weiter tun, als von Augenblick zu Augenblick und von Stunde zu Stunde weiterleben – die Vögel füttern, die Zimmer aufräumen, versuchen, Ordnung und Frieden um mich herum zu schaffen, auch wenn ich das nicht in meinem Innern erreichen kann. Jetzt, um halb elf, ist es draußen so strahlend hell, daß das Haus dunkel wirkt. Ich schaue über den Flur in das gemütliche Zimmer, das ganz dunkel ist, bis zum Fenster am anderen Ende und dem davorstehenden Busch mit seinen goldenen und grünen Blättern. Und hier in meinem Studio ist das Sonnenlicht so herbstlich weiß, so klar, es verlangt eine innere Tat, um sich ihm anzupassen... Klärung, Klärung.«[7]

Tristine Rainer, die als Expertin US-weit Workshops zum Tagebuchschreiben veranstaltet, unterstreicht die von Sarton und vielen anderen Anhängern des täglichen Schreibens zum Ausdruck gebrachten

Empfindungen. In wenigen Worten faßt sie zusammen, was sie in den vielen Jahren, in denen sie Tagebuchschreiben lehrte, über die Ambivalenz der Menschen gelernt hat, die intimsten Teile ihres Selbst vor anderen abzuschirmen:

>»Selbst wenn Sie nie einen Satz aus Ihrem Tagebuch mit einem anderen teilen, teilen Sie ihn doch durch Ihr Leben. Seine Existenz berührt andere Menschen durch die Art und Weise, wie er Sie verändert und es Ihnen ermöglicht, sich auf der Ebene der Selbstbewußtheit, Direktheit und Ehrlichkeit weiterzuentwickeln. In dem Zuge, wie Sie das Talent erwerben und perfektionieren, sich in Ihrem Tagebuch selbst zu helfen, wächst auch Ihre Fähigkeit, andere verstehen und auf sie eingehen zu können. Dieses Talent ermöglicht es Ihnen, die Verantwortung für Ihr eigenes psychisches Wohlbefinden zu übernehmen, und es öffnet Ihnen darüber hinaus die Tür zu einem tiefen Verständnis der menschlichen Natur.«[8]

Über den Klärungsprozeß, der sich aus dem Tagebuchschreiben oder anderen Formen der Selbstreflexion ergibt, können Sie wieder einen Sinn in Ihrem Leben finden. Sie können Ihre Kämpfe mit der Einsamkeit und Langeweile aufarbeiten, sich Ziele für die Zukunft setzen, Gedanken und Gefühle aufdecken und zu neuen Einsichten gelangen. Ohne neue Erkenntnisse, die Sie etwa über die Möglichkeiten der Fort- und Weiterbildung erwerben, sind Ihren Möglichkeiten zur Selbsterkenntnis jedoch Grenzen gesetzt. Tagebuchschreiben und die Bereitschaft, beständig weiter zu lernen, fördern unser Wachstum und können darüber hinaus den Impetus für lebensverändernde Maßnahmen liefern.

Fort- und Weiterbildung

Was das Tagebuchschreiben für Ihr psychisches Leben sein kann, kann die Fort- und Weiterbildung für Ihre intellektuelle Stimulation sein. Beides verlangt eine gewisse Selbstdisziplin, und beide ergänzen einander insofern, als daß Input und Output austauschbar sind. Das heißt, daß ein Thema, mit dem Sie sich intellektuell beschäftigen, vertieft wird, wenn Sie es auf die persönliche Ebene bringen und in Ihrem Tagebuch darüber schreiben, und daß umgekehrt die Untersuchungen, die Sie in Ihrem Tagebuch anstellen, dazu führen können, daß Ihre Wißbegierde in anderen Bereichen geweckt wird. Sagen wir, ich lese einen Roman über eine Figur, die die faszinierenden Symptome einer multiplen Persönlichkeit offenbart. In meinem Tagebuch grübele ich sodann über die Multiplizität meines eigenen Temperaments und identifiziere mehrere konkrete »Personen«, die in mir leben – den selbstsicheren Therapeuten, den schüchternen Partygänger, den selbstlosen Altruisten, den egozentrischen Narißten, den faulen Flegel sowie den unermüdlichen Sucher nach der Wahrheit. Und diesmal gewinnt der letztere in mir: Ich beschließe, mich eingehender mit dem Phänomen der multiplen Persönlichkeit zu befassen und alles zu verschlingen, was mir zu diesem Thema in die Hände kommt. Und im Ergebnis führt diese Weiterbildung dann wiederum dazu, daß ich das Gelernte in meinem Tagebuch wiederum auf die persönliche Ebene bringe – und über meine Ängste schreibe: Was ist, wenn ich innerlich tatsächlich instabil bin? Was ist, wenn die negativeren Teile von mir dominanter werden? Wie kann ich besser an die Teile von mir herankommen, die ich am meisten mag?

Diese Interaktion zwischen Input und Output, zwischen dem, was Sie lernen und wie Sie es in Ihrem Leben anwenden, ist die Grundlage für alle Lebensveränderungen. Ein Beispiel: Daniel ist praktisch seit jeher regelrecht süchtig nach Veränderungen. Zwischen Zwanzig und Dreißig wechselte er mir nichts dir nichts seine Beziehungen, Jobs, Wohnungen, Freunde und Autos, alles war recht, um neuen Pep und Erregung in sein Leben zu bringen. Mitte Dreißig war er verheiratet und Vater von zwei Kindern, und damit konnte er nicht mehr so ohne weiteres seinen Gelüsten und Launen folgen und sein Leben um des neuen Thrills willen ständig umkrempeln. Das Leben wurde öde und vorhersehbar ... und er schämte sich seiner Selbstzufriedenheit. Dann stolperte er jedoch über eine Möglichkeit, wie er sein Bedürfnis nach Abwechslung und Stimulation ohne einschneidende Lebensveränderungen befriedigen konnte:

»Die Weiterbildung ist für mich, da ich über vierzig bin, ein Weg geworden, wie ich Veränderungen in mein Leben bringen kann, ohne daß ich mein Leben äußerlich umkrempeln muß. Ich wähle mir irgendeinen Bereich, der mich fasziniert, oder auch einen, der mir immer schon auf der Seele lag, und dann beschäftige ich mich eine Woche, einen Monat oder auch ein oder zwei Jahre damit und lerne alles, bis ich mich firm fühle. Ich hatte zum Beispiel immer einen Horror vor Mathematik. Meine Noten auf der High-School waren unter aller Kritik, und auf dem College mied ich das Fach völlig.

Heute beschäftige ich mich in meiner Freizeit mit dem, was einst ein Horror für mich war. Ich habe mit Algebra und Trigonometrie angefangen und büffele jetzt die Differentialrechnung durch.

Vor der Mathematik war die menschliche Anatomie dran. Davor die Philosophie, die russische Geschichte, Yoga und Spanisch. Es könnte alles sein. Was mich dabei so fasziniert, ist, daß ich diese Bildungsprojekte immer wieder jeweils genauso herausfordernd und aufregend finde wie einst den Thrill, den ich mir mit meiner Tramptour durch Europa oder mit dem Umzug in ein neues Haus verschaffte. Ich habe inzwischen festgestellt, daß die Veränderungen, die sich im Innern vollziehen, ebenso befriedigend wie jene dramatischen Umbrüche sein können, die ich dereinst immer nur äußerlich vornahm.«

Solche Studien sind in der Tat ein ausgezeichneter Weg, innere Spannung und Herausforderungen in Ihr Leben zu bringen. Sie gehören zu den lohnendsten Selbstbeschäftigungen, da sie lange friedliche und ruhige Phasen voraussetzen, um konzentriert arbeiten zu können. Und nebenbei können Sie Ihren Wissensdurst in Bereichen stillen, über die Sie informiert sein möchten.

Der Zoologe Desmond Morris beschreibt seinen Hunger nach Zeit für sich allein, den er als Kind verspürte, um sich intensiv mit den Dingen beschäftigen zu können, die ihn interessierten. Sein besonderes Interesse galt allen lebenden Kreaturen. Stundenlang sammelte er Eidechsen, Schlangen, Igel, Mäuse, Molche, Kröten, Vögel und Fische, um ihr Verhalten zu studieren. Und als er erstmals ein Mikroskop in die Hände bekam, tauchte er erst recht mit Haut und Haaren in die abgeschiedene Welt der Geschichte der Natur ein:

»Unten am Mikroskop war eine kleine Schublade, darin entdeckte ich einige viktorianische Objektträger. Ich genoß es, sie mir unter der Linse anzuschauen, aber was ich wirklich studieren wollte, waren lebende Kreaturen; so machte ich mich auf und ging flugs auf Sammeltour. Zum Grundstück meiner Großmutter gehörte ein kleiner See, und darauf steuerte ich nun bepackt mit etlichen Eimern, Flaschen und Gläsern geradewegs zu, die ich mit dem Matsch, Schlamm und Unkraut, mit all den Dingen füllen wollte, die ich brauchte. Sobald ich dort war, platschte ich wie ein Miniwasserbüffel am schattigen Ufer entlang und schaufelte Pflanzenteile und Häufchen von unsäglich ergiebigem Dreck, bis alle meine Behältnisse voll waren. Triumphierend kehrte ich zu dem glänzenden Mikroskop zurück und begann meine ungeduldig erwartete Forschungsreise in die mikroskopische Welt.

Ich war erschlagen durch das, was ich sah. Ich hatte das Gefühl, in ein geheimes Königreich einzutreten, wo es von Geißeltierchen nur so wimmelte, wo Wimpertierchen wuselten, Zellen sich teilten, Fühler zuckten und winzige Organe pulsierten. Ich stand so lange mit gebeugtem Kopf über dem Okular dieses magischen Instrumentes und wurde so in den Bann dessen gezogen, was ich sah, daß ich am liebsten vor Begeisterung durchs Rohr des Mikroskops hinabgetaucht wäre, genau wie Alice in ihr Kaninchenloch.«[9]

Bei diesen Studien, die Sie für sich allein betreiben, verschlingen Sie neue Informationen, um sich selbst und Ihre Umwelt besser verstehen zu lernen. Sie nehmen neue Ideen auf, die Ihnen wiederum helfen, einige Meinungen zu formulieren und zu erklären, warum Sie so handeln, wie Sie handeln. Dieses Lernen fördert nicht nur Ihre Klugheit, es erhöht auch Ihr Selbstvertrauen und Selbstwertgefühl. Sie fühlen sich besser und sind mit sich selbst zufriedener, wenn Sie Schritte unternommen haben, die dafür sorgen, daß Sie optimal funktionieren. Und das gilt für Ihren Körper wie für Ihren Geist und Ihre Seele.

Allein Sport treiben

»Jede Chance, die sich mir bietet, nutze ich zum Radfahren, manchmal drei- oder viermal in der Woche. Für den Winter habe ich im Keller einen Windsimulationstrainer, auf den ich mein Rad stelle. Ich setze meine Kopfhörer auf, drehe das Radio richtig laut auf, schalte das Licht aus und trete zwanzig oder dreißig Minuten hart in die Pedale. Nach einigen Minuten kann ich mein Herz laut pochen hören, es ist dann lauter als die Musik. Um mich herum ist es stockdunkel – ich strampele einfach in die Dunkelheit hinein. Manchmal habe ich fast das Gefühl, als hätte ich halluzinatorische Anwandlungen. Wenn das Wetter schön ist, unternehme ich lange Fahrten draußen. Ich fahre, bis es weh tut – dreißig, fünfzig, achtzig Kilometer, je nachdem, wieviel Zeit ich habe. Es wird mir nie langweilig draußen – dafür gibt's viel zu vieles, worauf man sich konzentrieren muß. Einmal mit den Gedanken zu weit abgeschweift, und du gerätst auf Kies oder in ein Schlagloch, und damit ist's dann schon passiert. Es gibt eine Menge Dinge, die mich beschäftigt halten, Gänge schalten, Planen meiner Route, das Timing zwischen den einzelnen Ampelschaltungen, damit ich nicht anhalten muß, immer wieder der Kontrollblick auf den Tacho, Berechnen meiner Durchschnittsgeschwindigkeit, dafür sorgen, daß ich einen steten Rhythmus beibehalte, und auf Autos achten.«

Genau wie dieser Mann sich für seine Solospritztouren mit dem Fahrrad begeistert, entdecken viele ihre Vorliebe für Sportarten, die sowohl der geistigen Entspannung wie auch der körperlichen Kondition dienen. Ob Sie nun Rudern, Gewichtheben, Laufen, Skilanglauf, Radfahren, Spazierengehen oder Schwimmen bevorzugen, was bleibt, ist, daß Sie diese ganz private Zeit in Ihrem Kopf in verschiedener Hinsicht nutzen können. Ihr Geist findet unterschiedliche Wege, sich zu beschäftigen, während Sie Ihr Trainingsprogramm absolvieren. Wie er sich beschäftigt, hängt von verschiedenen Faktoren ab: von Ihrer Fähigkeit, sich zu konzentrieren, Ihrer Toleranzschwelle für Langeweile, dem Ausmaß von Streß in Ihrem Leben und davon, inwieweit Sie sich in Ihrer eigenen Gesellschaft wohl fühlen. Vielleicht erkennen Sie sich in einer der nachfolgenden vier Kategorien wieder, die typisch für die geistigen Betätigungsmuster beim Sport sind:

Der Eskapist betrachtet Sport als eine notwendige und unumgängliche Aufgabe, die man genau wie Müllrausbringen oder die Steuererklärung hinter sich bringen muß. Sport wird nicht um irgendwelcher Freude willen betrieben, die man dabei haben könnte, sondern einzig um der erstrebten Resultate willen – Kalorienverbrauch, Stärkung der Muskulatur, Abbau von Spannungen. Mit seinem verträumten Blick ist dieser Läufer, Radfahrer oder Schwimmer Hunderte von Kilometern weit weg, wo er seinen Lieblingsphantasien nachhängt, um dem körperlichen Schmerz oder der Langeweile seines Übungsprogramms zu entfliehen. »In Wirklichkeit hasse ich Laufen«, sagte ein Läufer. »Ich will es einfach nur hinter mich bringen. Ich habe dabei am liebsten meinen Walkman auf, wenn aber Nachrichten kommen oder die Musik mich langweilt, schalte ich ihn schon mal aus und denke an irgend etwas, aber etwas anderes als das, was ich tue.«

Der Problemlöser betrachtet die »Ausfallzeit« während seiner sportlichen Übungen als Gelegenheit, seine Produktivität zu steigern. Mit seinem ehrgeizigen und zwanghaften Lebensansatz nutzt er jede Zeit, die er allein – im Badezimmer, im Auto oder auf dem Heimtrainer – ist, als Chance, über seine Tagesbeschäftigungen nachzudenken, Termine zu planen oder Lösungen für nagende Probleme zu finden. »Ich habe immer einen Stift und ein Blatt Papier bei mir«, sagte ein Geschäftsmann, der vierzehn Stunden am Tag arbeitet, »für den Fall, daß mir eine Idee kommt, die ich nicht vergessen möchte. Aber es ist ganz schön schwer, beim Gehen zu schreiben.«

Der Konkurrent offenbart eine gewisse Besessenheit in seinem Bedürfnis nach permanenter Leistungsverbesserung. Er kontrolliert fortwährend die Uhr, seine Pulsfrequenz, seinen Atemrhythmus, die Belastbarkeit seines Körpers sowie andere Faktoren, um jeden Fortschritt in der persönlichen Zielsetzung zu überwachen, die Leistungssteigerung heißt. »Ich führe seit Jahren Buch über mein Laufen«, sagte eine Frau zu ihrer Einstellung, »darin trage ich alle meine Zeiten, die Kilometer und wie ich mich während des Laufes gefühlt habe, ein. Wenn ich auf der Straße bin, versuche ich, mich auf das zu konzentrieren, was mir beim Training beigebracht wurde. Ich konzentrierte mich auf einen Punkt unmittelbar vor mir auf der Straße. Ich muß mich bemühen, locker zu bleiben. Und ich halte an verschiedenen Etappenpunkten meine Zeiten fest.«

Der Meditierende sieht seine Übungen als eine Zeit des Genießens und Fließens mit den Dingen, die geschehen. Wenn Sie in diese Gruppe gehören, genießen Sie es, sich voll und ganz in Ihrem Alleinsein zu erfahren. Ihre Sinnesorgane stellen sich präzise auf die Umwelt ein. Sehen, Hören und Fühlen – all das geschieht jetzt ohne Bewußtheit. Sie bewegen sich rhythmisch und anmutig scheinbar ohne jede Anstrengung. Und Sie erreichen einen meditativen Trancezustand, in dem Schmerzen, Zeit, Sorgen und andere Menschen in einem Strudel verschwinden, einzig zurück bleibt das Geräusch Ihres Atmens.

Eine Frau beschreibt diesen Zustand völligen Eintauchens, in dem sie die Lust, ihren Körper zu betätigen, ausgesprochen genießt:

»Ich liebe Tanzen. Die Musik auf volle Lautstärke drehen, die Rollos runter, und mich einfach gehenlassen. Manchmal kann ich Stunden tanzen, bis ich vor Erschöpfung umfalle. Mit langsamer Musik wärme ich mich auf – einfach die Hüften wiegen und leicht fließend bewegen. Bei klassischen Stücken, die ich mag, wirbele ich durch den Raum wie eine Ballerina. Aber am besten ist lauter Rock and Roll – aus dem Radio, wenn ich keine Lust habe, ständig die Platten zu wechseln. Ich tanze und tanze mit der Musik und verliere mich völlig dabei.«

Jede dieser Varianten ist (sofern sie nicht bis zum Exzess getrieben wird) potentiell nützlich, während Sie allein vor sich hinschwitzen. Welche individuelle Methode auch immer vorgezogen wird, diejenigen, die sich in die Pflicht nehmen und regelmäßig allein Sport treiben, finden ihr Leben damit in verschiedenster Hinsicht bereichert. Um nur einige Faktoren zu nennen:

Genießen der Ruhe. Alleine Sport zu treiben, bietet die Möglichkeit, sich abzusondern und sich dem üblichen Druck des Alltagslebens zu entziehen. »Ich laufe am liebsten allein, weil ich so Zeit habe, nachzudenken. Ich plane den vor mir liegenden Tag und gehe den vorhergegangenen nochmals durch. Manchmal, an Sonntagen, laufe ich mit einem Freund zusammen – und das ist ganz anders. Ich mag seine Gesellschaft, aber ich vermisse die Zeit für mich. Wir reden letztlich immer wieder über belanglose Sachen, nur damit die Zeit schneller rumgeht. Und ich konzentriere mich dann letztlich immer wieder auf meinen Freund statt auf mich – und ich brauche einfach Zeit für mich.«

Dem Zwang zu Kompromissen aus dem Weg gehen. Wer allein Sport treibt, kann tun, was er möchte, wann er es möchte und so lange er Lust dazu hat. »Ich habe immer sehr gerne Tennis gespielt, aber ich hasse es, ständig von einem Partner abhängig zu sein. Das ist genau wie bei der Arbeit – bei allem, was ich tue, hänge ich von anderen ab und muß warten, bis ein anderer das getan hat, was er tun soll. Aber laufen kann ich, wann immer ich Lust dazu habe, so lange wie ich möchte und wo ich möchte. Ich brauche mit niemandem zu verhandeln oder Kompromisse zu schließen. Ich kann genau das machen, was ich möchte, ohne von irgend jemandem abhängig zu sein. Das ist ein phantastisches Gefühl, von dem ich mir wünschte, ich fände es auch in meinem übrigen Leben.«

Sich mehr auf seine eigenen Ressourcen verlassen. Alleine Sport treiben lehrt Selbständigkeit und Selbstsicherheit. »Es ist nicht einfach, jeden Morgen um zehn nach sechs aus dem Bett zu kommen und sich auf die Straße rauszumachen. Die Herausforderung ist nicht nur, den Lauf durchzuziehen, sondern auch ihn anzufangen, mich in die Pflicht zu nehmen und mich an meinen Vorsatz zu halten. Wer weiß denn schon, oder wen kümmert's, ob ich mich wieder umdrehe und weiterschlafe? Meine Sololäufe geben mir so viel mehr, weil ich mehr Energie investieren muß, um sie durchzuziehen. Ich muß mich selbst antreiben, weiter und schneller zu laufen, weil es sonst niemanden gibt, der es für mich macht. Im Laufe der Jahre habe ich gemerkt, daß die Selbstsicherheit, die ich durch mein Laufen gefunden habe, sich auch auf andere Bereiche in meinem Leben übertragen hat.«

Verbessern der Selbstdisziplin. Personen, die allein ihr Sportprogramm bewältigen, sind aus sich selbst heraus motivierter als diejenigen, die sich auf die Unterstützung durch andere verlassen. Es erfordert ein besonderes Maß an Entschlossenheit, sich in die Pflicht zu nehmen und das Programm durchzuziehen, wenn außer einem selbst niemand weiß, daß man aufgehört hat. Eine Aerobic-Anfängerin erklärt ihre spezielle Methode, wie sie ihre Selbstdisziplin stärkt.

»Ich fange meine Aerobic-Übungen damit an, daß ich mir vorstelle, wie meine Fettzellen sich verbrennen. Ich denke an etwas, das ich in den letzten vierundzwanzig Stunden gegessen habe und verbrennen möchte, und ich versuche mir auszurechnen, wie viele Kalorien ich jetzt abtrainiere. Bei den Übungen zur Stärkung der Muskulatur stelle ich mir konkret vor, wie meine Beinmuskeln schlanker werden, wie mein Bauch flacher wird und meine Arme muskulöser werden. Das motiviert, es hält mein Interesse an dem, was ich tue, wach und sorgt dafür, daß ich mein Programm durchziehe.«

Üben allein zu sein. Allein Sport treiben ist ein Weg zu lernen, sich selbst auszuhalten, ohne von einer unbotmäßigen Ruhelosigkeit, Langeweile oder Nervosität befallen zu werden. Da ein konkretes Ziel vorgegeben ist – zwanzig Minuten auf der Rudermaschine, einhundertmal aus der Rückenlage aufrecht hinsetzen, ein Fünfkilometerlauf oder dreißig Runden im Schwimmbecken –, wird das Alleinsein durch das Programm strukturiert. Die damit verbundene Routine steht für den Vorsatz, etwas für sich zu tun, nicht nur, um schlanker zu werden oder die Muskulatur zu straffen, sondern auch, was genauso wichtig ist, um regelmäßig Zeit für sich zu finden.

Eine in dem Sinne paradoxe Sportart ist beispielsweise Tai Chi. Tai Chi kann in einer großen Gruppe praktiziert werden und dennoch die innere Konzentriertheit so fördern, daß der einzelne das Gefühl hat, allein zu sein. Ein Fan dieser alten Sportart beschreibt, wie es ihm dabei selbst innerhalb von Menschenmassen möglich ist, sich in sich selbst zurückzuziehen:

»Es ist ein seltsames Gefühl, zusammen mit fünfzig anderen Personen Tai Chi zu machen. Ich meine, ich stehe da inmitten anderer und habe vielleicht knapp einen Quadratmeter Platz für mich, und dennoch fühle ich mich vollständig isoliert. Sobald wir anfangen, uns zusammen langsam zu bewegen, stellt ein Teil von mir sich auf die Geschwindigkeit der anderen ein, aber ein wesentlich größerer Teil von mir schottet sich von der Welt völlig ab und versenkt sich tief in mich selbst. Dabei gibt es so vieles, worauf man sich konzentrieren muß – ob der Rücken gerade ausgerichtet ist, wie ich das Kinn halte, die Stellung der Füße und Haltung der Hände, der genaue Abstand zwischen den Fingern, ob jeder Muskel locker und entspannt und jeder Teil von mir konzentriert ist auf das, was ich mache. Es bleibt einfach keine Zeit, an irgend etwas anderes zu denken. Und was ich an Tai Chi so faszinierend finde, ist, daß es etwas ist, wobei ich gleichzeitig nicht noch etwas anderes machen kann.«

Abbau von Streß und Förderung der Lebensfreude. Es gibt nur wenige Aktivitäten, die zugleich mit einer solchen Ruhe und dennoch inneren Belebung verbunden sind wie ein langer Spaziergang allein, wie allein zu laufen, zu schwimmen oder Fahrrad zu fahren. Anstrengende Übungen, die den Körper wirklich beanspruchen, stimulieren das Nervensystem in einer Weise, daß nicht nur ein mentales »Hochgefühl« erzeugt, sondern zugleich auch Streß abgebaut wird. Und wenn schon sonst nichts dabei abfallen sollte, so sorgt die Konzentration, die erforderlich ist, um das Programm durchzuziehen, zumindest dafür, daß Sie vorübergehend von den Konflikten und Problemen Ihres Alltags abgelenkt werden.

»Wenn ich sportlich etwas tue, dann am liebsten in der frischen Luft. Und am liebsten allein, weil ich dann so lange gehen oder Rad fahren kann, wie ich möchte, wann ich möchte und wohin ich möchte. Wenn ich Rad fahre, wähle ich immer wieder andere Strecken. Aber ich wandere auch gerne.

Letzten Sonntag habe ich zum Beispiel allein einen Spaziergang gemacht. Ich sah, wie sich die Wolken zusammenzogen und fragte mich, ob ich es noch bis nach Hause schaffen würde, ehe es anfinge zu regnen. Trotz verhangenem Himmel lief ich eine Stunde und dann nochmals eine Stunde durch den Regen zurück. Als die ersten Tropfen fielen, dachte ich: ›Oh, nein! Ich werde pitschnaß!‹ Aber dann sagte ich mir: ›Warum soll ich es nicht genießen?‹ Und ich konnte es genießen! Ich bemerkte mit einmal die Tropfen an den Bäumen, die wie kleine Kristalle aussahen. Ich schmeckte den Regen, der mir übers Gesicht lief. Die Steine und Feldbrocken um mich herum glänzten. Es war, als sei ich ein Teil von allem, was um mich herum war. Und genau das ist der Punkt, warum ich allein Sport treibe – dieses Gefühl, ein Teil von etwas zu sein, das größer ist, als ich es bin.«

Selbstwertgefühl und Selbstvertrauen verbessern. Personen, die sich um ihren Körper kümmern, haben ein besseres Selbstbild. Sie fühlen sich beschwingter, lebendiger, attraktiver und gesünder. Und aus diesem besseren Körperbild ergeben sich mehr Selbstachtung und Selbstsicherheit.

»Der physische Teil des Laufens ist mit Sicherheit hart. Aber darüber denke ich nicht einmal mehr nach. Ich meine, wenn ich morgens aufstehe, frage ich mich ja auch nicht, ob ich mir heute morgen die Zähne putze oder nicht, ich tue es einfach. Und genauso ist es mit dem Laufen. Ich lasse mir nicht die Wahl, ob ich Lust habe, im Regen oder Schnee oder in der Hitze rauszugehen, ich mache es einfach. Das Härteste für mich ist jedoch nicht die körperliche Belastung. Das sind nur Schmerzen, und ist nicht der Rede wert. Was mir wirklich zu schaffen macht, sind die Dinge in meinem Kopf, vor denen ich beim Laufen nicht weglaufen kann. Nach etwa zwei oder drei Kilometern, wenn ich anfange, locker zu werden und mich zu entspannen, fangen meine Gedanken an zu kreisen. Und irgendwie, ganz wie von selbst landen sie bei irgendeinem Bereich in meinem Leben, wo etwas nicht in Ordnung ist. So fange ich dann an, über diese oder jene meiner Beziehungen nachzudenken, oder über Konfrontationen, denen ich aus dem Weg gegangen bin, oder über andere ungeklärte Dinge. Eine Zeitlang habe ich versucht, mit einem Walkman zu laufen, einfach um mein überaktives Hirn zu übertönen, aber damit schien ich von vornherein den Sinn und Zweck, warum ich laufe, zunichte zu machen – der für mich darin besteht zu lernen, mich mit mir selbst wohler zu fühlen.«

Sport, ob er in der Gesellschaft anderer oder in einem Tanzstudio oder allein mit Spaziergängen oder Radfahren mit scharfem Tempo auf einer einsamen Landstraße betrieben wird, erleichtert eine innere Fokussierung. Er ermutigt Sie, sich voll auf das zu konzentrieren, was in Ihrem Innern vor sich geht – was in Ihrem Kopf vor sich geht und auch, wie die einzelnen Körperteile der Belastung standhalten. Anderen hilft der Sport, ihre Kopflastigkeit einmal hinter sich zu lassen und das Gehirn abzuschalten. Viele sagen auch, daß sie aus der entwickelten Selbstdisziplin, die andere nie erreichen, ein größeres Selbstvertrauen gewinnen. Der Sportler hält einiges aus: Schmerzen, Unbequemlichkeiten, schmerzlich nach Sauerstoff lechzende Lungen und nicht minder schmerzlich nach Ruhe schreiende Beine – und das alles um der Befriedigung willen, die sich daraus ergibt, daß man sich gegenüber dem Selbst so in die Pflicht nimmt.

Wenn Sie alleine Sport treiben, lernen Sie es, sich in Ihrem Körper und Geist mehr zu Hause zu fühlen. Durch berufliche und sonstige Verpflichtungen aufgebaute Spannungen und aufgebauter Streß werden abgebaut. Sie finden die Zeit, über Fragen nachzudenken, die Sie beschäftigen, und über Probleme, die Sie belasten. Und wie durch jeden meditativen Prozeß, so wird auch durch den Sport Ihre Fähigkeit zur Selbstdisziplin in anderen Lebensbereichen erhöht.

Meditation

Obgleich ein meditativer Geisteszustand sich spontan ergeben kann und oft ergibt, so wird doch immer wieder bestätigt, daß diejenigen, die regelmäßig ihre Meditationsübungen machen, den größten Nutzen daraus ziehen. Genau wie Tagebuchschreiben die Selbstbewußtheit fördert, Sport der Selbstheilung dienlich ist und Fort- und Weiterbildung den eigenen Wissenshorizont erweitern, so ist auch die Meditation ein Beispiel, wie unsere ganz privaten Augenblicke zur Förderung unserer Selbstbestimmtheit und Fähigkeit zur Selbstbesinnung genutzt werden können.

Meditation ist jede Beschäftigung, die Ihnen hilft, Ihre Aufmerksamkeit nach innen zu richten, um Entspannung und Erleuchtung zu finden. Die meisten Meditationsformen führen zu einer erhöhten Bewußtheit der inneren Gefühle, sie erhöhen den Kräfte- und Energiehaushalt, bewirken einen Zustand innerer Ruhe und transzendieren das gewöhnliche Bewußtsein, so daß ein mystischer Zustand erreicht wird, der uns auf tieferen Ebenen zu neuen Einsichten und Erkenntnissen verhilft.

Es gibt Hunderte verschiedener Meditationstechniken, die alle die gleichen Ziele verfolgen. Anhänger der Transzendentalen Meditation wiederholen ein Mantra. Manche buddhistischen Techniken konzentrieren sich auf die Atmung. Die Eskimos zeichnen mit einem Stein einen Kreis in die Erde. Yogis starren auf ein Objekt, ein Ornament oder eine Vase. Sufis drehen sich beim Kreistanz wirbelnd um sich selbst. Bei seinen Untersuchungen des breiten Spektrums der Meditation gelangte der Psychologe Robert Ornstein hinsichtlich der Gemeinsamkeiten aller Ansätze zu dem Fazit:

>Wenn wir die außergewöhnliche Vielfalt der Techniken konzentrierter Meditation in verschiedenen Kulturen zu verschiedenen Zeiten durchgehen, scheint sich eine generelle Ähnlichkeit zu zeigen. Gleich, wie die Form oder Technik aussieht, das Entscheidende an der Meditation scheint der Versuch zu sein, das Bewußtsein für eine bestimmte Zeitspanne auf eine einzelne, unveränderliche Reizquelle zu beschränken. Gelingt diese Beschränkung, sprechen viele Traditionen von der *Einspitzigkeit des Geistes*.«[10]

Die meisten Menschen haben in Zusammenhang mit der Meditation formale Äußerlichkeiten wie Yogis im Lotussitz vor Augen oder Personen, die mit geschlossenen Augen ein Mantra wiederholen. Hier muß jedoch gesagt werden, daß jeder mindestens einige Male täglich, ohne es bewußt zu merken, einen meditativen Zustand erfährt. Das geschieht zum Beispiel jedesmal, wenn Sie die äußere Welt ausschalten, um sich vom physikalischen und psychologischen Lärm zurückzuziehen und auf die Stimme in Ihrem Innern hören. Wie eine Frau zu Recht feststellt, können Offenbarungen sich jederzeit spontan, auch in den banalsten Augenblicken ergeben:

>Ich stand am Spülbecken und wusch das Geschirr ab, wie ich es jeden Abend tue. Durch das Geräusch des laufenden Wassers konnte ich die Stimmen meiner Familie im Hintergrund kaum hören. Ich stand einfach dort und machte meine Arbeit automatisch, Reste wegkratzen, abwaschen, abspülen, als ich meinen Körper förmlich zu verlassen schien – es war, als stünde ich außerhalb von mir selbst und beobachtete mich, wie ich funktionierte. Meine ganze Aufmerksamkeit konzentrierte sich auf alles, was passierte. Ich registrierte das

Gefühl des Schaums an meinen Fingern, die Farben der Essensreste, die den Abfluß runtergingen, und das Geräusch des Wassers. Ehe ich mich versah, waren zwanzig Minuten vergangen. Ich habe keine Ahnung, wann die anderen alle den Raum verlassen hatten. Das Geschirr war sauber. Und ich fühlte mich beschwingt und entspannter als seit langem. Es war, als hätte diese absolut alltägliche Beschäftigung mir geholfen, in mich zu gehen, mein Gehirn abzuschalten und einfach bei mir und dem, was ich tat, zu sein.«

Naomi Humphrey, eine Autorität auf dem Gebiet der Meditationstechniken, ist der Überzeugung, daß ganz private Augenblicke wie die zuvor beschriebenen der Schlüssel zu jeder Form von spirituellem Erwachen sind. »Im Gegensatz zum intellektuellen Denken«, sagt sie, »hat Meditation die Macht, uns mit uns selbst in Verbindung zu bringen. Sie vereinigt aktiv unser Bewußtsein und schafft jenes Gefühl persönlicher Ganzheit, das uns so oft fehlt. Dieses Gefühl der Ganzheit wird zu einer festen Grundlage, auf die wir schauen können.«[11]

Meditative Zustände können eintreten, wenn Sie gedankenverloren in ein Feuer starren und sich nicht wirklich erinnern können, woran Sie gedacht haben, oder wenn Sie am Strand liegen und die Sonne auf dem Körper spüren oder aus dem Flugzeugfenster auf die Wolken und die Weite der Erde blicken, oder wenn Sie Trost und Hilfe suchend Zuflucht im Gebet oder auf anderen spirituellen Ebenen suchen. Es handelt sich dabei um veränderte Bewußtseinszustände. Charakteristisch für diese Zustände sind: (1) die fixierte Konzentration; (2) Aussetzen des rationalen Denkprozesses zugunsten des bewußten Nichts; (3) die nach innen statt nach außen gerichtete Orientierung; und (4) ein mystischer oder spiritueller Zustand, der ein Gefühl der Verbundenheit mit der Gesamtheit des Universums, mit Gott oder mit anderen lebenden Kreaturen vermittelt.

Alle diese Merkmale spielen auch bei den Meditationsübungen von Stephen eine wichtige Rolle. Er führt als Anwalt ein hektisches Leben, das von Gerichtsterminen, Klientenberatungen und endlosem Papierkrieg diktiert wird. Aber selbst an sehr stressigen Tagen, an denen er mit vielen schwierigen Aufgaben fertig werden muß, scheint er mühelos fit und ruhig zu bleiben, ein Phänomen, für das er im Kollegen- und Freundeskreis bekannt ist. Er wundert sich, wie andere glauben können, seine Gelassenheit falle ihm wie von selbst in den Schoß – denn er hat sich intensiv mit Meditation beschäftigt und macht seit fünfzehn Jahren zweimal täglich pflichtgetreu seine Übungen. Mit poetischen Worten beschreibt er die vielen positiven Effekte, die die Meditation ihm bringt:

»Bei meiner nachmittäglichen oder abendlichen Sitzung geht es im wesentlichen darum, mich wiederherzustellen. Wenn ich mich kurz hinlegen und einnicken würde, wäre ich danach nur k. o. Aber wenn ich meditiere, fühle ich mich anschließend immer phantastisch. Ich fühle mich erfrischt und gestärkt, als seien der Streß und die Müdigkeit des ganzen Tages verschwunden. Ich habe das Gefühl, als finge ich den Tag erneut an. Ich habe anschließend mehr Geduld, mehr Energie, mehr Ruhe. Ich mache es also nicht so sehr, weil ich die Meditation liebe, sondern weil mir lieb ist, was sie für mich tut.

Die Erfahrung als solche empfinde ich wie ein warmes Bad. Es ist, als sei mir bewußt, wo ich bin, ich denke aber in Wirklichkeit weder daran noch an etwas anderes. Ich lasse mich einfach irgendwie treiben und bin völlig eingetaucht darin. Ich bin ganz davon umgeben. Es ist sehr weich. Es gibt keine scharfen Ecken und Kanten, wenn ich in diesem versunkenen Zustand bin.«

Anhänger der Meditation schreiben ihr weitaus mehr Nutzen als einem kleinen Erholungsschlaf zu, da hierbei über den nutzbringenden Effekt des Energieauftankens hinaus ein veränderter Bewußtseinszustand erzeugt wird, der zu tieferen Selbsterkenntnissen führen kann. Die Meditation gehört zu den wirksamsten Wegen, ganz private Augenblicke im alltäglichen Leben in denkbar stärkende, beruhigende und befriedigende Erfahrungen zu verwandeln.

Astronauten der inneren Räume

Diese meditativen Erfahrungen, die zu veränderten Bewußtseinszuständen führen, konnten inzwischen durch Experimente intensiviert werden, die in vollständiger Isolation durchgeführt wurden. John Lilly, der auch als der »Astronaut des inneren Raumes« bezeichnet wird, ist die Erfindung des ersten sogenannten »Floaters«, eines walförmigen Kunststofftanks mit absoluter sensorischer Deprivation zugute zu halten, mit dem die Effekte absoluter Ruhe auf die menschliche Wahrnehmung untersucht werden sollten. In dieser von akustischen und optischen Signalen abgekoppelten Umwelt schwebten Lilly und seine Versuchspersonen schwerelos in einer auf exakt 34 °C aufgewärmten, aus Wasser und Magnesiumsulfat bestehenden Lake – eine Temperatur, die vom Körper weder als heiß noch als kalt empfunden wird. Der Tank ist absolut schalldicht und abgedunkelt, so daß jede Ablenkung von außen ausgeschaltet ist. In dieser neutralen Umgebung konnte Lilly besser jenen »inneren Raum« erfahren – was von der Zielvorgabe her dem entspricht, worauf der in einem früheren Kapitel erwähnte Morita-Therapeut abzielt, wenn er seinen Klienten hilft, sich im Alleinsein ihrer Existenz zu stellen.[12]

Nachdem Lilly verschiedene Möglichkeiten durchgespielt hatte, um seinen Isolationstank von jedem äußeren Reiz abzukoppeln, war er am Ende selbst über die Ergebnisse erstaunt. So stellte er beispielsweise fest, daß »normale« Personen, die längere Zeit (mindestens ein oder zwei Stunden) völliger Isolation ausgesetzt sind, anfangen, veränderte Bewußtseinszustände zu erreichen, manchmal bis zum Punkt audiovisueller Halluzinationen. Ebenso erstaunlich war, daß schizophrene Personen im Tank *seltener* und weniger intensive Halluzinationen als außerhalb des Tankes erfuhren. Das heißt, daß das so isolierte Gehirn, sobald es vom Eindringen äußerer Reize befreit ist, auf zurückgebliebene Bilder zurückgreift und spontan mit dem Befeuern des Nervensystems beginnt. Wenn Sie einige Minuten die Augen schließen und dennoch versuchen zu »sehen«, was in der Dunkelheit ist, bekommen Sie einen Vorgeschmack, was in der sensorischen Isolation geschieht.

Diejenigen, die regelmäßig ihre Meditationsübungen in Isolationstanks machten, lernten es schließlich, den inneren »Lärm« aus ihrem Geist herauszufiltern. Sie stellten fest, daß sie Zustände innerer Ruhe erreichen konnten, die sie nie für möglich gehalten hätten. Nach mehreren Stunden in völliger Abgeschiedenheit konnten sie sich in absoluter Ruhe und Gelassenheit in der Schwebe halten und erfrischt und gestärkt den Tank verlassen. Es war ihnen allem Anschein nach möglich, die Effekte der Meditation bis zu einem Punkt zu vervielfachen, an dem sich mitunter lebensverändernde Einsichten ergaben.

Beth ist eine solche Astronautin des inneren Raumes. Mehrmals im Monat, je nachdem, wie ihre beruflichen und familiären Verpflichtungen es zulassen, geht sie in den »Floater«. Zu ihren Erfahrungen meinte sie:

»Das erstemal hatte ich fürchterliche Angst. Ich sollte mich jetzt auf eine Reise einlassen, bei der all meine Sinne ausgeschaltet sein würden. Wohin ich in meinem Geist auch immer reisen würde... was, wenn ich nicht mehr zurückkäme? Ich zog mich ganz aus, stopfte mir Wattepfropfen in die Ohren, und dann kletterte ich in dieses sargähnliche Ding. Als sich die Tür schloß, fing bei mir die Panik an. Ich konnte weder irgend etwas sehen noch hören noch fühlen. Ich fühlte mich so entsetzlich allein. Ich versuchte, mich immer wieder damit zu beruhigen, daß ich mir sagte, daß das Ding sicher ist. Nach einer Weile vergaß ich dann, mir diese Botschaft immer wieder zu geben. Ich hörte auf, mir immer wieder zu sagen, wo die Tür war, und auch, mir immer wieder auszurechnen, wie lange ich wohl schon drin war. Ich entspannte mich vollkommen. Ich überließ mich dem Ganzen. Ich war von einem Gefühl der Weite erfüllt. Und dann fiel mir wieder ein, daß ich mich überhaupt nicht mehr vergewisserte, wo die Tür war!

Und damit war wieder die Angst da! Aber dann hörte ich diese Stimme in meinem Kopf, die mir sagte, dir geschieht nichts, alles in Ordnung, du kannst raus, wann du willst. Ich brauchte lange, bis ich mich wohl darin fühlte, bis ich mich der Erfahrung überlassen und wirklich loslassen konnte. Seither war ich über hundertmal im Tank und habe es schließlich gelernt, mich voll zu entspannen. Aber dieses »Floating« ist mehr als nur Entspannung für mich. Ich weiß, es klingt befremdlich, aber für mich ist es eine Vorbereitung auf den Tod.

Der Tod stellt die höchste Stufe aller Erfahrungen des Alleinseins dar. Ich habe keine so große Angst vor dem Schmerz des Sterbens und auch nicht vor dem, was danach sein wird; ich habe Angst, allein da durchzugehen. Wenn ich das völlige Alleinsein übe, so gewinne ich zunehmend das Gefühl, daß es vielleicht doch nicht so hart sein wird zu sterben, wenn die Zeit kommt.«

Beths Erfahrungen sind keineswegs einmalig; wie die Geschichtsschreibung dokumentiert, haben Menschen auf der Suche nach spirituellen und religiösen Wahrheiten seit jeher die Isolation gesucht. Jesus, Konfuzius, Moses, Mohammed und Buddha, sie alle suchten in der Einsamkeit Kontemplation und Erleuchtung, und ihrem Beispiel wird heute in den Klöstern auf der ganzen Welt nachgeeifert. Fraglos kann man aus einem solchen spirituellen Rückzug in den inneren Raum eine größere Nähe zum eigenen innersten Kern wie auch zu einer höheren Macht gewinnen.

Allein Beten

In einem gewissen Sinne stellt die Meditation eine ritualisierte, nach innen statt nach außen gerichtete Form des Betens dar; gemeinsam ist beidem auch oft das Ziel, sich mit einer höheren Macht zu verbinden und sich in diesem Prozeß zu verlieren. In den alten Religionen wie dem Buddhismus, Hinduismus, Judaismus und dem Islam gibt es die Meditation denn auch schon seit Tausenden von Jahren. Und in jüngeren Religionen wie dem Christentum finden wir viele Gebete, die auf das mystische Erbe meditativer Praktiken zurückgehen. Diejenigen, die regelmäßig beten, beziehen, wie sie sagen, neben den mystischen Erfahrungen noch eine Reihe weiterer positiver Effekte aus ihrer Praxis; ihr Beten gibt ihnen das Gefühl, daß das Leben im Alltag einen Sinn und Zweck hat, es verhilft ihnen zu größerem Optimismus und zu größerer Hoffnung für die Zukunft und manchmal auch zu einem Gefühl der Erhabenheit und Ekstase.

Eine Frau beschreibt, wie Beten ihr hilft, innerlich Ruhe und Frieden zu finden:

»Ich habe immer zu Gott gebetet, von Kindesbeinen an. Meine Mutter sprach beim Abendessen immer Gebete, und die lernten wir dann alle. Aber für mich ist das nicht wirklich Beten, zumindest kein Beten, das mir persönlich etwas gibt.

Ich bin seit Jahren nicht mehr zur Kirche gegangen. Tatsache ist, daß ich eigentlich nur bete, wenn ich allein im Auto unterwegs bin. Ich bete laut beim Fahren; ich spreche mit Gott oder zumindest mit dem Bild, das ich von ihm habe. Ich spreche über die Probleme, die ich habe, und bitte um seine Führung und seinen Beistand. Natürlich bekomme ich nie irgendwelche direkten Antworten. Aber wenn ich beim Fahren in der Abgeschiedenheit meines Wagens mit Gott spreche, fühle ich mich anschließend immer besser. Ich habe das Gefühl, nicht allein zu sein. Ich fühle mich gut aufgehoben und verstanden.

Wenn ich abends von der Arbeit nach Hause fahre, brauche ich dreißig bis vierzig Minuten. Statt Radio zu hören, höre ich zu, wie ich mit Gott spreche. Ich erzähle ihm, was in mir vor sich geht. Ich bitte um seine Hilfe, daß ich mir selbst und anderen gegenüber ehrlicher sein kann. Wenn ich versuche, anderen zu erzählen, was mich beschäftigt, mache ich immer wieder die Erfahrung, daß sie mir nicht wirklich zuhören; sie haben bei allem und jedem flugs ihre Ratschläge parat oder sagen mir, was ich zu tun habe. Aber wenn ich bete, kann ich meine Geschichte ganz erzählen, ohne unterbrochen oder mißverstanden zu werden. Gott sagt mir nicht, was ich zu tun habe, und genau das weiß ich zu schätzen. Denn ich glaube, daß ich absolut imstande bin, selbst Lösungen für meine Probleme zu finden.«

Das Auto mag zwar ein ungewöhnlicher Ort sein, um allein zu beten, im Prinzip ist aber jeder Ort, der eine gewisse Abgeschiedenheit oder geistigen Rückzug ermöglicht, dafür geeignet. Spirituelle oder religiöse Praktiken werden oft, ganz gleich, wo und wie, in den ganz privaten Augenblicken gepflegt, ob kniend vor dem Bett, in einer stillen Kirche oder auf einem Hügel sitzend oder während des Fahrens auf der Autobahn. Interessant ist, wie selten Menschen einander anvertrauen, *wie* sie beten, als würden sie, wenn sie es tun, die Vertraulichkeit zwischen sich und Gott brechen. Andere, wie dieser Ex-Alkoholiker, meiden es aus Hemmungen heraus, über ihre spirituellen Praktiken zu sprechen:

»Ich fühle mich dumm, wenn ich bete... als ob ich es nicht richtig machte... als würde ich nicht so wie andere mit Gott in Verbindung treten. Ich bemühe mich sehr, diese Verbindung zu Gott zu finden, doch ich habe oft das Gefühl, daß da niemand ist. Aber manchmal fühle ich eine Ergriffenheit und eine Welle der Kraft, die mich erfaßt, und dann weiß ich, ich bin nicht allein. Wenn ich jogge oder spazierengehe oder allein Auto fahre, versuche ich, mit Gott zu sprechen; das gibt mir den ganzen Tag Kraft. Ich beginne jeden Tag mit einem Gebet, um mich daran zu erinnern, daß ich Kraft brauche, eine Kraft, die größer ist als meine eigene, eine Kraft, die mir über den Tag hilft.«

In ihrer Untersuchung über spirituelle Erfahrungen stellten die Forscher John Cohen und John Phipps fest, daß Personen, die beten, im allgemeinen unter weniger Spannungsgefühlen leiden und sich durch mehr Lebenshoffnung auszeichnen als Personen, die nicht beten. Sie haben außerdem das Gefühl, ihr Leben mehr unter Kontrolle zu haben und sehen ihre Zukunft optimistischer.[13] Andere Religionswissenschaftler wie William Hulme sehen in einer engen Beziehung zu Gott einen Weg zu spiritueller Erleuchtung:

»Die Gemeinschaft mit Gott wird über das Gebet hergestellt. Mit Beten verbinden wir in der Regel das Bild von einer Person, die gebeugten Hauptes und im Zweifel kniend Gott in aller Stille ihre Bedürfnisse und

Sorgen vorträgt. In Wirklichkeit ist Beten jedoch mehr eine Lebensform als eine bestimmte Betätigung, genau wie auch die Freundschaft mehr die in der Erinnerung oder in der Realität angenehm empfundene Gegenwart des anderen ist, als daß darunter spezifische Gespräche zu verstehen wären.«[14]

Hulme und andere, die von einer starken Verbundenheit zu einem höheren Wesen, das größer ist als sie, getragen werden, sagen, daß sie daraus in schwierigen Zeiten einen immensen Trost und Kraft schöpfen können. Es ist nicht nur beruhigend, einen mich liebenden und annehmenden Gott als ständigen Begleiter zur Seite zu haben, diese Verbundenheit ist auch ein Weg, um immer wieder zu Glauben, Hoffnung und innerem Frieden sowie spirituelle Erleuchtung zu finden. Für viele ist ihre Beziehung zu Gott ein Gegenmittel, um ihre Gefühle der Entfremdung und Einsamkeit aufzufangen, unter denen sie leiden. So ist immer jemand da, der sich kümmert, der zuhört, ohne zu verurteilen. Diese starke und unerschütterliche Überzeugung, daß es einen Gott gibt, auch wenn man ihn nicht direkt berühren oder sehen kann, beruht auf einem intuitiven Glauben und auf Vertrauen. Und wenn man an ein höheres Wesen glauben kann, das nur im eigenen Geist und Herzen, aber nicht in der physischen Welt existiert, dann kann man auch auf die eigenen inneren Ressourcen vertrauen, um aus der eigenen inneren Unzufriedenheit wieder herauszukommen.

Viele suchen in Krisenzeiten in ihrer Einsamkeit Kraft im Gebet – nach einer Scheidung oder dem Tod eines geliebten Menschen, nach einer bitteren Enttäuschung oder bei Krankheiten. Andere kommunizieren auf einer regelmäßigen und ritualisierten Basis mit Gott und nehmen sich mit der gleichen Selbstdisziplin in die Pflicht, die auch bei der Meditation und anderen selbstbestimmten Aktivitäten verlangt wird.

Mit Widerständen auseinandersetzen

Viele der in diesem und im vorhergehenden Kapitel angesprochenen selbstbestimmten Aktivitäten und Verhaltensweisen, mit denen Sie etwas für sich tun, bedingen, daß Sie sich freiwillig von anderen absondern. Wenn Sie an einem Projekt arbeiten, Sport treiben, meditieren oder sich weiterbilden, kann es sein, daß Miglieder der Familie oder Freunde sich vernachlässigt fühlen, weil Sie sich auf Ihre persönlichen Bedürfnisse konzentrieren. Oft ist der Druck relativ subtil, der mit Nörgeln und Klagen auf Sie ausgeübt wird, doch auf Ihre ganz privaten Augenblicke zu verzichten: »Wofür ist das gut, was du da machst? Warum hast du nicht mehr Zeit für mich? Mußt du schon wieder daran arbeiten?« In der Annahme, daß Sie nach wie vor Zeit für die Menschen haben, die Sie lieben, und diese zu ihrem Recht kommen, und daß Sie nicht narzißtisch besessen von ihren egoistischen Interessen sind und für andere nichts mehr bleibt, ist davon auszugehen, daß der Widerstand gegenüber Ihrem Streben nach Alleinsein am ehesten von denjenigen kommt, die nur schwer verstehen können, was am Alleinsein faszinierend sein soll, weil sie selbst mit sich allein nicht zurechtkommen.

Stärkerer Widerstand kommt demgegenüber von denen, die sich von Ihrem Bedürfnis nach Zurückgezogenheit bedroht fühlen, als fürchteten sie, Ihr vorübergehender Rückzug könnte dazu führen, daß Sie sie verlassen. Diese Flucht ist nicht ganz unbegründet: Wenn eine Person in einer Beziehung hart an sich arbeitet und die andere sich nicht bewegt, *besteht* die Gefahr, daß der Abstand zwischen beiden wächst. Wie sehr andere Ihnen auch ihre Unterstützung anbieten mögen, Fakt ist, daß sie Sie zumeist so lieben, wie Sie *sind*. Jede Veränderung in Ihrem Wesen bedeutet, daß sie sich anpassen oder selbst wachsen müssen – und das ist eine Bürde, die manchem nicht behagt.

Wann immer Menschen relevante Veränderungen in ihrem Leben vornehmen, treffen sie auf Widerstände – nicht nur bei anderen, die die Dinge so belassen möchten, wie sie sind, sondern auch in sich selbst. Angenommen, Sie beschließen, in bescheidenem Rahmen anzufangen, sich jede Woche etwas Zeit für sich zu nehmen und Dinge auszuprobieren, die Sie noch nie versucht haben – Meditation, Tagebuchschreiben, Museumsbesuche, was auch immer. Selbst eine derart harmlose Änderung in Ihrer Routine könnte von Ihrer Familie und von Freunden mißverstanden werden. (»Augenblick mal, soll das bedeuten, du gehst nicht mit uns, weil du lieber allein sein möchtest!?«)

Verhandlungs- und Kompromißbereitschaft dürften der Schlüssel sein, wie Sie sich die Unterstützung anderer bei Ihren Solobeschäftigungen sichern können. Es braucht Zeit, andere zu mehr Toleranz gegenüber Ihren unabhängigen Bestrebungen zu erziehen und ihnen das beruhigende Gefühl zu geben, daß Ihr Alleinsein Sie nicht von ihnen wegtreibt. Manchen muß beigebracht werden, daß Sie durch Ihre ganz privaten Augenblicke Energie auftanken und somit noch mehr Liebe geben können. Und nicht zuletzt bleibt, daß Sie mit Ihrem Entschluß, etwas für sich zu tun und Dinge zu tun, die Ihnen wichtig sind, andere inspirieren und als Rollenmodell dienen können.

Selbstbestimmte Aktivitäten und Phasen der Selbstbesinnung sollen unser Wohlbefinden fördern. Durch den inneren Frieden, den wir daraus gewinnen, können wir im Beruf, in der Familie, im Freundeskreis und in der Gemeinschaft insgesamt besser funktionieren. Möglich, daß wir Widerständen von anderen begegnen und bisweilen Schwierigkeiten oder gelegentlichem Unbehagen oder auch unvorhersehbaren Reaktionen in uns selbst. Wenn wir es jedoch insgesamt als produktiv und erfüllend empfinden, wie wir die Gelegenheiten zum Alleinsein nutzen, lohnt sich die Mühe allemal.

7. Spontan und verspielt sein

Das Alleinsein muß weder »ernst« noch produktiv sein, um befriedigend zu sein. Im Zweifel sind es sogar die verspielten oder albernen Augenblicke, die uns besonders in der Erinnerung bleiben. Und verspielt und albern können wir nirgends besser sein, als wenn wir wirklich allein und unbeobachtet sind und uns absolut spontan und frei verhalten können. Wir sprechen völlig ungehemmt mit uns selbst. Wir machen absolut dummes Zeug oder verhalten uns kindisch. Wir spielen die Spielchen unserer Phantasiewelt. Und wir geben uns voll und ganz unseren spontanen Wünschen hin.

Das Ausleben verspielter Triebe fällt oft in den Bereich des Trödelns; aber gerade solche unstrukturierten Phasen dienen als Ausgleich für jene Zeiten, die uns ein hohes Maß an Selbstdisziplin und immer nur Arbeit und Arbeit abverlangen. Sie helfen uns, uns zu erholen, zu entspannen und uns geistig abzulenken, so daß wir mit neuer Energie und frischer Perspektive wieder an unsere produktiven Beschäftigungen herangehen können.

Nehmen wir zum Beispiel den gehetzten Collegeprofessor, der oft mit seinen Sitzungen, Vorlesungen, Forschungsprojekten und den Anforderungen, die Kollegen und Studenten an ihn stellen, terminlich völlig ausgebucht ist. Sein Leben ist in jeder Hinsicht so strukturiert und verplant, daß er nur selten Zeit für sich hat. Können Sie sich die Freude vorstellen, die er empfand, als er völlig unerwartet einmal vor einem unverplanten Nachmittag stand?

»Ich brauchte zunächst eine Weile, um mich auf diese völlig neue Situation einzustellen, daß ich Zeit hatte, ohne irgend etwas unbedingt machen zu müssen. Natürlich gab es immer Dinge, die ich machen *konnte* – Zeitung lesen und ähnliches –, aber ich mußte niemandem, wie auch immer, Rechenschaft über diesen doch insgesamt ansehnlichen Zeitblock ablegen. Ich setzte mich auf die Terrasse und merkte, wie langsam eine gewisse Panik in mir aufkam. Mann, was für ein Geschenk! sagte ich mir. Aber was soll ich mit dieser Zeit anfangen?

Als ich anfing, mich zu entspannen, und mein Gehirn etwas mehr abschalten konnte, streifte ich die Schuhe und Socken ab. Es tat gut, einfach so ungehemmt mit den Zehen zu wackeln, und ich sagte mir: ›Jetzt oder nie!‹, und ich zog *alles* aus. Haben Sie jemals die Erfahrung gemacht, wie es ist, wenn man sich keine Gedanken machen muß, wie man aussieht, wenn es außer einem selbst niemanden gibt, den man beeindrucken muß?

Ich saß einfach da und sog die Sonne in mich auf. Ich dachte an all die Dinge, die ich machen wollte – einen Brief schreiben, eine Zeitschrift lesen, all das Übliche. Aber dann überlegte ich mir, es könnte auch Spaß machen, mich spontaneren Dingen hinzugeben. Da ich schon einmal nackt war wie ein Schwein, fühlte ich mich auch etwas verrucht. Es gab einige Dinge, die ich schon immer einmal hatte tun wollen, aber aus reinen Hemmungen heraus nie getan hatte. Als erstes schaltete ich mir eine Seifenoper ein – ich hatte noch nie eine gesehen, außer in kurzen Auszügen beim Umschalten in andere Sendungen. Es machte mir ausgesprochenen Spaß! Als nächstes ging ich die Treppe hoch und versuchte, in mich hineinzuhorchen, um auf weitere Dinge zu kommen, die ich schon immer hatte ausprobieren wollen. Was machte ich? Ich ging an den Schrank meiner Frau, wühlte in ihrer Reizwäsche herum und nahm einige Teile heraus, um sie anzuprobieren. Ich zog ihre Unterwäsche an und führte sie mir selbst vorm Spiegel vor. Ich kam mir absolut bescheuert dabei vor und schämte mich meines Verhaltens auch etwas. Ausgerechnet ich, wo ich den Ruf habe, so korrekt zu sein. Wenn die Leute mich dabei hätten sehen können...!

Als ich mich dann aber im Spiegel in einem roséfarbenen Body aus Spitze sah, wurde ich etwas ernüchtert und zog schleunigst einen Trainingsanzug an, um meine Exkursion mit etwas anderem fortzusetzen. Ich fühlte mich wie ein Kind in einem Süßwarenladen und hatte Angst, dies könnte meine letzte Chance sein, jemals wieder solche Genüsse ausprobieren zu dürfen. Als ich Hunger bekam, aß ich *als erstes* das Dessert, und dann probierte ich irgendwelche seltsamen Zusammenstellungen aus. Schließlich schaffte ich den Weg ins Studio, legte einige meiner Lieblingssinfonien auf und dirigierte mit schwungvollen Gesten die Musiker. Ich brauche wohl nicht zu sagen, daß ich es schade fand, als der Nachmittag vorbei war. Als meine Frau nach Hause kam, fand sie mich wie üblich mit einem Stoß Arbeiten von Studenten auf dem Schoß, ruhig in der Bibliothek sitzend, während leise eine Bach-Sonate im Hintergrund spielte.«

Dieser mit Spontaneität gefüllte Nachmittag veranschaulicht, wie wir unser Leben bereichern können, wenn wir es uns zugestehen, verspielter zu sein, wenn wir allein sind. Wir können uns beibringen, freier und ungehemmter zu sein und uns selbst mehr anzunehmen, so daß wir unserer inneren Stimme folgen können, ohne uns zu sorgen, wie wir vielleicht in den Augen anderer dastehen.

Selbstgespräche

Eine weitverbreitete Form des spontanen Spiels, wenn wir allein sind, ist das Selbstgespräch – in Form von Stöhnen und Ausrufen, langen engagierten Gesprächen, geflüsterten Worten der Ermutigung oder Selbstkritik. Im Zweifel geht es bei solchen Selbstgesprächen vielleicht kaum um mehr als darum, sich selbst so etwas wie einen klugen freundschaftlichen Rat zu geben, ein wichtiger Aspekt dabei ist jedoch das spielerische Element. Denn wenn wir mit uns selbst sprechen, übernehmen wir bestimmte Rollen und testen verschiedene Standpunkte, um zu hören, wie sie klingen.

Ein hochangesehener Anwalt beichtete eine Vorliebe, die keiner in seiner Familie und keiner seiner Freunde bei ihm vermuten würde, eine Vorliebe, die darin besteht, mit verstellter Stimme mit sich selbst zu sprechen:

»Ich war schon immer etwas melodramatisch. Vor meinem Jurastudium habe ich von einer Karriere als Schauspieler geträumt. Aber der Gerichtssaal ist einfach eine wesentlich lukrativere Bühne . . . Soweit ich zurückdenken kann, führe ich Selbstgespräche. Meine Eltern fanden das immer ganz witzig – ich glaube, sie fanden es eher niedlich und süß als verrückt. So fühlte ich mich bestärkt und war nicht so gehemmt bei meinen kleinen Spielchen. Wenn ich im Wagen unterwegs bin, spazierengehe oder allein im Büro oder zu Hause bin, führe ich ständig Gespräche mit verschiedenen Stimmen mit mir. Dabei gibt es eine Stimme, die ausgesprochen albern ist. Dann gibt es noch die Besserwisserstimme, ein Bariton, der immer weiß, wo's lang geht – ein halbes Dutzend verschiedene Stimmen, die ich regelmäßig benutze.«

Die meisten Monologe finden im Alleinsein statt – im Auto, während eines Spaziergangs, oder wenn man allein zu Hause ist –, damit andere nicht denken, man sei verrückt. Schließlich können Personen, die ständig und unterschiedslos laut ihre Selbstgespräche führen, im

Zweifel in der Psychiatrie landen. Der Unterschied zwischen geistiger Gesundheit und Geisteskrankheit ist natürlich nicht nur eine Frage der Häufigkeit und Intensität, mit der man laut mit sich selbst spricht, sondern ob man dabei erwischt wird.

Durch das laute Aussprechen von Gedanken werden Botschaften auf unterschiedlichen Ebenen vermittelt, da man eine Idee nicht nur denkt, sondern auch sagt und hört. Das heißt, wir reden mit uns, wenn wir allein sind, um klarer denken zu können, um auszuprobieren, wie ein Plan sich anhört, und um uns selbst Gesellschaft zu leisten. Eine Bibliothekarin, die nicht wenig Zeit mit dem Ein- und Umräumen von Büchern verbringt, nutzt ihre Selbstgespräche, wie sie sagt, sowohl als reinen Zeitvertreib als auch, um schwierige Probleme zu lösen:

»Ich rede sehr viel mit mir selbst. Damit meine ich nicht nur irgendwelche banalen Bemerkungen, die einem immer mal wieder rausrutschen, ich meine wirklich lange angeregte Gespräche. Besonders wenn ich eine wichtige Entscheidung treffen muß, spreche ich laut mit mir und höre mir all die Vor- und Nachteile möglicher Optionen an. Manchmal probiere ich sogar verschiedene Körperhaltungen aus, einfach um zu testen, wie ich mich fühlen würde, wenn ich mich in einer bestimmten Weise verhielte. Meistens plappere ich aber nur einfach vor mich hin – Gedanken über das, was ich tue, oder über Dinge, die ich statt dessen gerne tun würde.«

Viele der von mir Interviewten sagten, dieses Reden mit sich selbst bringe ihnen ein gewisses Wohlbehagen wie auch Unterhaltung. Eine Frau sagte zum Beispiel, daß es ihr im Beisein anderer immer schwer falle, wirklich locker zu sein. Auf Partys, bei Sitzungen oder sonstigen gesellschaftlichen Anlässen ist sie außerstande, einfach sie selbst zu sein, und zieht sich aus Angst, irgendwie negativ aufzufallen, in den Hintergrund zurück. Wenn sie jedoch allein ist, sieht die Geschichte ganz anders aus:

»Ich bin auf einer Farm groß geworden. Als Kind fuhr ich viel mit dem Fahrrad und machte lange Radtouren. Wenn ich unterwegs war, machte ich immer irgendwelche Spiele. Dabei spielte ich ganze Stücke mit einem ganzen Ensemble von Charakteren durch. Es war nie, als sei ich wirklich dabei, sondern vielmehr, als würden die Charaktere durch mich miteinander sprechen. Ich war nur das Publikum, das dem Schauspiel zusah, das sich dort vor ihm entfaltete.

Heute als Erwachsene fahre ich zwar kein Rad mehr, ich spiele aber immer noch diese Stücke durch, wenn ich in meinem Wagen unterwegs bin. Ich habe eine Stimme, die ansonsten noch niemand gehört hat. Sie klingt sehr theatralisch, wie die einer britischen Schauspielerin oder Politikerin. Es ist die gleiche Stimme, die ich schon als Neunjährige benutzt habe. Ich plane diese Geschichten nie. Diese Stimme kommt manchmal einfach aus mir heraus, wenn ich allein bin, sie gibt mir Ratschläge, unterstützt mich, stellt mir Fragen. Der Punkt ist, daß es mir nach diesen Dialogen oder Spielen immer bessergeht.«

Ebenso findet eine ältere Frau, die ihren Mann vor einigen Jahren verlor, Erleichterung in den Monologen, die sie führt, wenn sie allein ist. Wenn sie sicher ist, daß niemand sie hören kann, besonders wenn sie in ihrem Auto unterwegs ist, spricht sie mit ihm, als ob er nach wie vor da wäre:

»Ich fühle mich manchmal einfach so einsam. Ich vermisse ihn so sehr. Ich habe es mir irgendwie angewöhnt, wenn ich für mich bin, einfach so mit ihm zu reden, wie ich es immer getan habe. Der einzige Unterschied ist, daß er immer derjenige war, der fuhr; heute fahre ich selbst. Ich weiß, ich muß wie eine verrückte Alte aussehen, wenn ich so vor mich hinrede, aber wenn man mein Alter erreicht hat, dann glaube ich, hat man ein Recht, das zu machen, wozu man Lust hat.«

Solche Selbstgespräche bringen Trost und Wohlbehagen und leisten in gewisser Weise Gesellschaft, wenn Sie Lust auf Gesellschaft haben, auch wenn es nur ein anderer Teil von Ihnen ist, der diese Rolle übernimmt. Das trifft dann insbesondere zu, wenn die Art und Weise, wie Sie mit sich sprechen, weitestgehend unterstützend (»Weiter so! Das machst du gut. Nur noch etwas mehr. Gute Arbeit!«) statt herabwürdigend ist (»Verdammt! Ich schaffe das nicht! Ich bin ein Vollidiot!«).

Phantasien ausleben

Eine weitere Aktivität, die viele genießen, wenn sie allein sind, besteht darin, Phantasien ihres geheimen Selbst auszuleben. Menschen, die relativ ungehemmt sind, können diese spontanen Triebe herauslassen und damit in Kontakt mit einem Teil von sich kommen, der seit Kindheitstagen mehr oder weniger intakt geblieben ist. Das häufigste Beispiel ist vielleicht, wenn Sie sich dabei ertappen, wie sie bei der Musik, die Sie hören, mitsingen oder eine Sinfonie »dirigieren«, die aus Ihrer Stereoanlage kommt. Andere spielen »in der Luft Gitarre« und sehen sich als den weltberühmtesten Rockstar oder erschießen mit den Fingern irgendwelche Figuren auf dem Fernsehschirm oder posieren als Bodybuilder oder Ballerina vor dem Spiegel.

Ein Mann, Ende Dreißig, beschreibt, wie ungehemmt und verspielt er sein kann, wenn er allein ist und manchmal Phantasien aus seiner Kindheit auslebt:

»Unser Haus ist gespickt voll mit Waffen, ein Vernichtungsarsenal, über das die meisten kleinen Jungen verfügen. Auch mein Sohn verfügt über das übliche Sortiment von Schwertern, Weltraumwaffen, G.I. Joe-Geräten, Uzi-Wasserpistolen, Laserstrahlpistolen und batteriebetriebenen Gewehren. Wenn ich allein im Haus bin, nehme ich mir manchmal so ein Spielzeug von meinem Sohn. Am liebsten die Uzi-Wasserpistole, mit der man zehn Meter weit schießen kann. Ich tue dann so, als würde ich von einem unglaublich brutalen Feind angegriffen – mal sind es außerirdische Wesen, ein andermal Ninjas oder Commandos. Ich bewege mich vorsichtig durch das Haus, achte darauf, daß ich nicht in irgendeine Falle oder einen Hinterhalt gerate, tauche in Couchen unter, überlege mir Gegenangriffe und führe wie auf einer Bühne Kampfszenen aus. Und wenn ich wirklich in Stimmung bin und das Haus so richtig voll »Ungläubiger« ist, dann löse ich alle Bremsen und fange an, Handgranaten in alle dunklen Ecken zu werfen (zusammengerollte Socken sind phantastische Handgranaten). Normalerweise habe ich nur etwa fünfzehn Minuten, um zu spielen, ehe ich wieder an die Arbeit muß, aber dadurch, daß ich mich Kind in meiner eigenen Welt sein lasse, kommen so viele schöne Erinnerungen zurück.«

Ein Collegestudent erzählt ein weiteres Beispiel aus dem Spektrum der Möglichkeiten wie Phantasien ausgelebt werden, wenn man allein ist:

»Ich liebe es, in der Garageneinfahrt Korbbälle zu werfen. Ich kann das stundenlang machen – immer wieder verschiedene Würfe üben, wobei ich so tue, als spielte ich bei den Lakers. Und es gibt ein Spiel, das ich besonders gern mit mir spiele. Ich tue so, als käme ein Mädchen, an dem ich sehr interessiert bin, gerade vorbei, wenn ich eine besondere Glanzleistung vollbringe. Dann stelle ich mir all die Dinge vor, die sie für mich tun würde, wenn sie sähe, wie mir ein irre toller Schuß gelingt. Manchmal benutze ich den Korb wie Tarotkarten oder eine Alphabettafel, wie sie bei spiritistischen Sitzungen verwendet wird, wobei ich mir dann eine wichtige Frage stelle und den Ball entscheiden lasse, wie die Antwort ausfällt.«

Phantasien werden realer, wenn sie ausgelebt werden. Sie auszuleben ist nicht nur befriedigend um der Unterhaltung willen, sondern auch hilfreich, um Probleme unter wirklichkeitsähnlichen Bedingungen durchzuspielen. So liebt eine Frau es, für sich Gespräche durchzuspielen, in denen sie Leuten, von denen sie sich eingeschüchtert fühlt, gerne die Meinung gesagt hätte:

»Ich stelle mir vor, wie ich meinen Chef vor dem ganzen Büro demütige. Wir haben zu Hause diesen Sessel, der ein bißchen wie der meines Chefs aussieht – er ist zumindest groß und erinnert mich an ihn. Ich stelle mir vor, wie er so geschniegelt und selbstgefällig dort sitzt und ich ihn anschreie und ihm sage, was für ein egoistischer, unsensibler Rüpel er in Wirklichkeit ist. Das ist *so* befriedigend!«

Frustrationen und Aversionen so auszuleben, hat eine kathartische Wirkung. Wenn Sie solche Gefühle für sich behalten, sie weder direkt zum Ausdruck bringen noch sie herauslassen, wenn Sie allein sind, baut sich oft Wut auf. Diese Gefühle können sich jedoch verflüchtigen, wenn Sie sich die Erlaubnis geben, auf das kindliche Niveau zurückzufallen – und mit Phantasiefiguren zu sprechen, so zu tun, als dirigierten Sie ein Philharmonieorchester, sich darauf einzulassen, Perücken oder verrückte Kleidung anzuprobieren, mit fremden Akzenten zu sprechen oder sich irgendeiner der anderen vielen Beschäftigungen hinzugeben, die als verboten oder rebellisch betrachtet werden könnten.

Verbotene Früchte

Es hat einen ganz besonderen Reiz, wenn wir allein sind, Dinge zu tun, an denen andere Anstoß nehmen könnten. Schließlich wurmt es irgendwie, wenn einem gesagt wird, man dürfe irgend etwas nicht tun, selbst wenn man in Wirklichkeit nicht einmal besondere Lust hätte, es zu tun. Als Teenager wollten wir viele Dinge machen, die unsere Eltern ausdrücklich verboten. Wir sollten uns von einem bestimmten Freund fernhalten oder einen bestimmten Film nicht sehen, den sie geschmacklos fanden, oder bestimmte Orte meiden. Und sie warnten uns auch, die Finger von bestimmten Dingen zu lassen, nicht zu trinken, kein Junk-food zu essen, nicht zu rauchen, nicht mit Drogen zu experimentieren und uns keine schlechten Gewohnheiten wie Masturbieren oder Nägelkauen anzueignen.

Trotzdem haben wir einiges davon gemacht. Es war unser Weg zu zeigen, daß man uns nicht ganz kontrollieren konnte, daß wir einen eigenen Kopf hatten und selbst Entscheidungen treffen konnten. Dabei stellten wir nicht nur fest, daß unsere Eltern mit ihren Prophezeiungen manchmal falsch lagen, sondern daß es aufregend war, verbotene Dinge hinter ihrem Rücken zu tun.

Die meisten von uns nutzen ihr Alleinsein, um ihre rebellischen Triebe auszuleben, wobei wir aus dem Gefühl, etwas Verbotenes zu tun, ein besonderes Prickeln beziehen. Viele, die ich interviewte, sagten, sie machten gelegentlich Dinge, von denen niemand etwas wüßte. Ein geläufiges Beispiel beschreibt ein Jugendlicher, für den es mit einem besonderen Kitzel verbunden ist, sich in der Küche verbotenen Gelüsten hinzugeben:

»Zu den besten Dingen, wenn ich allein zu Haus bin, gehört,, daß ich, wenn ich Durst habe, Milch oder Cola direkt aus der Flasche trinken kann. Und ich nasche gern mit den Fingern in den Schüsseln, in denen meine Mutter die Reste aufbewahrt. Sie würde mich umbringen, wenn sie es wüßte.«

Die meisten vergessen die Etikette und neigen zu anderen Regeln, wenn sie allein essen. Das gilt nicht nur für das, was sie essen und wieviel sie essen, sondern auch dafür, wie sie essen. Ein einfaches Beispiel für diesen Punkt ist etwa, wenn uns etwas auf den Boden fällt, nicht irgend etwas, sondern, sagen wir, das letzte Stückchen Käse, das letzte Stückchen Apfel oder das letzte Stück Kuchen, das im Kühlschrank war. Natürlich würden wir es wegwerfen, wenn andere dabei wären; es wäre unschicklich, es einfach abzuspülen oder sauberzumachen und in den Mund zu schieben. Aber würden Sie in jedem Fall genauso handeln, wenn Sie allein sind?

In jeder Kultur sind die Ernährungs- und Eßgewohnheiten von Tabus umgeben: So gibt es zum Beispiel das Verbot zum Verzehr bestimmter Tiere (Schweine im Nahen Osten, Kühe in Indien, Schweine und Schalentiere bei gläubigen Juden, Katzen in Nordamerika und Europa und bestimmte Vorschriften, wie zu essen ist (etwa nicht mit der linken Hand in bestimmten Kulturen oder mit geschlossenem Mund kauen wie in unserer Gesellschaft).

In seinen Ausführungen über diese kulturellen Tabus erklärt der Anthrophologe Marvin Harris, wie bestimmte Tiere das Objekt religiöser Sanktionen wurden: Weil sie zu teuer in der Aufzucht waren, oder weil ihr anhaltender Verzehr den bestehenden Existenzmodus hätte gefährden können.[1] Was denn auch erklärt, warum wir zum Beispiel keine Katzen essen (die gebraucht werden, um die Rattenpopulation möglichst niedrig zu halten) oder nicht von gemeinschaftlichen Tellern (wodurch Krankheiten verbreitet werden könnten). Aber sobald wir den überwachenden Blicken anderer entzogen sind, werden die normalen Regeln der Eßgewohnheiten vorübergehend außer Kraft gesetzt.

Ob im Dunkel der Nacht, wenn alles schläft, oder am hellichten Tag, wenn die anderen im Haus anderweitig beschäftigt sind, für uns allein zu essen ist oft eine völlig andere Erfahrung als etwa in einem Restaurant oder in einer größeren Gesellschaft zu essen. Bei meinen Untersuchungen, was Leute in der Küche tun, wenn niemand dabei ist, wurden am häufigsten folgende Verhaltensweisen genannt:

Dinge naschen, die nicht Teil der vorgeschriebenen Diät sind. So vieles, was wir tun, geschieht mit dem Ziel, den Beifall anderer zu finden. Wenn wir verbotene Dinge naschen, möchten wir nicht, daß unser Arzt oder die Familie erfährt, daß wir uns nicht an die Diät halten, die doch zu unserem Besten ist. Es ist fast, als glaubten wir, wenn niemand sieht, daß wir uns nicht daran halten, daß es nicht wirklich zählt. Hier kommt die gleiche magische Begründung ins Spiel, die uns zum Beispiel auch glauben läßt, daß die Kalorien einer Diätsoda die eines Schokoriegels zunichte machen, daß Plätzchen ihre Kalorien verlieren, je mehr sie zerkrümelt werden, daß Dinge, die aus »medizinischen« Gründen konsumiert werden, gut für uns sind (wie Brandy, heiße Schokolade oder Pflaumen in Likör).

Es ist schon manchmal lustig, wie wir versuchen, solche Schwächen zu begründen. Eine Frau, die sich normalerweise recht streng an eine fett- und cholesterinarme Diät hält, gesteht, wie sie sich gelegentlich in die Küche schleicht, wenn sie sich unbeobachtet fühlt:

»In gewissen Abständen, deren Zyklus ich nicht ganz verstehe, befällt mich der manische Drang, Eiskrem zu verschlingen. Möglich, daß es mit Streß oder so etwas zu tun hat und daß ich es einfach brauche, mir etwas Gutes zu tun, auch wenn ich dabei wie wahnsinnig über die Stränge schlage. Ich weiß, daß ich diese Tage im voraus plane. Ich habe das ganz selten impulsiv gemacht. Ich bewahre für diesen Zweck extra eine 2-Liter-Dose mit sahnigem lockerem Schokoeis im Gefrierschrank auf. Wenn es dann soweit ist, warte ich, bis das Haus ruhig ist und ich sicher sein kann, daß ich ungestört bleibe. Dann setze ich mich direkt neben den Gefrierschrank, so daß ich, wenn ich jemanden kommen höre, die Dose sofort verschwinden lassen kann. Und dann esse ich die ganze Portion auf. Ich meine, wenn ich schon esse, dann kann ich gleich auch *richtig* essen.«

Dinge naschen, die wir nicht sollen, ist etwas, was früh in unserem Leben beginnt, wie mein siebenjähriger Sohn mir offenbarte, nachdem ich ihm versprochen hatte, seiner Mutter davon nie etwas zu erzählen:»Wenn Mama weggeht und mich mit der Putzfrau allein läßt, fresse ich richtig. Ich klettere auf den Küchentisch, dann komme ich an die Plätzchen oben im Schrank. Bis heute hat noch niemand was gemerkt.«

Mit den Fingern essen. In einer Reihe von Kulturen ist es die akzeptierte Norm, mit den Fingern zu essen. In unserer westlichen Kultur hat sich die Verwendung von Eßbestecken durchgesetzt, die wir als effizienter und steriler betrachten. Aber: Es kann enormen Spaß machen, auf Besteck zu verzichten, und manchmal ist es einfach bequemer, wenn man vor dem offenen Kühlschrank steht und nur kurz kosten möchte. Ein Mann erzählte, wie viel Spaß es ihm macht, mit den Fingern zu essen:

»Wenn ich könnte, wie ich wollte, würde ich es immer machen. Es gibt hier ein afrikanisches Restaurant, wo ich oft hingehe, weil ich dort in aller Öffentlichkeit mit den Fingern essen kann. Was ich normalerweise nur heimlich tue. Ich glaube, meine Frau weiß von meinem kleinen Geheimnis, aber sie hat noch nie irgend etwas gesagt. Und was ich auch mache, ist, anderen Dinge vom Teller zu nehmen, wenn sie nicht hinschauen, oder besser, wenn ich glaube, nicht erwischt zu werden. Letzthin war ich abends mit einem Freund essen. Er bestellt sich Shrimps... die ich liebe. Als er zum Telefonieren weg war, langte ich über den Tisch und schnappte mir eine. Als er zurückkam, setzte er sich hin, besah sich seinen Teller, als vermißte er eine, zuckte dann aber einfach irritiert mit den Schultern und aß weiter. Ich könnte andere ja einfach fragen, ob sie mich kosten lassen, aber das würde nicht einmal annähernd so viel Spaß machen.«

Außergewöhnliche Kombinationen zusammenstellen. Wenn wir allein sind, experimentieren wir auch eher und erfinden Kombinationen, die andere im Zweifel befremdeten oder ekelhaft fänden. Ein Mann, der gerne in der Küche herumexperimentiert, wenn niemand da ist, beschreibt einige seiner kreativen Ideen:

»Ich liebe es, immer wieder andere Arten von Sandwiches auszuprobieren. Da meine Familie vor meinen Meisterwerken doch nur immer wieder zurückschreckt, ist das etwas, was ich am liebsten tue, wenn ich allein bin. Eine meiner Spezialitäten ist zum Beispiel ein Roggenbrot belegt mit geschnetzelter Leber, Sardinen, Perlzwiebeln, eingelegten sauren Gurken und einem dicken Schuß Senf obendrauf. Ein andermal werfe ich einfach zusammen, was ich gerade im Kühlschrank finde – und stecke vielleicht einen übriggebliebenen Pfannekuchen zusammen mit Erbsen, roten Paprikaschoten und etwas Vanillejoghurt in ein Pitabrot. Was soll's? Am Ende landet doch alles am gleichen Ort.«

Bei vielen Dingen, die wir tun, wenn wir allein sind, geht es darum, unseren ganz persönlichen Vorlieben und Geschmäckern Rechnung zu tragen – genau das zu essen, wonach uns zumute ist, und einfach so zu essen, wie wir es möchten, ohne irgendwelche Kompromisse mit jemandem schließen zu müssen. Wir können das reguläre Essen ganz ausfallen lassen und nur den Nachtisch essen. Wir können uns die Hände an der Hose abwischen oder den Mund am Ärmel. Wir können aufstoßen, ohne uns entschuldigen zu müssen. Wir können aus der Flasche trinken und mit den Fingern essen. Und ebenso steht es uns natürlich frei, die tadellosen Tischmanieren wie bei einem offiziellen Essen beizubehalten.

Unser geheimes Selbst

Nicht jeder wächst aus der natürlichen Neugier des Kindes oder der Rebellion des Teenagers heraus. Viele Menschen leben, wie wir gesehen haben, in einer geheimen Welt, wenn sie für sich sind – sie leben ihre Phantasien aus, befriedigen sich selbst, naschen und schleichen heimlich herum, um Dinge zu tun, die sie nie in Gegenwart anderer täten. Diese Geheimnisse können vom absolut harmlosen heimlichen Tagebuchschreiben oder heimlichen Rauchen auf der Veranda über die ganze Skala bis hin zur voyeuristischen Betätigung, dem Beobachten anderer in ihrer privaten Welt gehen.

In Kapitel 9 werden wir noch auf problematischere Formen heimlicher Aktivitäten eingehen, aber es gibt auch unproblematische Formen, wie sich das geheime Selbst manifestiert. Einig sind wir uns wohl darin, daß manche heimlichen Verhaltensweisen selbstzerstörerisch oder ein Zeichen mangelnder Selbstkontrolle sind: Etwa der Alkoholiker, der hinter dem Rücken anderer trinkt, oder der Voyeur, der in die Intimsphäre anderer eindringt, oder der Eßsüchtige, der sich Freßanfällen hingibt. Jenseits davon gibt es jedoch auch viele Grauzonen, in denen das geheime Selbst lediglich auslebt, was die betreffende Person darunter versteht, »es sich gut gehen zu lassen«. Sofern solche Verhaltensweisen nicht die Rechte anderer verletzen oder selbstzerstörerische Motive verkörpern oder negative Konsequenzen nach sich ziehen, sind diese heimlichen Akte im Zweifel harmlos, solange sie nicht bis ins Extrem getrieben werden.

Freizeitdrogen. Wenn wir das Gefühl haben, daß bestimmte Dinge von anderen nicht akzeptiert werden, wir sie aber dennoch tun möchten, werden wir mit unserem Verhalten zwangsläufig in den Untergrund getrieben. Manchmal macht es gerade erst richtig Spaß, bestimmte Dinge zu tun, wenn niemand etwas davon weiß. Das trifft manchmal für den Konsum von Drogen und Alkohol zu, wenn man versucht, damit Hemmungen zu überwinden und verspielter zu sein. Ein Mann raucht zum Beispiel gelegentlich heimlich Marihuana. Er raucht heimlich, erklärt er, nicht weil seine Frau etwas dagegen hätte, sondern weil er den besonderen Kitzel der Rebellion genießt, es ohne ihr Wissen zu tun:

»Wenn alle oben vor dem Fernseher hocken, schleiche ich mich in den Keller, um einen Joint zu rauchen. Es bedarf sorgfältiger Planung, um das durchzuziehen, obwohl es nur ein Spiel ist. Meiner Frau macht es nichts, wenn ich rauche, aber für mich bringt es einen besonderen Kitzel in die Sache, wenn ich versuche, es hinter ihrem Rücken zu machen. Ich belüge sie nie, da sie es immer an meinem Atem riecht, aber sie ist zumindest so anständig, so zu tun, als merke sie nichts. Ich glaube nicht, daß der eigentliche Grund, warum ich es mache, der Wunsch ist, high zu sein – zumal ich das Gefühl nicht einmal mehr so berauschend finde. Nein, ich mache es hauptsächlich um des Spaßes des Davonschleichens willen. Ich gehe auf Zehenspitzen die Treppe hinunter und versuche, mich daran zu erinnern, wo sie knackt und knarrt. Um möglichst lautlos zu sein, ziehe ich sogar meine indianischen Mokassins an. Es gibt mir einfach ein gutes Gefühl, mich von jedem und allem wegzustehlen, wenn auch nur für ein paar Minuten. Wenn ich mich dann wieder oben bei meiner Familie einfinde, bleibe ich noch eine Zeitlang in meiner eigenen Welt. Ich mache es nicht so sehr, um der Wirklichkeit zu entfliehen, als vielmehr, um mein Wahrnehmungsvermögen zu schärfen. Es ist ein Weg, wie ich mich von der Welt absondern und tiefer in mich hineingehen kann, um meine Bewußtheit zu erhöhen und meine Wahrnehmungsfähigkeit zu schärfen. Der besondere Reiz ist für mich auch, etwas zu tun, wovon niemand etwas weiß. Es erinnert mich irgendwie an das besondere Prickeln, das es mir immer gab, ein Plätzchen zu klauen, ohne daß meine Mutter merkte, daß die Plätzchendose verrückt war.«

Der Nervenkitzel, den dieser Mann mit seinem Herumschleichen verband, war jedoch nicht die einzige Verlockung bei seinem Drogenkonsum. Gehirnwirksame Chemikalien können euphorische, bewußtseinserweiternde und unterhaltsame Erfahrungen induzieren, aber auch erschreckende – und sie können zu Abhängigkeiten führen. Abgesehen von Gesellschaften, in denen Drogen ein fester Bestandteil religiöser Zeremonien sind, gehört Drogenkonsum zu den heimlichsten Erfahrungen. Da bestimmte Drogen (abgesehen von Alkohol) in unserer Gesellschaft illegal sind, und weil deren Wirkung sich oft in Rückzugsgefühlen und Introspektion äußert, ziehen die meisten es vor, sie in völliger Abgeschiedenheit zu nehmen. Ein Grund, warum viele mit diesen potentiell gefährlichen und abhängigmachenden Substanzen experimentieren, ist ihr Potential, Hemmungen zu reduzieren. Und wenn wir dem Bild den Aspekt des Verbotenen hinzufügen, der mit dem Konsum dieser Substanzen verbunden ist, können wir sehen, wie unglaublich verlockend sie sind.

Die Privatsphäre anderer verletzen. Genau wie verbotenes Naschen oder verbotener Drogenkonsum sind viele andere Dinge, denen wir nachgehen, wenn wir allein sind, just ob ihres verbotenen und geheimen Aspektes mit einem Nervenkitzel verbunden. Viele geben nur widerwillig zu, daß ihr Verhalten, wenn sie allein sind, und sei es auch nur für wenige Minuten, von anderen Regeln und moralischen Maßstäben diktiert wird. Unersättliche Neugier veranlaßt viele zum Beispiel, die Grenzen der Privatsphäre anderer zu verletzen. Durchaus typisch ist beispielsweise der Fall einer Frau, die offen über ihre klammheimlichen Aktivitäten sprach, denen sie sich hingibt, wenn

immer sie im Haus einer Bekannten allein in einem Zimmer zurückgelassen wird und warten muß.

»Wann immer ich eine Zeitlang allein in einem Zimmer bin,
schnüffele ich in den Sachen der Leute herum. Ich schaue mir zunächst die Sachen an, die herumliegen. Und wenn genügend Zeit ist,
um etwas gründlicher zu sein, öffne ich die Schubladen und Schränke
und schaue auch unter die Möbel. Ich weiß, ich bin eine Schnüfflerin.
Aber ich habe schon die seltsamsten Dinge gefunden, die die Leute
einfach so herumliegen lassen, so daß jeder sie finden kann. Es ist mir
unbegreiflich, wie vertrauensselig manche Leute sind. Mann, ich
würde nie jemanden in meinem Haus allein lassen!«

Ein weiteres Beispiel, wie manche in der Intimsphäre anderer
herumschnüffeln, wird durch einen jungen Mann veranschaulicht,
dessen Motive für seine Schnüffelaktionen in den Habseligkeiten anderer jedoch weit über den Punkt der Neugier hinausgehen:

»Ich war bei Mädchen nie sehr beliebt. Tatsache ist, daß ich nicht
sehr viel Erfahrungen mit Mädchen habe. Ich habe Bilder und all
diese Dinge von nackten Mädchen gesehen, ich habe aber noch nie
eines in natura nackt gesehen. Vor vielen Jahren, als ich jemanden
besuchte – ich weiß nicht mehr, ob es eine Verwandte oder eine
Freundin meiner Eltern war –, habe ich angefangen, mich ins Schlafzimmer von Mädchen zu schleichen, sofern es Mädchen im Haus
gab. Wenn alle unten zusammen beim Essen waren oder sich unter-
hielten, gab ich vor, auf die Toilette zu gehen, oder ich stahl mich
einfach davon. Wenn ich dann das richtige Schlafzimmer gefunden
hatte, suchte ich die Schubladen durch, bis ich die mit der Unterwäsche gefunden hatte – und stahl einen BH. Ich habe lange BHs gesammelt und jede Menge davon. Ich rieche gern an ihnen und stelle mir
dabei vor, daß das Mädchen mit mir in einem Zimmer ist. Es macht
irgendwie Spaß, sie alle anzuschauen und bei jedem zu versuchen,
sich vorzustellen, wie das Mädchen darin aussähe. Und es ist jedesmal verdammt aufregend und erregend, meine Sammlung mit neuen
zu ergänzen. Ich bin bisher noch nie dabei geschnappt worden.«

Ein anderes Beispiel, wie Menschen ihre allzu menschliche Neugier offenbaren, geht über das reine Inspizieren der Dinge anderer
hinaus. Filme haben seit jeher auch einen gewissen voyeuristischen
Reiz, indem sie den Zuschauer in der Illusion des Spitzels wiegen, der
die Personen auf der Leinwand mit ausspioniert. Und manche nehmen ihren voyeuristischen Trieb dann mit aus dem Kino hinaus und

schauen durch die Fenster realer, lebendiger Menschen. Hier geht es nicht um offiziell diagnostizierte Voyeure, als vielmehr um Personen, die gelegentlich den Drang verspüren, ihre Neugier zu befriedigen, was denn andere so machen. Ein mit Fug und Recht wohl als außergewöhnlich neugierig zu bezeichnender Mann hat regelrecht ein System entwickelt, wie er seine Nachbarn beobachten kann, was wohl nur angesichts des Stadtlebens in der heutigen Zeit denkbar ist:

»Ich wohne in einem Apartmenthaus, in einem dieser riesigen Glaskästen. Da meine Wohnung im neunundzwanzigsten Stock liegt, habe ich einen ungehinderten Blick auf alle umliegenden Gebäude. Wenn ich aus meinem Fenster blicke, sehe ich Tausende von Lichtern, die in den anderen Apartmenthäusern an- und ausgehen. Da ist ein Gebäude direkt gegenüber von mir, das dreihundert oder vierhundert Fenster hat, in die ich aus unterschiedlichsten Blickwinkeln hineinschauen kann. In einigen Wohnungen kann ich nur die Kronleuchter sehen. In anderen kann ich nur die Füße der Leute sehen. Aber bei gut drei Dutzend Fenstern kann ich direkt in das Leben der Leute sehen. Ich kann beobachten, wie sie kochen oder fernsehen oder sich streiten oder was auch immer Leute machen. Natürlich ziehen die meisten die Vorhänge zu, wenn es wirklich etwas Gutes zu sehen gäbe, aber Sie können sich nicht vorstellen, wie viele Leute das offenbar vergessen. Vielleicht machen sie's auch bewußt, oder es ist ihnen egal, wer weiß.

Ich habe ein Teleskop, das ein Onkel mir als Kind geschenkt hat. Es gibt nichts Besseres, als einen Abend allein zu verbringen, das Licht in meiner Wohnung auszuschalten, mir einen Joint zu drehen oder eine Flasche Wein aufzumachen und mich gemütlich an meinem Ausguck einzurichten. Das ist unterhaltsamer als der beste Film.«

Diese Offenbarungen sind typisch für jene Art ganz privater »Untergrund«-Augenblicke, die nur denkbar sind, wenn die Betreffenden sich unbeobachtet fühlen. Die Gesetze und Moralvorschriften der Gesellschaft werden manchmal außer Kraft gesetzt, wenn Menschen allein sind und sich zu Aktivitäten verleiten lassen, denen sie nie und nimmer nachgingen, wenn andere davon wüßten. Und das erklärt denn auch, warum der Rückzug in die Vereinzelung über die Jahrhunderte hinweg nicht allzugern geduldet wurde: Aus Angst, die Abgeschiedenheit der Vereinzelung sei der Nährboden für abweichlerische oder gefährliche Verhaltensweisen.

Über Konventionen hinwegsetzen

Jenseits solcher moralischen Überschreitungen und devianten Verhaltensweisen, die sich bei manchen in ihren ganz privaten Augenblicken durchsetzen, ist es exakt die Aufhebung der Überwachung von außen, durch die wir uns freier fühlen können. Da wir ungehemmter, spontaner und verspielter sind, wenn wir allein sind, können wir uns über die konventionellen Grenzen des Verhaltens und Denkens hinwegsetzen. Und eine Freiheit und Unabhängigkeit gewinnen, die uns die größten Befriedigungen und Vergnügungen ermöglichen: Wir können in die Spiele unserer Kindheit zurückverfallen, uns lächerlich benehmen und ein Dasein genießen, das, abgesehen von denen, die *wir* uns selbst auferlegen, nur wenige Regeln und Grenzen kennt. Und es sind diese Augenblicke in absoluter Zurückgezogenheit in denen große schöpferische Ideen geboren werden.

8. Phantasie und Kreativität

In jeder Sekunde unseres Lebens, ob wir wach sind oder schlafen, ob wir angestrengt nachdenken oder geistig abgeschaltet haben, funken Milliarden elektrischer Impulse durch unser Gehirn und erzeugen einen steten Strom von Gefühlen, Bildern, Ideen und Empfindungen. Wann immer unser Gehirn nicht anderweitig beschäftigt ist, geht es ganz von selbst seine eigenen Wege – es greift weit in die Vergangenheit zurück oder auch auf mögliche Erfahrungen in der Zukunft voraus, es wartet mit absurden, weltfremden Ideen auf, oder es veranlaßt uns, etwas Wundervolles zu schaffen. Diese individuell einmalige Erfahrung findet statt, ob wir allein sind oder uns inmitten einer Menschenmenge befinden.

Jenseits dieses mehr oder weniger willkürlichen Flusses von Ideen und Bildern legen wir in unserem Leben regelmäßig Phasen zum Nachdenken oder zur schöpferischen Betätigung ein. Ein derartiger Rückzug in die Phantasie und Vorstellungskraft ist mehr als nur ein Weg der Freizeitbeschäftigung; er ist die Grundlage zur Entwicklung der persönlichen Identität und Sinnfindung in der Welt.

Menschen, die gern allein sind, genießen jede sich bietende Gelegenheit, um über den Sinn ihres Lebens und ihre Zielsetzungen nachzudenken. Sie hinterfragen ihre Absichten und ihr Handeln. Sie lassen Ereignisse aus der fernen und jüngeren Vergangenheit Revue passieren, um daraus Schlüsse für die Zukunft zu ziehen. Sie nutzen die Phantasie, um ihrem kreativen Geist freien Lauf zu lassen. Kurz: Sie sind denkende Wesen, die die Freuden genießen, die sich ursächlich daraus ergeben, daß sie ihre Vorstellungskraft nutzen.

Das Phantasieleben unseres geheimen Selbst

Kreativität bedingt eine intensive geistige Aktivität – die Fähigkeit, sich alle möglichen Eventualitäten, »was wäre, wenn...«, auszumalen und sich Dinge, die man gesehen hat, in neuen abgewandelten Formen vorzustellen. Beflügelt wird die Kreativität durch eine aktive Imagination und ein reges geistiges Leben. Die Phantasien, die zu kreativen Taten führen, sind im übrigen auch eine ausgesprochen erquickliche Form der Selbstunterhaltung und Selbstverwirklichung. Ein Werbetexter beschreibt ein geheimes Selbst, das wohl nur wenige jemals kennenlernen werden:

»Ich bin ein Poet. Ich war immer ein Poet und werde immer einer sein. Davon weiß ansonsten niemand etwas. Die Leute, die mich von der Arbeit her kennen, glauben, mein ganzer Lebensehrgeiz bestehe darin, ständig neue Radiospots oder griffige Slogans für neue Produkte zu schreiben. Aber ich lebe, um Dichter zu sein. Ich denke ständig an die Zeit, wenn ich endlich diesen ganzen Mist hinter mir lassen und ernsthaft schreiben kann. Bis es soweit ist, nutze ich die Mittags- und Kaffeepausen sowie meine freien Stunden spät abends, um dichterisch mein Bestes zu geben. Der Punkt ist, ich habe noch nie jemandem meine Gedichte gezeigt oder sie zur Veröffentlichung eingereicht. Ich weiß, Sie würden jetzt sagen, ich habe Angst vor Ablehnung, und Sie haben recht. Meine Phantasien, wie leidenschaftliche junge Frauen über eines meiner Gedichte in Verzückung geraten, sind so perfekt, warum sollte ich also das Risiko eingehen, das alles zu verderben?«

Der Rückzug in die Phantasie ist ein probates, spontan wirksames Mittel zur Abwehr von Langeweile, Ruhelosigkeit oder Spannungsgefühlen. Wann immer Sie das Bedürfnis verspüren, sich abzulenken oder selbst zu unterhalten, bietet die Phantasie eine stets greifbare Alternative. Quantitativ und zeitlich wohldosiert genossen, ist die Phantasie wesentlich mehr als eine Flucht vor der Realität, sie ist das Ventil für kreative Energie. Ein Mann beschreibt eine Phantasie der tiefsinnigeren Art, die er hatte, als er mittags mit seinen Kollegen in der Kantine Schlange stand:

»Einige der besten Ideen kommen mir bei den seltsamsten Anlässen in der Öffentlichkeit. Bei einer Party oder mitten in irgendeinem belanglosen Gespräch, das ich schon Dutzende Male in dieser oder ähnlicher Form gehört habe, klinke ich mich einfach ein oder zwei Minuten aus. Ich bin sicher, daß ich dabei genau wie alle anderen aussehe – ich lächele, nicke bestätigend mit dem Kopf und ähnliches. Aber in meinem Kopf gehe ich auf Reisen, sehe mich an fernen Orten, gebe mich meinen gedanklichen Spielchen hin und frage mich, wie es wäre, wenn dieses oder jenes anders wäre.

Heute stand ich zum Beispiel in der Kantine Schlange, ungeduldig und nervös, als mir, ich weiß nicht, wie, der Gedanke kam, was wäre, wenn ich in meinem Leben keine Erwartungen mehr hätte. Ich werde sehr oft enttäuscht von anderen, bin frustriert, wenn es in einer Schlange nicht schnell genug vorwärts geht oder wenn Leute mich hängenlassen. Und ich fing an, mir vorzustellen, wie mein Leben wäre, wenn ich aufhörte, irgend etwas von irgendwem zu erwarten. So schwer es mir auch fallen würde, das tatsächlich umzusetzen, aber ich fand Gefallen daran, wie es wäre, nie mehr enttäuscht zu werden.«

Die Phantasie kann bei nahezu jeder geistigen Aktivität im Spiel sein – bei Vorstellungen, Tagträumen, Visualisierungen, Träumereien, Grübeleien und Bewußtseinsströmen. Diese Aktivitäten finden bewußt und unbewußt statt, spontan und gezielt. In all seinen unterschiedlichen Manifestationen ist unser Phantasieleben der Kern unseres geheimen Selbst – und es bietet viele nutzbringende Effekte zur Wahrung unserer geistigen und psychischen Gesundheit.

Der Wert der Phantasie

In unserer Kultur hat der nüchterne Realismus einen hohen Stellenwert. Kein Wunder also, daß die meisten Menschen, wenn sie sich ihrer Phantasie hingeben, gewisse Schuldgefühle empfinden und sich fragen, ob diese Art von Beschäftigung nicht vielleicht sogar schädlich sein kann. Die Phantasie ist, so sagt ihnen ihr Gefühl, ein Terrain, das doch eigentlich den Künstlern und den Träumenden vorbehalten ist. Ist es nicht schon schwierig genug, unser Leben auf dem vorgegebenen geraden und engen Pfad zu leben, ohne daß wir nun auch noch unsere ganz privaten Gedanken überwachen müssen? Schließlich lehrten Eltern, Lehrer, die Kirche und die Medien uns, mit »schmutzigen Gedanken« oder verbotenen Ideen Schuldgefühle zu verbinden, als ob an etwas Anstößiges *denken* das gleiche wäre, wie es zu *tun.*

Zeitgenössische Psychologen wie Jerome Singer[1] haben demgegenüber festgestellt, daß Phantasien unserem Leben Farbe und Würze geben und eine Form des kreativen Spiels darstellen, das zu unterschiedlichen Zwecken weiterentwickelt werden kann:

• Phantasien wirken beruhigend und entspannend und stellen somit ein natürliches Schmerz- und Beruhigungsmittel dar. Die Alphawellen im Gehirn sowie Herzschlag und Blutdruck können durch beruhigende Phantasien positiv beeinflußt werden.

- Phantasien helfen, Gefühle der Einsamkeit abzuwehren. Sie ermöglichen es uns, enge Beziehungen aus der Vergangenheit wieder heraufzubeschwören oder die Verbindung zu geliebten Menschen zu vertiefen, die räumlich von uns getrennt sind.
- Die Phantasie ist ein sicherer Weg, die Welt zu erkunden. Wir können überall hinfahren, ohne einen Pfennig auszugeben.
- Wir können uns auf bevorstehende Kämpfe vorbereiten und effektive Interventionsmöglichkeiten durchspielen, indem wir uns vorstellen, wie die Dinge sich entwickeln und wie wir entsprechend darauf reagieren könnten.
- Die Phantasie ist eine Lösung für Langeweile. Egal, wie wenig um uns herum los ist, in unserem Innern gibt es immer das unbegrenzte Unterhaltungsprogramm unserer Imagination.
- Über die Phantasie können wir Bedürfnisse befriedigen, die aus finanziellen, legalen und moralischen Gründen außerhalb unserer realen Möglichkeiten liegen.
- Phantasieübungen fördern sowohl bei Kindern als auch bei Erwachsenen die Kreativität und die Denkprozesse. Die Fähigkeit, sich vorzustellen,»was wäre, wenn...«, war und ist die Grundlage jeden wissenschaftlichen Fortschritts und jeder künstlerischen Leistung.

Viele dieser Charakteristika werden im Leben einer Frau veranschaulicht, die ich interviewte, eine einst sehr erfolgreiche Handelsvertreterin. Ihre ausgezeichneten beruflichen Leistungen führte sie in weiten Teilen auf ihre Fähigkeit zurück, sich in Zusammenhang mit ihren Verkaufsverhandlungen immer wieder neue Taktiken und Möglichkeiten vorzustellen und kreative Lösungen zu finden. Sie gab sich darüber hinaus auch fortwährend ihren Phantasien hin, wie sie innerbetrieblich die Karriereleiter hochklettern wollte – als erstes sah sie sich als Verkaufsmanagerin, als nächstes als Vizepräsidentin der Marketingabteilung und schließlich als Aufsichtsratsvorsitzende. Am Ende empfand sie die Tatsache, daß sie sich ständig gedanklich mit Macht und Ehrgeiz beschäftigte, jedoch selbst als störend, so daß sie anfing, ihr Phantasieleben zu ändern.

»Vielleicht war es auch anders herum. Vielleicht änderten sich als erstes meine Phantasien, und *das* war dann der Motor, meinen Lebensstil zu ändern. Zumindest weiß ich noch soviel: daß ich mich selbst nicht mehr sonderlich leiden konnte, wenn ich soviel Zeit mit meinen Träumereien verbrachte, wieviel Geld ich verdienen und wie groß das von mir kontrollierte Verkaufsgebiet sein würde. Sobald ich da herausgekommen war, merkte ich, daß meine Phantasien sich mehr mit meinem Wunsch beschäftigten, anderen Menschen näher zu sein.«

Die von Jerome Singer und anderen Experten vorgelegten Forschungsergebnisse bestätigten die positiven Effekte der Phantasie. Typisch für Kinder, die viel phantasieren, ist zum Beispiel, daß sie mehr Selbstkontrolle und ein verbessertes Konzentrationsvermögen haben und weniger unter Ängsten und Frustrationen leiden. Außerdem scheinen sie sich besser mit sich selbst beschäftigen zu können und sind nicht abhängig von anderen, um Ablenkung zu finden. Und da sie ihr Gehirn mehr beanspruchen, sind sie flexiblere Denker und Problemlöser.

Als Erwachsene werden geübte »Phantasierer«, so hat sich gezeigt, besser mit Krisen fertig, und sie können sich besser Veränderungen anpassen als Vergleichspersonen, die ihren Imaginationen keinen gebührenden Freiraum gaben. Singer erklärt dazu:

»Der geübte Tagträumer hat die Kunst der raschen Gangart gelernt, so daß er schnell zwischen inneren und äußeren Kanälen hin und her schalten kann, ohne allzuoft an Hindernissen hängenzubleiben. Er hat eine Ressource erschlossen, die ihm durch detaillierte Planung eine gewisse Kontrolle über die Zukunft gibt, die es ihm ermöglicht, sich bei langweiligen Zugfahrten und stumpfsinnigen Routinearbeiten zu amüsieren, und die eine Quelle der Stimulation ist, seine Stimmung durch phantasievolle innere Spiele zu verändern.

Ein gutentwickeltes Phantasieleben scheint also die Grundlage von innerer Ruhe und Gelassenheit zu sein. Da die Phantasie die Menschen anhält, verspielt, einfallsreich und geistig aktiv zu sein, sind Phantasierer auch weniger gelangweilt, weniger anfällig für Drogenmißbrauch und psychisch gesünder als Personen, die ihre geheimen Tagträume im Keim ersticken.«[2]

Welchen Phantasien geben Menschen sich hin?

Es gibt einige Themen, die immer wieder im Phantasieleben auftauchen. Diese Bereiche sind zwar universal in der menschlichen Erfahrung, sie reflektieren aber dennoch die individuellen Werte, die jeder von uns hochhält, ob wir nach Macht, Selbstkontrolle oder Erregung streben. Ähnlich wie unsere Träume sagen unsere Phantasien eine Menge darüber aus, was uns wichtig ist und was wir in unserem Leben vermissen.

Die meisten Phantasien sind keineswegs exotischer Natur, sondern drehen sich um die nüchternsten Dinge des täglichen Daseins. Proportional gesehen sind Phantasien über Sex relativ selten (sie beanspruchen weniger als ein Prozent unseres Denkens); am üblichsten sind Phantasien, die sich zum Beispiel darum drehen, was man kochen soll, welche Strecke man für den Heimweg wählt oder um die Worte eines Lieblingssongs.

Sex. Sexuelle Phantasien mögen zwar nicht zu den häufigsten aus dem Spektrum der Phantasien gehören, mit denen wir uns am meisten beschäftigen, sie gehören aber definitiv zu den erregendsten und aufregendsten. Nach außen hin mag es so aussehen, als säßen Sie absolut ruhig in einer Konferenz, arbeiteten an Ihrem Schreibtisch, ständen locker irgendwo herum oder führten eine zwanglose Konversation, wenn mit einmal ungewollt, aber nicht unwillkommen, lebhafte sexuelle Bilder durch Ihr Gehirn tanzen. Ihr Herz schlägt schneller, Ihre Säfte beginnen zu fließen, und ein verstohlenes Lächeln huscht über Ihr Gesicht. Diese ganz private sinnliche Reise wird von einem Mann beschrieben, der sich in seiner Phantasie als das willige, aber passive Opfer einer Verführung sieht:

»Ich erledige draußen irgend etwas, einkaufen oder meine Wäsche abholen, einfach etwas, was ich zu erledigen habe, als mich diese sehr verloren und unschuldig wirkende Frau nach irgendeiner Straße fragt. Ich versuche, ihr weiterzuhelfen, aber sie wird nur immer verwirrter. So daß ich ihr schließlich anbiete, ihr den Weg zu zeigen. Aber das beste an der Phantasie ist, daß ich in Wirklichkeit nicht viel machen muß. Ich meine, sie tut irgendwie den ersten Schritt und gabelt *mich* auf. Und das ist das Großartige daran – sie verführt *mich*. Ich gehe einfach mit ihr und überlasse mich dem, was sie vorhat und möchte.«

Wie dieser Mann verdeutlicht, können sexuelle Phantasien recht erfolgreich zur Ablenkung und Stimulation genutzt werden. Sie sind auch hilfreich als Methode der Streßreduzierung, wie eine Frau erklärt:

»Ich habe ein ganz besonderes Phantasieritual entwickelt, das ich jeden Abend nutze, um einzuschlafen. Manchmal brauche ich Wochen, bis ich ein spezielles Szenario ganz durch habe. Es ist sehr erotisch. Ich stelle mir dabei den absolut perfekten Mann vor, der vierundzwanzig Stunden am Tag und sieben Tage in der Woche lieben kann, ohne sich zwischendurch erholen zu müssen. Ich komme nie sehr weit, weil ich mittendrin einschlafe, am nächsten Abend mache ich dann weiter. Ich brauche zumeist einige Abende, um nur die Handlung entstehen zu lassen. Diese Phantasien drehen sich immer um ein ähnliches Thema, obwohl der Ort wechseln kann. Wenn ich diese Szenarien nicht vor meinem geistigen Auge entstehen lasse, fange ich an, mir wegen irgendwelcher Dinge Sorgen zu machen. Diese Phantasien erfüllen also einen sehr sinnvollen Zweck. Sie helfen mir, daß ich mich entspannen und meine Aufmerksamkeit vor dem Einschlafen schönen Dingen zuwenden kann.«

Geld. Eine typische Geldphantasie ist etwa die, die eine Sekretärin erzählte. Sie verdient siebzehntausend Dollar im Jahr und träumt davon, wie Reichtum ihr zu wesentlich mehr Freiheit verhelfen könnte:

»Ich denke mehr, als ich zugeben möchte, darüber nach, was ich machen würde, wenn ich ein festes Einkommen von zweihunderttausend Dollar im Jahr hätte. Ich müßte nie mehr meinem Chef begegnen, diesem arroganten Hund! Ich müßte mir nie mehr von irgend jemandem etwas sagen lassen und nach der Pfeife anderer tanzen. Ich wäre von niemandem mehr abhängig, daß er mich versorgt. Ich könnte mir einen Porsche kaufen, ein großes Haus, eine ganz neue Garderobe. Ich könnte reisen wohin und wann ich wollte.«

Phantasien vom Reichwerden sind bei Männern ebenso verbreitet wie bei Frauen. Geld wird gleichgesetzt mit Macht, Macht nicht nur über andere, sondern vor allem über das eigene Schicksal. Mit diesen Phantasien von grenzenlosem Reichtum werden Freiheit, Respekt und Macht verbunden, Dinge, von denen die Betreffenden glauben, sie würden sie bekommen, wenn sie nur reich wären. In Wirklichkeit beziehen diejenigen aus den oberen Einkommensklassen dann aber weniger Befriedigung aus ihrem Wohlstand als die weniger Vermögenden es sich in ihrer Phantasie ausmalen.

Ein Arzt, der ein dickes sechsstelliges Einkommen aus dem mittleren Zahlenbereich einstreicht, beschreibt, wie Geld seine Phantasien verändert, ihm aber nicht mehr Freiheit gegeben hat:

»Die ganze Zeit, während ich mich durch mein Medizinstudium kämpfte, habe ich davon geträumt, einmal das zu haben, was ich heute habe... aber die Ironie an der Sache ist, daß ich keine Zeit habe, es zu genießen. Mein Steuerberater hat mich so veranlagt, daß ich ein hohes Einkommen behalten muß, damit noch etwas dabei herausspringt. Meine Praxis ist voll, und ich schaffe es nicht, neue Patienten abzuweisen; dazu sind die Erinnerungen noch zu frisch, als daß ich nicht mehr wüßte, wie es war, als ich mich durchkämpfen mußte. Heute, in den kostbaren Minuten, in denen ich allein und nicht im Krankenhaus oder in der Praxis bin oder Bereitschaftsdienst habe, träume ich davon, wie es wäre, ein einfacheres Leben zu führen.«

Nichtsdestotrotz wären viele natürlich froh, wenn sie die Probleme dieses Mannes hätten. Einer der häufigsten Träume ist heute möglicherweise der vom großen schnellen Geld: Man braucht sich nur die langen Schlangen vor den Lotto-Annahmestellen anzuschauen. Während sich vor fünfzig Jahren solche Träume noch um den Tod eines reichen Verwandten drehten, setzt man mit seinem Glück heute auf Gewinnzahlen:

»Ich tue so, als hätte ich im Lotto gewonnen und denke an all die Dinge, die ich mit dem Geld machen würde. Ich würde aufhören zu arbeiten und allen sagen, daß sie mir den Buckel runterrutschen können. Es macht einfach Spaß, mir vorzustellen, wie ich in einer Limousine herumfahre, es mir am Swimmingpool gutgehen lasse, an Wohltätigkeitsveranstaltungen teilnehme, mich feiern lasse und phantastische Klamotten trage. Ich denke nicht *immer* daran, aber es macht von Zeit zu Zeit einfach Spaß, davon zu träumen, wie anders dann alles wäre.«

Zukunftspläne. Was uns im Innern beschäftigt, hat oft mit Zukunftsplänen zu tun. Wenn wir unser Handeln vorstrukturieren, uns mit möglichen Entwicklungen auseinandersetzen und die absehbaren Konsequenzen einkalkulieren, können wir produktiver in der Welt funktionieren. Auf einer anderen Ebene werden Zukunftsphantasien genutzt, um uns vor einer möglichen Tragödie zu schützen, indem wir uns ein Szenario ausmalen, bei dem wir vom Schlimmsten ausgehen und uns sodann überlegen, wie wir damit fertig werden können. So spielt eine Mutter von kleinen Kindern im Geiste zum Beispiel immer wieder durch, wie sie ihr Leben organisieren würde, wenn sie ihren Mann verlöre:

»Ich stelle mir vor, wie es weiterginge, wenn mein Mann sterben würde. Ich möchte am liebsten gar nicht darüber nachdenken, aber ich kann einfach nicht anders. Mein ganzes Leben dreht sich um ihn. Er versucht, mich immer wieder zu beruhigen, und sagt mir, ich käme schon zurecht, und vielleicht wäre es ja auch so, ich weiß es einfach nicht. Aber ich denke immer wieder daran, wie ich leben würde, was ich meinen Kindern sagen würde, welche Entscheidungen ich treffen würde, wo ich leben würde, einfach wie ich überleben würde.«

Phantasien sind auch so etwas wie eine Kostümanprobe, wo wir unseren Einfallsreichtum spielen lassen und andere Lebensformen »anprobieren« können, um zu sehen, wie wir uns damit fühlen. Ein erfolgreicher Geschäftsmann, der in der Lebensmitte den Schritt wagte, sich beruflich zu verändern, erklärt, welche Rolle sein Phantasieleben in diesem Zusammenhang spielte:

»Ich hatte eigentlich schon immer den starken Wunsch, Menschen zu helfen. Die ganze Zeit, wo ich mit Marktforschung, Marketing und Verkaufen zu tun hatte und versuchte, mit all meiner Energie, das Beste aus allem herauszuholen, habe ich nie wirklich eine sonderliche Befriedigung empfunden. Ich sah mich in dieser Zeit immer wieder in irgendwelchen helfenden Berufen – als Sozialarbeiter oder als Polizist in der Innenstadt, als Lehrer an einer Sonderschule oder als Trainer von Straffälligen. Ich habe eine Therapie gemacht, und die ganze Zeit stellte ich mir vor, ich säße auf dem Stuhl meiner Therapeutin. Sie erschien mir so brillant und ausgeglichen und klar in allem, was sie sagte. Ich merkte, daß es ihr wirklich etwas gab, Menschen zu helfen.

Und in meiner realen Welt saß ich dann in den Empfangshallen irgendwelcher Firmen herum, mit denen ich meine Geschäfte abwickelte, und dachte nicht etwa über ihre Probleme nach, sondern darüber, welches Leben ich lieber führen würde. Ich hatte immer ein kleines Notizbuch bei mir, in dem ich alle denkbaren Wege und Möglichkeiten durchrechnete, wie ich mir ein Studium finanzieren könnte. Ich zeichnete Pläne von einer Klinik, die ich einrichten und leiten wollte. Ich fertigte tausend verschiedene Entwürfe von meinem idealen Büro an. Ich stellte mir den Ledersessel vor, in dem ich sitzen würde, und die genaue Anordnung der Möbel, in denen die Patientenunterlagen aufbewahrt würden. Und ich notierte mir in einem Tagebuch die besten Sätze meiner Therapeutin, Dinge, die ich eines Tages selbst verwenden wollte.«

Diese innere Auseinandersetzung wurde für den Geschäftsmann letztlich der Anstoß, sich einen lebenslangen Traum zu erfüllen und sich beruflich zu verändern. Seine Phantasien hielten ihm die Ziele vor Augen, die seinem Leben wirklich einen Sinn gaben. Mittels ihrer Imagination können Menschen, die sich angesichts der Zwänge der Realität frustriert und festgefahren fühlen, sich umfassender auf ihre insgeheim gehegten Wünsche einlassen.

Phantasien sollten nicht als Lebensersatz, sondern als Ergänzungen des alltäglichen Lebens genutzt werden. Sie sind nicht nur ein allzeit griffbereites Mittel zur Abwehr von Langeweile, sondern auch ein Stimulator für ein kreativeres, produktiveres Leben. Tatsache ist, daß reale Lebensziele in der Phantasie geboren, formuliert, durchgespielt und so erst die Voraussetzungen geschaffen werden, um sie zu erreichen.

Vergangenheit durchspielen. Für die große Mehrzahl von uns gilt, daß wir Vorkommnisse aus der Vergangenheit wiederaufleben lassen, um Höhepunkte unseres Lebens nochmals zu erleben oder auch, um die Wiederholung von Fehlern, die wir gemacht haben, zu vermeiden. In manchen Fällen ist das neuerliche Durchspielen von Höhepunkten in der Phantasie auch zu einer Art Trost für ein Leben geworden, das einen Teil seines Glanzes verloren hat. So bekennt etwa eine alternde Schönheitskönigin, die einst in die Endausscheidung der »Miss America«-Wahl kam:

»Ich kann gar nicht sagen, wie oft ich diese Woche meines Lebens nochmals durchlebt habe. Ich war an der Weltspitze. Ich habe jeden einzelnen Augenblick, jedes Gespräch noch genau vor mir. Ich habe das Publikum, die Juroren und die anderen Mädchen noch genau vor Augen. Es gibt nichts, was auch nur annähernd an diese Erfahrung herankommt. Ich bin geschieden. Ich bin gebrochen. Ich habe keine Arbeit. Meine Kinder sind fast erwachsen. Und alles, was ich habe, sind diese Photos an der Wand und meine Erinnerungen.«

Der Geist ist ein Lager gespeicherter Erinnerungen, die griffbereit abgelegt sind, um bei Bedarf abgerufen zu werden. Typisch für solche Träumereien von der Vergangenheit ist beispielsweise auch folgendes Bekenntnis:

»Ich lasse besonders aufregende Zeiten in meinem Leben immer wieder aufleben – jene besonderen Zeiten, die ich nicht vergessen möchte. Es gibt Dinge, die herausragen, wie eine Rede, die ich einmal vor einem absolut begeisterten Publikum hielt, oder die Zeit, als ich noch in der High-School-Mannschaft spielte, oder meine erste sexuelle Begegnung... einfach ganz gewöhnliche Dinge, die mir wichtig sind.«

Des weiteren spielen wir in unserer Phantasie immer wieder durch, was wir hätten sagen oder tun sollen, wenn wir die Chance hätten, eine Situation nochmals zu erleben, und es dann besser und anders zu machen. Die Schilderung einer Frau veranschaulicht diesen Punkt:

»Worüber ich am meisten nachdenke, wenn ich allein bin, sind Dinge, von denen ich mir gewünscht hätte, ich hätte sie gesagt, als es darauf ankam. Ich werde manchmal so nervös, daß ich es einfach nicht schaffe, den Leuten zu sagen, was ich denke. So lasse ich zu, daß andere mich ausnutzen. Meine Mutter sagt mir immer wieder, was ich zu tun und wie ich mein Leben zu leben habe. Und jeder gibt irgendwie seinen Senf dazu. Ich höre mir normalerweise an, was andere mir zu sagen haben. Aber, Mann, innerlich koche ich und möchte ihnen am liebsten sagen, sie sollen sich um ihren eigenen Mist kümmern! Diese Dinge spiele ich immer wieder in meinem Kopf durch. Und ich stelle mir vor, wie ich ihnen sage, was ich wirklich denke.«

Unterhaltung. In der Regel werden Phantasien zur Überbrückung von Anflügen von Nervosität oder Langeweile oder von Phasen genutzt, in denen man, zwischen zwei Aufgaben, nicht weiß, was man tun soll. Sie sind eine Methode der Selbst-Unterhaltung und haben kaum eine andere Bedeutung. Bei diesen Phantasien handelt es sich im Zweifel weder um Botschaften des Unbewußten, noch um vielsagende Metaphern für ungelöste Probleme in unserem Leben. Sie stellen manchmal nichts weiter als ein Vergnügen dar, mit dem wir unstrukturierte Zeit herumbringen, eine Gelegenheit, die inneren Zensoren abzuschalten und den Geist frei und ungehindert, wie es ihm gefällt, wandern zu lassen. In moderaten Dosen genossen stellt die Phantasie eine angenehme und vorübergehende Flucht vor der Realität und ebenso ein Ventil für kreative Energie dar.

Eine junge Hausfrau, die den ganzen Tag allein in ihrer Wohnung ist, unterhält sich damit, daß sie sich ein Heim vorstellt, das sie eines Tages gerne hätte: »Ich male mir aus, wie ich mein Traumhaus bauen und ausstatten würde. Ich stelle mir jeden einzelnen Raum vor, gehe hindurch und versuche mir zu überlegen, wie ich ihn dekorieren und möblieren würde.«

Die Phantasien sind oft so verschieden, wie die Leute, die sie haben. Durchaus typisch ist auch folgende Phantasie, die ein Mann mittleren Alters erzählte:

»Ich tue so, als könnte ich die Gedanken von Leuten lesen. Ich stelle mir irgendwie vor, wie sie wirklich sind. Wenn ich zum Beispiel am Flughafen Aufenthalt habe, dann setze ich mich in die Wartehalle und beobachte die Leute, die vorbeigehen. Ich suche nach Mustern. So habe ich zum Beispiel festgestellt, wenn ich einen Pfeifenraucher sehe, daß man fast auch darauf wetten kann, daß er Schuhe mit Gummisohlen trägt. Ich denke mir auch Geschichten aus, wohin die Leute fliegen und was sie dort machen, wenn sie ankommen.«

Fest steht, daß Phantasien ein Schlüssel zu unseren unerfüllten Wünschen sind. Die Themen und Inhalte unserer Tagträume mögen sich im Laufe der Zeit in dem Zuge verändern, wie wir bestimmte Bedürfnisse befriedigen können und neue Ziele und Interessen entwickeln. Große Maler, Schriftsteller, Denker, Erbauer und Erfinder bringen der Imagination höchsten Respekt entgegen, da sie die Quelle der Inspiration für Ideen ist, aus denen Meisterwerke hervorgehen können. In all ihren verschiedenen Formen stellt die Phantasie jene Art von innerem Alleinsein dar, die es uns erlaubt, unsere innere Welt und unsere Kreativität zu entwickeln.

Quellen der Kreativität

Während der Vorgang des Phantasierens durchaus auch in der Gesellschaft anderer stattfinden kann, kann die Umsetzung einer Phantasie in Kreativität jedoch nur erfolgen, wenn wir allein sind. Ohne die Abschottung von anderen Einflüssen und Ablenkungen ist es schwierig, sich wirklich auf seine einmalige persönliche Vision zu konzentrieren. Es ist schon schwierig genug, etwas Neues zu schaffen; es ist aber noch schwieriger, wenn man durch den Lärm anderer Einflüsse die eigene Stimme nicht hören kann. Deshalb weigerte der Schriftsteller Henry Miller sich zum Beispiel kategorisch, irgend etwas zu lesen, wenn er an einem Buch arbeitete: »Jeden Autor, in den ich mich verliebe, möchte ich imitieren. Wenn ich mich doch nur selbst imitieren könnte...!«[3]

Die meisten Künstler, Schriftsteller und Denker haben ihre Einsamkeit freiwillig gesucht, manchen wurde sie aber auch zwangsweise auferlegt. Diese Zwangsisolation hat bei der Produktivität vieler Denker und Autoren gleichwohl eine wichtige und inspirierende Rolle gespielt. Etliche der weltberühmtesten Denker und Autoren – Platon, Aristoteles, Ovid, Marco Polo, Machiavelli, Martin Luther, Voltaire, Roger Bacon, Daniel Defoe, Victor Hugo, Turgenjew und Dostojewskij zum Beispiel – teilten das Schicksal zeitweiliger Haft oder Verbannung. In den meisten Fällen verbanden diejenigen, die sie ins Gefängnis warfen, damit die Hoffnung, diese Worttäter zu lähmen und ihren »gefährlichen« Ideen die Schlagkraft zu nehmen. Nie kamen sie auf die Idee, daß eine derartige Deprivation dazu führen könnte, daß diese Denker nur um so entschlossener, produktiver, unabhängiger und kreativer wurden. Einige schufen unter diesen Bedingungen ihre besten Werke. Cervantes schuf den Don Quijote, während er im Gefängnis saß; Sir Walter Raleigh schrieb während seiner Kerkerhaft im Tower von London seine fünfbändige *Weltgeschichte*.

In unserer heutigen Gesellschaft muß man natürlich nicht im Gefängnis sein, um die Zeit und den Raum zu finden, kreativ zu sein. Und ebensowenig muß man ein Platon oder ein Cervantes sein, um den Reiz und die Befriedigung genießen zu können, etwas Originelles zu schaffen. Gleichwohl ist das schwierigste Problem in unserem vielfach so hektischen Lebensstil, genügend Gelegenheiten zu finden, um unseren kreativen Trieben freien Lauf lassen zu können. Eine vierzigjährige Psychologin genießt ihre Kreativität in der Küche:

»Mein kreativstes Ventil ist das Kochen, dabei kann ich mich regelrecht verlieren. Ich muß nur wissen, daß ich längere Zeit allein bin, daß meine Kinder versorgt sind und mein Mann anderweitig beschäftigt ist. Ich darf dabei nicht gestört werden. Ich muß selbst das Tempo bestimmen können, und das ist im allgemeinen sehr langsam. Während ich koche oder auch schon, wenn ich anfange, mir alle Zutaten zurechtzulegen, die ich brauche, fangen meine Gedanken an zu wandern – ich fange an, frei zu assoziieren. Es ist eine Zeit für mich, in der meine Gedanken sich sortieren können, indem ich sie schweifen lasse, wohin sie möchten. Hier kann ich Dinge in meinem Kopf aufarbeiten und gleichzeitig etwas schaffen, was wichtig für mich ist – eine phantastische Torte, eine köstliche Suppe oder einen knusprigen Auflauf. Ich habe dabei ein Gefühl von Produktivität, das ich so nicht sehr oft habe, da meine Arbeit so abstrakt ist. Ich kann am Ende des Tages nicht aus der Praxis gehen und mir sagen: ›Schau, was ich heute geleistet habe!‹ Die Früchte meiner Arbeit stellen sich wesentlich langsamer ein und sind wesentlich weniger greifbar. Wenn ich dann für mich bin, stürze ich mich mit all meiner Kreativität aufs Kochen oder Backen und kann mir nach nur wenigen Stunden das Ergebnis anschauen.«

Diese Frau fühlt einerseits den Druck der permanenten Anforderungen, die ihre Kinder, ihr Mann, ihre Freunde und Klienten an sie stellen. Andererseits hat sie einen Beruf, bei dem es lange dauert, bis Ergebnisse sichtbar werden. So schätzt sie besonders kreative Aufgaben, die sich in einer Stunde oder an einem Nachmittag bewerkstelligen lassen. Sie hat auch festgestellt, daß andere Beschäftigungen wie Nähen, Gedichte schreiben oder auch, ihren Kindern bei den Hausaufgaben zu helfen, kreative Ventile für sie sind, aber keines ist so befriedigend, wie wenn sie in der Küche vor sich hinarbeiten kann.

Warum sind Menschen schöpferisch tätig?

In seinem Buch über die Einsamkeit schreibt Anthony Storr, daß zu den tiefgreifendsten Kämpfen, die der Mensch zeit seines Lebens auszutragen hat, der Kampf zwischen zwei entgegengesetzten Trieben gehört, namentlich dem Trieb nach Gesellschaft, Liebe und allem, was uns unseren Mitmenschen nahebringt, und dem Trieb nach Unabhängigkeit, Getrenntsein und Autonomie.[4] Ein Paradox, das nach Storrs Ansicht am gesündesten über den kreativen Prozeß gelöst werden kann. Die Kreativität setzt einerseits eine gewisse Isolation und Absonderung voraus, damit die Inspiration keimen kann. Sie verlangt andererseits aber auch, daß die betreffende Person Verbindung zwischen ihren eigenen Visionen und den Ideen anderer herstellt. Keine Wasserfarbe, keine Melodie, kein Sonett, keine Erfindung und kein Rezept steht alleine; jedes existiert innerhalb eines historischen Kontextes und bildet zeitübergreifend eine Brücke zwischen den Menschen.

Schöpferische Werke werden der Gemeinschaft vom Individuum als Geschenk angeboten. Der schöpferische Akt entspricht, so Storr, dem Streben des Menschen nach Ordnung, Harmonie, Einheit und Ganzheit. Der Schriftsteller Graham Greene sah in der schöpferischen Einsamkeit die Grundlage psychischer Gesundheit und ein wirksames Mittel gegen die Verzweiflung: »Schreiben ist eine Art Therapie; manchmal frage ich mich, wie all jene, die nicht schreiben, komponieren oder malen, es zuwege bringen, dem Wahnwitz, dem Trübsinn und der panischen Angst zu entfliehen, die menschlichem Dasein innewohnen.«[5]

Kreative Menschen wie Rudyard Kipling, Franz Kafka, Ludwig van Beethoven, Emily Dickinson, Alfred Tennyson und Sylvia Plath sind, wie Storr schreibt, klassische Beispiele, wie Menschen ihre Depression und Hilflosigkeit in produktive schöpferische Akte verwandeln. Von ihren Beziehungen enttäuscht, kompensierten sie mit schöpferischer Leistung ihre Verlust- und Einsamkeitsgefühle. Sie fanden Trost in den Worten, die sie schrieben, und in den Noten, die sie komponierten. Unfähig, sich anderen nahe zu fühlen, suchten sie ihr ganzes Leben, Nähe zu dem Geist in ihrem Innern zu finden. Sie nutzten ihr schöpferisches Potential, um in der äußeren Welt eine Ordnung zu schaffen, die sie in ihrer inneren Welt nicht finden konnten. Storr erklärt:

> »Die Suche nach Ordnung, nach Einheit, nach Ganzheit ist nach meiner Überzeugung eine motivierende Kraft erster Ordnung im Leben von Männern und Frauen mit den unterschiedlichsten Temperamenten. Der Hunger nach Phantasie ist ein Stück weit in jedem Menschen lebendig. Aber je größer die Disharmonie im Innern ist, desto stärker wirkt der Antrieb, Harmonie zu suchen oder, wenn man eine entsprechende Begabung besitzt, Harmonie zu *schaffen*.«[6]

Man muß jedoch kein großer Komponist oder Schriftsteller sein, um die positiven Effekte schöpferischer Einsamkeit nutzen zu können. Zeit, die Sie damit verbringen, Blumen zu arrangieren, Möbel zu bauen, mit Rezepten zu experimentieren oder einen inhaltlich gewichtigen Brief zu schreiben, kann ebensogut Ihr individueller Weg zur Verbesserung Ihrer Lebensqualität sein. Menschen betätigen sich schöpferisch, um sich selbst zu erweitern, und sie gewinnen bei diesem schöpferischen Prozeß an Vitalität und Lebensfreude. Die Kreativität ermöglicht es Ihnen, die Leidenschaft und Erregung zu erfahren, die mit der Geburt neuer Ideen verbunden sind. Sie stärkt in Ihnen das Gefühl, produktiv zu sein und zum Wohle anderer beizutragen. Und nicht zuletzt sagen viele kreative Menschen, sie hätten das Gefühl, dem Tod irgendwie ein Schnippchen zu schlagen, indem sie etwas von sich hinterlassen, das sie überdauert. Solange irgendein Teil von Ihnen – eine Geschichte, die Sie erzählt, oder ein Objekt, das Sie errichtet haben – in der Erinnerung von Menschen bleibt, die Sie kennen, werden Sie in einem gewissen Sinne auch weiterhin existieren.

Der Psychologe Rollo May beschreibt die Kreativität »als Manifestation des höchsten Grades an emotionaler Gesundheit und als Ausdruck normaler Menschen im Akt der Selbstverwirklichung«.[7] Menschen, die kreativen Bestrebungen folgen, tun das nicht nur, weil sie es möchten, sondern auch, weil sie oft das Gefühl haben, sie *müssen* es tun. Es ist, als hätten sie keine Wahl, als der Stimme in ihrem Innern zu folgen, die lauter und lauter wird, wenn man sie ignoriert.

Der menschliche Trieb, sich kreativ zu betätigen, wird durch die Erfahrung eines Hobbyflötisten veranschaulicht, der anfängt, sich ruhelos und leer zu fühlen, wenn er nicht immer wieder Zeit für sich findet, um ungestört einige Stunden zu spielen:

»Es ist irgendwie interessant für mich: Als Ausbildungsberater stehe ich zwar in einem Beruf, der viel mit Auftreten und Präsentieren vor anderen Menschen zu tun hat, aber Flöte habe ich noch nie vor einem Publikum gespielt. Ich spiele allein und nur für mich. Ich weiß nicht, ob ich gut spiele oder nicht. Es spielt eigentlich keine Rolle, da die Musik in meinen Ohren absolut schön klingt.

In meinem Leben ist so vieles monotone Wiederholung. Es ist durch Verpflichtungen und Termine voll durchstrukturiert. Selbst meine fettarme Diät ist auf einige wenige Grundnahrungsmittelgruppen beschränkt. Aber wenn ich Flöte spiele, ob eine Händel-Sonate oder meine eigenen Improvisationen, dann fühle ich mich völlig frei. Meine Finger gleiten über das silberne Instrument, und dabei kommen unglaubliche Töne heraus, die *ich* schaffe... Mir wird ganz schwindlig bei dem Gedanken, daß ich derart schöne Musik machen kann, daß *mein* Mund und *meine* Finger diese Noten schaffen. Mir fallen keine anderen Zeiten in meinem Leben ein, in denen ich mich lebendiger fühle, außer beim Orgasmus.«

Dieser Mann denkt nicht einmal darüber nach, ob er die Wahl hat zu spielen oder nicht. Die Konsequenzen, wenn er sich in seinem hektischen Alltag nicht die Zeit nimmt zu spielen, sind unannehmbar – er fängt an, sich immer zerrissener zu fühlen. Die Musik ist für ihn erfrischend und stärkend und rüstet ihn, sich der anderen Probleme in seinem Leben mit um so größerem Eifer annehmen zu können.

Diese Erfahrung, kreativ sein zu müssen, um sich lebendig zu fühlen, teilt auch ein Physiker, der sich in den letzten dreißig Jahren mit Modellentwürfen über das Zusammenwirken von Molekülen beschäftigt hat. Seine wissenschaftliche Ausbildung und technischen Fertigkeiten sind zwar eine wichtige Voraussetzung für seine Arbeit, der Erfolg seiner Forschungen hängt jedoch größtenteils von jener Art von abstraktem Denken ab, das Stunden ungestörten Alleinseins erforderlich macht. Von allen Möglichkeiten, wie er seine Zeit verbringen könnte, findet er die größte Befriedigung, wenn er sich ein angemessenes Maß an Zeit für sich nimmt, um ungestört über theoretische Probleme nachzudenken:

»Ich *muß* wirklich allein sein. Das ist keine Frage der Präferenz, es ist ein alles durchdringender Trieb in mir, den ich nicht ersticken kann. Ich brauche Freiheit in meinem Leben, um meiner kreativen Arbeit nachgehen zu können, und es kommt einfach nichts, wenn ich mit anderen zusammen bin. Ich kann nie absehen, wann mir eine kreative Idee kommt – sie kann kommen, wenn ich unter der Dusche oder auf dem Klo bin, wenn ich im Bett liege oder kurz eine Runde um den Block drehe. Ich weiß nur, daß ich allein sein muß, damit sie kommt.

Normalerweise nehme ich mir morgens Zeit für mich, sagen wir zwischen vier und zehn Uhr. Es läßt sich nur schwer beschreiben, was dann passiert, aber ›es‹ passiert. Was ich damit meine, ist, daß es in meinem Kopf, wenn es so weit ist, mit einemmal klick macht, nachdem alle Informationen und Daten lange genug in mir gegärt haben und sich der Pfropfen plötzlich löst. Ich lächele dann über mich selbst, weil ich weiß, daß ›es‹ gerade passiert ist. Ich fühle ein Prickeln im Gesicht, und ich bin ganz aufgeregt wegen dem, was ich glaube, gerade entdeckt zu haben. Ich koppele mich von der Welt ab – nicht bewußt, aber ich kann dann mit niemandem sprechen. Ich kann anderen was vorspielen, mit dem Kopf nicken und dummes Zeug reden, aber ich bin nicht wirklich da. Mein Körper ist da, aber ich habe ihn verlassen, um in meine eigene Welt zu entschwinden.«

Dieser Physiker hat einen Weg gefunden, kreative Inspirationsschübe in sein Arbeitsleben zu integrieren. Andere, die nicht in Berufen stehen, die ihnen einen großen Spielraum belassen, um innovativ zu sein, finden nebenberuflich Wege und Möglichkeiten, ihre Lebensqualität mit kreativen Beschäftigungen zu verbessern.

Kreative Nebenbeschäftigungen

Ein Arzt, mit dem ich mich lange unterhielt, leidet etwas unter dem Gefühl, daß seine Arbeitstage weitestgehend Routine sind. Er hat hart gearbeitet und lange studiert, um Arzt zu werden; er bezieht aus seiner Arbeit zwar sehr viel Befriedigung, sehnt sich aber dennoch nach neuen Herausforderungen. Er hat für sich als Erfinder nun eine Nebenbeschäftigung gefunden, die für ihn ein Weg ist, sowohl seine Lebensqualität als auch das Leben anderer zu verbessern und zugleich die Monotonie seiner Alltagsroutine zu unterbrechen:

»Die tägliche Praxis der Medizin entbehrt wirklich jeder Kreativität. Man muß sehen, und das machen sich die meisten nicht bewußt, daß man bei der Diagnose und Behandlung einer Krankheit sehr wenig denken muß, das Ganze ist mehr eine Frage, in bestimmten Situationen bestimmte Theorien oder Fakten anzuwenden. Die Kreativität wird in der medizinischen Ausbildung überhaupt nicht gefördert; im Vordergrund steht praktisch einzig und allein der Erwerb eines geradezu überwältigenden Lehrstoffs, bestehend aus Fakten und Fertigkeiten. Und wenn man dann erst einmal in der Praxis ist, scheut man angesichts des Damoklesschwertes eines drohenden Rechtsstreits, weil man etwas ausprobiert hat, was auch nur minimal über den Rahmen des Üblichen hinausgeht, noch weiter vor jeder Kreativität zurück. Und das Ganze wird noch mehr dadurch erstickt, wenn man bedenkt, wie strukturiert der Tag eines Arztes ist, der ständig von einem Untersuchungszimmer zum nächsten geht.

Ich empfinde eine solche Leere bei meiner Arbeit, daß es nahezu ein Muß war, mir als Nebenbeschäftigung etwas Kreativeres zu suchen, weil ich sonst auch nicht weiter praktizieren könnte, ohne irgendwann völlig auszubrennen. Meine Entscheidung, mich als Erfinder zu betätigen, war also sozusagen eine natürliche Entwicklung.

Als Kind habe ich es immer genossen, mathematische oder wissenschaftliche Probleme zu lösen. Dahinter stand wohl teilweise mein Bedürfnis, daß ich das Gefühl brauchte, daß die Welt irgendwie logisch zu begreifen ist. Das gab mir ein Gefühl von Ordnung und Kontrolle.

Erfinden ist eine außergewöhnliche Form der Kreativität, weil es dabei um die Kombination von komplexen theoretischen Prinzipien und intuitivem Denken geht. Es setzt außerdem eine etwas außergewöhnliche Persönlichkeit voraus, indem man sich zunächst einmal wie besessen in etwas hineinkniet und sich zum Experten auf einem bestimmten Gebiet macht. Als nächstes muß man ausgesprochen flexibel sein und gedanklich locker an die Sache herangehen, um sich Neues ausdenken und den Stoff in einer Weise verwerten zu können, wie es bisher noch niemand versucht hat. Und das ist der Teil, der Spaß macht – die eigentliche Schöpfung einer Idee, und sie dann bis zur Herstellung und zum Endprodukt umzusetzen. Und auch das setzt wiederum eine Besessenheit voraus, da eine Erfindung solange kaum einen Wert hat, wie sie nicht erfolgreich verkauft und an den Mann gebracht wird. Dazu muß ich mich mit Patentanwälten, Herstellern und Marketing-Experten herumschlagen. Natürlich ist das Ausdenken einer Erfindung als solches bereits unglaublich befriedigend, genau wie das Komponieren eines Musikstückes oder die Anfertigung einer Skulptur befriedigend ist, aber ein wirkliches Erfolgsgefühl stellt sich erst ein, wenn andere das, was ich geschaffen habe, auch benutzen können.«

Er betont, daß seine Entschlossenheit ebenso wichtig ist, wie seine kreativen Ideen es sind. Die Tatsache, daß er mit seinen Erfindungen zum wissenschaftlichen Fortschritt beiträgt, gibt ihm eine enorme Befriedigung; dennoch hat seine Motivation zu kreieren einen weitestgehend ganz persönlichen Ursprung. Die Beschäftigung mit Erfindungen bietet eine legitime Entschuldigung, um leidigen Verantwortlichkeiten zu entfliehen. Und er hat ganz gerne eine Entschuldigung parat, um sich beruflich einmal einen Tag frei zu nehmen oder sich in Ruhe vor seiner Familie in sein Arbeitszimmer zurückziehen zu können. Denn er kann sich nie ganz frei von Schuldgefühlen machen, wenn er Dinge für sich tut; er kennt es nicht anders, als daß sein Leben von all den Dingen regiert wird, die er tun *sollte*: er *sollte* sich um seine Patienten kümmern, er *sollte* mehr Zeit für seine Familie haben. Seine Erfindungen sind für ihn

die Rechtfertigung anderen gegenüber, daß er sich nicht vor irgendwelchen Dingen drückt, wenn er sich Zeit für sich nimmt, um sich
schöpferisch zu betätigen.

Ausdruck von Individualität

Eine sechsundsechzigjährige Frau hat sich ihr Leben lang um ihre
vielen Kinder und Enkelkinder gekümmert. Sie ist hochintelligent
und in vieler Hinsicht begabt, entschied sich vor vielen Jahren aber
dennoch gegen alle beruflichen Angebote und Karriereaussichten dafür, sich ausschließlich um andere zu kümmern. Den Großteil ihres
Lebens hat sie stellvertretend über die glänzende Karriere ihres Mannes und die beruflichen Erfolge ihrer Brüder, Söhne, Töchter und
Enkelkinder gelebt. Sie ist sehr stolz auf die Leistungen ihrer Familie,
gleichwohl hatte sie das Bedürfnis, auch etwas eigenes zu schaffen:
Seit ihrer Jugend malt sie. Ihre Gemälde sind für sie ihr ganz persönlicher Beitrag zu dieser Welt:

»Die Freude und Befriedigung, die ich am Anfang daraus bezog,
war, einfach festzustellen, daß ich die Dinge, die ich sah, mit meinen
Händen reproduzieren konnte. Mit der Zeit, als sich das Leben einge-
spielt hatte und komplizierter wurde und die zeitlichen Anforderungen, die an mich gestellt wurden, zunahmen und erdrückender wurden, wuchs dann auch mein Bedürfnis nach Abgeschiedenheit, das
Bedürfnis, mich physisch und psychisch zurückzuziehen. Meine
Kunst bietet mir diese Zufluchtsmöglichkeit. Die Zeit, die ich mit
Malen verbringe, ist ein Sicherheitsventil, über das ich Spannungen
ablassen kann. Wenn ich mein Pensum gemalt habe, fühle ich mich
von der Anstrengung bisweilen völlig erschöpft, gleichzeitig aber auch
erfrischt durch die Abwechslung. Ich bin dann eher wieder in der Lage,
mich den Anforderungen der Realität zu stellen. Das Malen ist eine
meiner Kraftquellen, die für mein Wohlbefinden sorgen, und ich fühle
mich jedesmal erleichtert, wenn ich daraus geschöpft habe. Wenn sich
das dramatisch anhört, dann kann ich nur sagen, daß es für mich so ist.

Eine leere Leinwand ist ein unerforschtes Territorium. Was ich
schaffe, ist absolut von mir. Niemand hat ein Portrait, ein Stilleben
oder eine Landschaft jemals so gemacht, wie ich sie mache, und wird
sie auch nie so machen. Reden wir von dem Eigenen, das ist das
Höchste! Was könnte persönlicher als der Akt des Schöpfens sein?

Ich tauche so völlig in den Prozeß ein, daß ich oft nicht höre, wenn andere mir etwas sagen oder das Telefon klingelt. Für mich ist der Vorgang des Schöpfens wichtiger als das, was ich im Endergebnis herstelle. Ich höre auf, wenn ich das zum Ausdruck gebracht habe, was ich zum Ausdruck bringen wollte. Nachdem ich dann mein Werk begutachtet habe, verliere ich das Interesse an dem, was mich getragen hat, während ich daran arbeitete. Aber ich höre immer wieder, daß das vielen, wenn nicht sogar allen schöpferisch tätigen Menschen so geht – das heißt, der Prozeß ist das Wichtige, nicht das Ergebnis. Alles, was ich mir wünsche, ist, daß ich in meiner Arbeit weiter Fortschritte mache und aus den bisherigen Arbeiten lerne.«

Diese Frau beschreibt sehr anschaulich die Belohnungen kreativen Alleinseins. Es ist befriedigend, stolz den Kuchen zu betrachten, den man gebacken hat, die Blumen, die man gepflanzt hat, den Pullover, den man gestrickt hat oder das Gedicht, das man geschrieben hat, aber jenseits davon ist auch der Akt des Schöpfens alleingenommen und als solcher erfüllend. Die nachfolgende Geschichte handelt von einem Mann, der ebenso seinen Weg gefunden hat, seine Individualität über kreative Beschäftigungen zum Ausdruck zu bringen.

Ralph, ein Büroangestellter, ist normalerweise nicht sehr geschickt mit den Händen – wenn man ihm glaubt, kann er kaum einen Toaster bedienen. Vor Aufgaben, die etwas mit manueller Geschicklichkeit oder Ästhetik zu tun haben, schreckte er immer zurück. Jahrelang schob er den Kauf eines Hauses immer wieder hinaus, weil der Gedanke, einmal irgend etwas reparieren zu müssen, zu abschreckend für ihn war. Völlig untypisch für ihn war es also, sich an ein so gewaltiges Projekt wie den Bau einer Steinmauer um sein Grundstück heranzuwagen:

»Für andere wäre das vielleicht keine große Sache. Man streicht etwas Mörtel auf, nimmt einen Stein und setzt ihn darauf, und damit hat sich's. Aber für mich war das, als sollte ich den Mount Everest besteigen. Ich muß von Grund auf alles lernen. Ich habe Steinbrüche aufgesucht und mich eingehend über die verschiedenen Steinarten informiert. Ich habe mich mit Leuten unterhalten, die damit ihren Lebensunterhalt verdienen. Mit dem Ergebnis, daß ich mich immer elender und völlig überfordert fühlte. Aber ich wollte nicht aufgeben. Und ich war erstaunt, welche Talente da in mir schlummerten, daß ich den richtigen Stein für die richtige Stelle finden konnte. Schließlich sind dabei jeweils die Größe, Farbe, Beschaffenheit und das Gewicht zu berücksichtigen. Nach einer Weile sprachen die Steine förmlich mit mir. Und ich konnte fühlen, welche in der Mauer wohin gehörten.

Ich habe an diesem Kind gearbeitet, immer wieder, über ein Jahr. Das ist vielleicht das einzig Kreative, was ich je gebaut oder gemacht habe, zumindest seit dem zweiten Schuljahr. Ich schaue aus dem Küchenfenster und sehe die Mauer dort stehen, und dann denke ich einfach bei mir: ›Wow, die habe ich gemauert!‹ Manchmal kann ich es selbst kaum glauben. Es ist ein verdammt aufregender Gedanke, daß meine Mauer auch lange, nachdem ich nicht mehr in diesem Haus wohne, noch immer steht, und wahrscheinlich sogar noch, wenn ich diese Welt längst verlassen habe.«

Zeit für sich finden, um kreativ zu sein

Selbst das kleinste Hobby kann sehr viel Freude machen und Befriedigung bieten. Viele empfinden die Augenblicke, in denen sie etwas entdecken oder schöpfen, als die kostbarsten in ihrem Leben. In solchen Augenblicken erreicht das Alleinsein einen Höhepunkt an Intensität und Befriedigung. Sie können Ihnen das Gefühl geben, als habe sich Ihr Leben mit einem einzigen Akt quasi erfüllt, als werde ein Teil von Ihnen auf immer weiterleben aufgrund des einmaligen Beitrages, den Sie in dieser Welt geleistet haben.

Sie brauchen jedoch Mut und Durchhaltevermögen, um diesen kreativen Geist zum Tragen zu bringen. Die Kreativität stellt von Natur aus ein Paradox dar: Man muß verspielt genug sein, um die Welt aus einer frischen Perspektive zu sehen, und dennoch zugleich selbstdiszipliniert genug sein, um das, was erst einmal nur in der Phantasie blüht, in die Realität umzusetzen. Und es muß ein Gleichgewicht geben zwischen der analytischen Logik der linken Gehirnhälfte und der Intuition der rechten Gehirnhälfte, zwischen den Qualitäten maskuliner Unabhängigkeit und femininer Sensibilität sowie zwischen dem unverbrüchlichen, sich über alle Hindernisse hinwegsetzenden Gefühl, einen Auftrag zu haben, und einer Sicht, die die Realitäten dieses Universums mitberücksichtigt. Die eine Konstante, die bei allen schöpferischen Akten erforderlich ist, ist ein gewisses Maß an Alleinsein. Ohne Zeit allein für sich kann man schwerlich über das, was man denkt und glaubt, nachdenken und seine ganz persönlichen einmaligen Ideen entdecken.

Ihr kreativer Geist kann wachsen, während Sie die Zeit für sich allein genießen. Lassen Sie Ihrer Imagination freien Lauf, während Sie gemütlich einfach nur dasitzen, und wie von selbst werden eine ganze Reihe verrückter Ideen in Ihrem Kopf entstehen. Entspannen Sie sich. Lassen Sie es zu. Lassen Sie die Dinge einfach fließen. Vergessen Sie, was andere denken könnten. Stören Sie sich nicht an Regeln. Bleiben Sie locker und flexibel. Vertrauen Sie Ihrem inneren Prozeß. Wenn Sie empfänglich für neue Ideen bleiben, werden Sie nicht nur jede Menge Spaß haben, sondern auch etwas recht Außergewöhnliches schaffen.

9. Selbstzerstörerische Verhaltensweisen

Spät nachts, während der Rest der Großstadt schläft, sitzt eine Frau von Ende Dreißig förmlich bewegungslos in einem Sessel; das einzige, was sich bewegt, sind die Finger ihrer rechten Hand, die nervös auf der Armlehne trommeln. Tränen laufen ihr die Wangen hinunter, und die Angespanntheit ihres Gesichtes verbirgt seine einfache und schlichte Schönheit. Es ist eine weitere Nacht in der endlosen Kette der vorhergehenden, eine Nacht, in der sie nicht schlafen kann. Ihr Gehirn weigert sich kategorisch, abzuschalten und rast wie wild.

Immer wieder geht sie die Ereignisse der letzten Monate durch, die ihr Leben für immer veränderten. Es gab eine Zeit, das ist noch nicht lange her, da hatte sie einen gesunden und friedlichen Schlaf an der Seite ihres Mannes, den sie seit sechzehn Jahren kannte und liebte, der gleiche Mann, der heute neben einer anderen Frau schläft. Egal, wie genau sie sich ihre gemeinsame Vergangenheit in allen möglichen Einzelheiten wieder in Erinnerung ruft, sie findet keine Antwort, wie und warum alles schiefgegangen ist. Nach den vielen Nächten, die sie inzwischen wach in diesem Sessel verbrachte, kann sie noch immer beim besten Willen nicht behaupten, sie hätte gewußt, daß etwas nicht in Ordnung war. Sie glaubte, sie führten die perfekte Ehe. Ja, sie hatte mitbekommen, wie ihr Mann quengelte, sie solle im Bett nicht so verklemmt sein und im übrigen nicht so viel Geld ausgeben – aber das waren doch wohl kaum Gründe, wegen derer sie damit rechnen mußte, er würde sie verlassen.

Sie sieht sich in dem Zimmer um, das jetzt nur noch halb möbliert ist. Das Haus ist so ruhig, wenn die Kinder bei ihrem Vater sind. Allabendlich kriecht sie ins Bett und versucht zu schlafen, aber quälende Fragen bestürmen ihr Gehirn: Wie werde ich leben? Wie werde ich jemals wieder einem Mann vertrauen können? Was habe ich gemacht, womit ich ihn verjagt habe? Was hätte ich anders machen können? Denkt er überhaupt noch mal an mich? Wie soll es weitergehen?

Tagsüber sorgt sie dafür, daß sie beschäftigt ist, aber am Abend hält sie das Alleinsein nicht aus. Selbst Fernsehsendungen, die sie bisher gerne mochte, kann sie nichts mehr abgewinnen. Jetzt sitzt sie wieder einmal da, trommelt nervös mit den Fingern vor sich hin und wartet darauf, daß irgend etwas geschieht. Aber nichts geschieht. Langsam erhebt sie sich aus ihrem Sessel, läßt ihren Morgenmantel und ihr Nachthemd von sich abfallen und steht schließlich nackt und kalt auf dem harten Fliesenboden. Sie geht zur Stereoanlage, sucht nach sorgfältiger Überlegung einige Platten heraus und legt sie auf den Plattenteller. Mit der laut dröhnenden Musik fängt sie an zu tanzen, bis die Zeit jede Bedeutung verloren hat. Sie tanzt, bis der Schweiß in Strömen an ihrem Körper herabrinnt, bis ihr die Beine und der Rücken schmerzen, bis auch die letzte Platte abgelaufen ist und sie sich erschöpft zu Boden fallen läßt. Dann döst sie unruhig ein und gleitet in einen leichten, unruhigen Schlaf.

Die dunkle Seite des Alleinseins

Augenblicke des Alleinseins haben unstrittig auch ihre dunkle Seite. Es gibt Menschen, wie die gerade beschriebene Frau, die die Zeit, die sie allein sind, mit zwanghaften, selbstzerstörerischen Verhaltensweisen verbringen. Es sind Menschen, die bedingt durch Streß und Konflikte in ihrem Leben die Kontrolle über sich selbst verloren haben. Dinge, gegen die innerhalb gesunder Grenzen überhaupt nichts einzuwenden ist, können sich bei denen, die sich in ihrem Verhalten nicht mehr zügeln können, dann jeden Rahmen sprengen. Statt sich gelegentlich eine Portion Eis zu genehmigen, essen sie fast jeden Abend zwei Liter und erbrechen sich dann oder nehmen Abführmittel, um ihre Schuldgefühle zu beschwichtigen. Statt sich immer einmal wieder einen Tag für sich zu nehmen, um einfach auf der Couch zu liegen, fernzusehen, Zeitung zu lesen und sich zu entspannen, isolieren sie sich ganz und gar. Sie sind abhängig geworden von ihrem Computerbildschirm, ihrem Fitneßprogramm oder anderen heimlichen Obsessionen. Sie glauben, keine Wahl zu haben, wie sie ihr Alleinsein verbringen. Ihr Verhalten ähnelt dem einer Spitzmaus, die, wenn man sie unter einem Glas isoliert, mit ihrem Schwanz beginnend, sich buchstäblich zu Tode frißt.

Was dieses Tier und die gerade beschriebene Frau gemeinsam haben, ist das Gefühl, im eigenen Körper und in den Lebensumständen gefangen zu sein. Es fällt vielen Menschen schwer, die eigene Gesellschaft auszuhalten, ohne von Streß und inneren Konflikten aufgefressen zu werden. Die Angst, Depression, Einsamkeit, Langeweile und Ruhelosigkeit, die manche als Reaktion auf ihr Alleinsein erfahren, kann im Körper horrenden Schaden anrichten. Herzfrequenz, Blutdruck, Magensäureproduktion, Drüsensekretionen, Glukosebildung, Atemwegs- und neurologische Funktionen werden von diesen Reaktionen erheblich beeinflußt. Jedes Körpersystem wird durch negative Phasen des Alleinseins schwer belastet. Gemeint sind die Zeiten massiver Isolation und Mutlosigkeit, wenn man das Gefühl hat, man sei der einzige Mensch auf Erden.

Wenn Verhaltensweisen versteckt werden

Manchmal wird die Isolation vom einzelnen bewußt gewählt, um mittels Flucht soziale Probleme zu lösen. Befreit vom Druck oder den Bedrohungen durch andere, die die Ursache massiven Unbehagens sind, kann der einzelne in seiner isolierten, sehr begrenzten Welt überleben. Dieser Rückzug aus der gesellschaftlichen Realität kann durch die physische Absonderung von anderen herbeigeführt werden, durch Alkohol- oder Drogenkonsum oder auch durch exzessive Phantasien. Rückzug ist ein anderer Weg der Flucht.

Solche Fälle, in denen die Zurückgezogenheit extreme Formen angenommen hat, sind oft das Ergebnis kulturellen Drucks, bestimmte Normen zu erfüllen. Genau wie es Personen gibt, die von ihrer Konstitution her bestimmte körperliche Kraftakte nicht erbringen oder intellektuelle Aufgaben nicht erfüllen können, gibt es auch diejenigen, die, egal, wie sehr sie sich bemühen, damit überfordert sind, mit ihrem Verhalten in jeder Hinsicht die Erwartungen anderer zu erfüllen. Es fällt ihnen schwer, ihre Impulse zu kontrollieren, und so leben sie insgeheim Verhaltensweisen aus, die normalerweise verurteilt oder nur begrenzt akzeptiert werden.

Jede uns bekannte Kultur, wie tolerant sie auch sein mag, hat ihre eigenen Tabus entwickelt und bestimmte Verhaltensweisen mit Tabus belegt. Dabei kann es sich um sexuelle Verhaltensweisen handeln (Ehebruch, Homosexualität, Inzest), um Werte (Gier, Betrug, Ketzerei) oder Verhaltensweisen, die sich auf den Körper beziehen. Die Gesellschaft mag zwar recht erfolgreich jedes abweichlerische Verhalten in der Öffentlichkeit unterbinden können, im Zweifel aber nur mit dem Ergebnis, daß jede Abweichung von der Norm in den Untergrund getrieben wird.

Die Soziologen Joseph Bensman und Robert Lilienfeld erklären, wie gesellschaftliche Repressionen zu den uns bekannten Symptomen wie Neurosen, Psychosen und Verhaltensstörungen führen können:

> »Keiner Gesellschaft ist es jemals umfassend gelungen, jene Verhaltensweisen, Überzeugungen und Eigenschaften auszumerzen, die in der Öffentlichkeit heftigst angeprangert werden. Erreicht wird mit dieser Ächtung jedoch, daß sich Individuen herauskristallisieren, deren Persönlichkeiten nicht in Einklang mit den öffentlich geltenden Normen ihrer Gesellschaft sind. Abgesehen von Psychotikern – wenn auch nicht allen – wissen diese »Abweichler«, daß ihr Verhalten, öffentlich gezeigt, herbe Sanktionen nach sich zieht – von Gefängnisstrafen oder Verbannung bis zur Verweigerung der Teilhabe an den Vorzügen der Gesellschaft, der Verweigerung von Aufstiegschancen und Achtung in der Gesellschaft. Die Bewußtheit von der Mißachtung, mit der ihr Abweichen von den gesellschaftlichen Normen gestraft wird, zwingt sie, ihr Verhalten – soweit sie es kontrollieren können – entweder zu unterdrücken oder es nur im Verborgenen zutage treten zu lassen.«[1]

Wir haben also zwei Möglichkeiten: (1) Nichts zu tun, was anderen mißfallen könnte, oder (2) diese Dinge nur heimlich zu tun. Vielen ist aber nicht einmal bewußt, daß sie eine Wahl haben. Manche, wie die eingangs in diesem Kapitel beschriebene Frau, fühlen sich zwanghaft genötigt, Dinge zu tun, die sich, wie sie glauben, ihrer Kontrolle entziehen. Sie sind so gestört, daß sie sich zu bestimmten Handlungen getrieben fühlen – übermäßig Essen in sich hineinzustopfen, zwanghaft zu masturbieren oder ständig die Hände zu waschen. Sie müssen lügen, andere täuschen, sich verstecken und ihre Aktivitäten verbergen. Genau wie das Immunsystem des Körpers sich vor Eindringlingen schützt, die versuchen, das Gleichgewicht zu stören, ist auch das menschliche Verhalten (auch dysfunktionales Verhalten) bemüht, jeden Versuch, es zu ändern, abzuwehren und sich selbst zu erhalten.

Was erklärt, warum die Psychotherapie oft nur auf beschwerlichen Umwegen zum Ziel kommen kann; wir müssen das Widerstreben des einzelnen respektieren, auch nur irgendeinen Teil von sich zu ändern, aus Angst, dadurch könnte ein sogar noch schlimmerer Zustand herbeigeführt werden. Aber die Therapie ist für viele die letzte Zuflucht, nachdem alles andere fehlgeschlagen ist. Nachdem das Geheimnis entweder nicht länger gewahrt werden konnte, die heimlichen Praktiken ihren Befriedigungsgehalt verloren haben oder die Nebenwirkungen einen Grad erreicht haben, an dem der Preis zu hoch wird.

Nehmen wir das nur allzu bekannte Beispiel des Alkoholikers oder Drogenabhängigen. Jahrelang kann er anderen gegenüber den Anschein der Normalität wahren, derweil er sich heimlich mit Drogen oder Alkohol »medizinisch behandelt«. Aber am Ende holt ihn das, was er verstecken will, ein. Der Körper rebelliert. Sein Verhalten wird unberechenbar und auffälliger. Der Verlust des Arbeitsplatzes, der Familie, der Freunde sind Möglichkeiten, die real absehbar werden. Dennoch besteht die erste Abwehrmaßnahme des Abhängigen zunächst einmal nicht darin, ein Muster zu verändern, das offenkundig destruktiv ist, sondern noch genialere Wege und Möglichkeiten zu finden, um es beizubehalten. Das geheime Selbst tut alles, egal, wie lädiert es ist oder wie sehr es bedrängt wird, es tut alles, was in seiner Macht steht, um jede Einmischung abzuwehren. In seiner Not sucht der Abhängige im Zweifel die Gesellschaft anderer, die in der gleichen Misere stecken (was erklärt, warum Säufer so gerne zusammenhängen). Unausweichlich kommt jedoch der Punkt, an dem all seine Bemühungen und sein Leugnen nicht mehr helfen.

Vereinsamung

Das Alleinsein ist, wie wir vorher gesehen haben, nach existentiellen Maßstäben neutral; es reflektiert nur den individuellen Weg jedes einzelnen, seine Individualität ganz privat für sich zum Ausdruck zu bringen. Während das Alleinsein, von dem wir zuvor gesprochen haben, die positivsten Merkmale des Alleinseins (Frieden und kreative Energie) repräsentiert, repräsentiert die Einsamkeit die negativsten Aspekte des Alleinseins. Der Pädagoge Tom Kubistant sprach von der *Vereinsamung*, um die wichtige Dimension pathologischer Einsamkeit hervorzuheben.[2] Dieser Begriff (*aloneliness*) umfaßt nach seiner Definition zu gleichen Teilen: Furcht (vor Ablehnung,

Verwundbarkeit, Intimität oder Versagen), Angst (vor zu erbringenden Leistungen, Abhängigkeit oder der Einsamkeit des Todes), Entfremdung von den eigenen Überzeugungen, Werten, Wahrnehmungen und Haltungen) sowie Isolation (sowohl nach dem innerlichen Gefühl als auch der Realität des gesellschaftlichen Ausgegrenztseins).

In gewisser Weise begegnen wir alle den Symptomen der Vereinsamung immer wieder in unserem Leben, zumindest in abgeschwächter Form. Viele schämen sich mancher ganz privaten Verhaltensweisen und fürchten insgeheim, sie könnten ein Anzeichen eines noch nicht diagnostizierten Problems mit ihrer geistigen Verfassung sein. Es ist nicht ungewöhnlich, daß man manchmal nervös wird, wenn man nachts allein ist, oder doppelt besorgt reagiert, wenn plötzlich ein Konflikt auftaucht und niemand da ist, an den man sich wenden kann. Ebenso normal ist es, sich gelegentlich gelangweilt, einsam, isoliert, getrennt von allem und anders als der Rest der Mitmenschen zu fühlen.

Es ist also nicht ungewöhnlich, daß Symptome der Vereinsamung gelegentlich, nach bestimmten Phasen und in abgeschwächter Form auftreten (nach einer Lebenskrise zum Beispiel). Manche Personen leiden jedoch unter Störungen in Form von chronischen, ruinösen Vereinsamungsgefühlen. Ein negatives Vehaltensmuster nimmt exzessive und selbstzerstörerische Formen an, wenn es sich als Teil der Charakterstruktur eines Menschen manifestiert und damit nur noch sehr schwer änderbar ist.

Ein Beispiel ist Fred. Er sieht gut aus, hat aber auf der gesellschaftlichen Ebene kaum Erfahrungen. Fakt ist, sein Leben ist so isoliert, daß er mit seinen sechsundzwanzig Jahren weder Freunde hat noch je eine Verabredung mit einem Mädchen hatte. Er fühlt sich extrem einsam, ist frustriert und leidet unter Ängsten, dennoch fühlt er sich außerstande, seine eigenen Widerstände zu brechen:

»Sie sind der erste Mensch, mit dem ich seit langem geredet habe. Neben meiner Arbeit im Büro bleibe ich im wesentlichen für die meiste Zeit allein. Die Leute haben mir schon gesagt, daß sie mich für unfreundlich halten, dabei ist es in Wirklichkeit nur so, daß ich in Gegenwart anderer so nervös werde. So bin ich am liebsten die ganze Zeit allein. Ich lebe allein. Ich esse mittags allein. Es gibt Tage, an denen ich überhaupt mit niemandem sprechen muß. Im Grunde ist mir das gar nicht so unlieb.

Ich habe in meiner Wohnung jede Menge Sportgeräte und trainiere sehr viel. Sie nehmen fast die ganze Wohnung ein, so daß kaum noch Platz für mein Bett ist. Wenn ich von der Arbeit nach Hause komme, verbringe ich jeden Tag mindestens erst einmal zwei Stunden mit Gewichtheben oder auf dem Heimtrainer oder der Rudermaschine. Dann mache ich mir irgend etwas zu essen und verbringe den Abend vor dem Fernseher, bis ich müde bin.«

Freds übertriebene Isolation ist ein Beispiel, wie Einsamkeit pathologische Züge annehmen kann, wenn jemand sich so in seiner ganz privaten Welt einkapselt, daß er kaum noch soziale Kontakte hat. Andere verfolgen demgegenüber eine völlig andersgeartete selbstzerstörerische Strategie: Sie können ihre eigene Gesellschaft nicht aushalten und sorgen dafür, daß sie innerlich und äußerlich ständig mit irgendwelchen Dingen beschäftigt sind, so daß keine Zeit bleibt, sich allein zu fühlen.

Zwanghafte Formen des Alleinseins

Manche Personen gehen mit dem Streß des Alleinseins in der Form um, daß sie ihre Strategie, mit der sie das Alleinsein meiden, bis ins Extrem treiben. Sie sorgen dafür, daß sie ständig beschäftigt und abgelenkt sind, um sich nur ja nicht mit einem inneren Selbst auseinandersetzen zu müssen, vor dem sie Angst haben. Solange man achtzig Stunden in der Woche arbeitet oder hundertzwanzig Kilometer in der Woche läuft, bleibt weder die Zeit noch die Energie, über die Leere des eigenen Lebens nachzudenken.

Der Workaholic. Nehmen wir das Beispiel eines Mannes, der sein ganzes Leben wie die erwähnte Spitzmaus strukturiert. Er muß ständig in Bewegung sein, in jeder Sekunde seines Wachlebens:

»Von dem Moment an, in dem ich die Augen aufmache, laufe ich praktisch schon auf Hochtouren. Ich sorge dafür, daß ich so beschäftigt bin, daß von selbst keine Zeit bleibt, viel über mich nachzudenken. Ich bin jeden Morgen um sieben im Büro und hänge ständig am Telefon. Selbst die Zeiten, in denen ich in meinem Wagen unterwegs bin, nutze ich, um Rückrufe und Notizen zu machen. Wenn ich abends gegen sieben nach Hause komme, habe ich mir schon überlegt, welche unerledigten Sachen ich nach einem schnellen Abendbrot noch aufarbeiten werde. Gegen elf falle ich ins Bett und schlafe sofort ein.«

Sechseinhalb Tage in der Woche, einundfünfzig Wochen im Jahr und das seit über neun Jahren verbringt dieser Mann mit diesem Arbeitstempo sein Leben. Er muß weder aus finanziellen noch aus Sicherheitsgründen so hart arbeiten. Er ist bereits als Partner in seinem Betrieb etabliert und hat mehr Geld als er in der Zeit, die ihm verbleibt, ausgeben kann. Aber solange er sich mit Aktivitäten zudonnert, hat er keine Zeit, darüber nachzudenken, was er macht und vorhat und warum. Er kennt seine Kinder nicht allzugut und möchte es auch gar nicht – er findet, daß sie egozentrisch, undankbar und verwöhnt sind. Er meint, seine Ehe sei gut, schließlich gibt es weder Streit noch Meinungsverschiedenheiten. Er arbeitet, sie sorgt für das Essen und geht einkaufen. Der Sonntagmorgen, den er sich jede Woche frei nimmt, genügt durchaus, um ihn darin zu bestärken, daß er recht daran tut, möglichst viel Zeit mit Arbeiten zu verbringen – und er ist zufrieden mit seiner Produktivität.

Der Computersüchtige. In jüngerer Zeit hat sich eine spezielle Kategorie arbeitssüchtigen Verhaltens entwickelt. Eine Sucht, die sich unter Ausschluß aller anderen Facetten des Lebens auf eine einzige Einzelbeschäftigung konzentriert. Ein Beispiel ist die Subkultur derjenigen, die sich in der Welt draußen so unwohl fühlen, daß sie sich in ihre abgeschiedene Welt am Computer zurückgezogen haben. Diese Computerfreaks oder »Hacker«, wie sie sich nennen, wuchsen allein auf und möchten vorzugsweise auch allein bleiben. Der Computer wird zum Partner – er stellt Fragen und gibt Antworten, reagiert sofort auf die Befehle des Anwenders und erhebt keine Ansprüche als Gegenleistung. Ein idealer Weg, Intimität und Verwundbarkeit zu vermeiden, ohne sich gelangweilt oder einsam zu fühlen.

Sherry Turkle untersuchte die isolierte Welt des Computersüchtigen. Als absolute »Nieten« in der sozialen Arena – unbeholfen, schüchtern und linkisch – versuchen Hacker, als Ersatz für ihre gesellschaftliche Unbeholfenheit, die Oberhand über ihre Maschinen zu gewinnen. Sie verbringen unter Umständen bis zu fünfzehn oder zwanzig Stunden am Tag vor der Tastatur und spielen mit ihren Programmen. Programmiervirtuosen. Und sie sind stolz auf ihr Können. Im Bett wüßten sie im Zweifel mit dem Körper der Partnerin nichts anzufangen, aber mit ihrer Software kennen sie sich definitiv aus.

Einer von Turkles Probanden, ein MIT-Student mit Hauptfach Industriechemie, beschreibt sehr anschaulich seine Fazination von der technologischen Welt.

»Für mich ist die Welt gespalten in fleischliche und maschinelle Dinge. Die fleischlichen Dinge haben Gefühle, man muß wissen, wie man sie liebt, wie man Risiken eingeht, wie man sich fallenläßt. Man kann nie sicher sein, was einen erwartet. Und all die Sachen, mit denen ich mich beschäftigt habe, als ich größer wurde, na ja, das waren alles andere Sachen. Mathematik, da konnte man immer perfekter werden. Chemie, da konnte man genau die richtigen Werte erzielen, wenn man seine Experimente machte. Keine Risiken. Ich glaube, ich mag Perfektion. Die fleischlichen Dinge halt ich mir vom Leibe. Dadurch werde ich, glaube ich, irgendwie zur Unperson. Ich empfinde mich selbst häufig gar nicht als etwas Fleischliches. Ich bin mit Maschinen zusammen, aber ich kann mich selbst die meiste Zeit nicht ausstehen. In gewisser Hinsicht ist das wie beim Onanieren. Man kann jederzeit sich perfekt selbst befriedigen. Zusammen mit einem anderen Menschen weiß man nie, was passieren wird. Man könnte abgewiesen werden. Man könnte etwas verkehrt machen. Zu viele Risiken. Sie können sehen, warum ich nicht allzu begeistert davon bin, wie sich meine Persönlichkeit entwickelt hat.«[3]

Hacker, die in ihren Maschinen Trost und Sicherheit finden, sind jedoch nicht die einzigen Computersüchtigen. Tausende leben in der Phantasiewelt der Videospiele. Innerhalb nur eines Jahrzehnts wechselte das Anspruchsniveau von Pong, einem relativ primitiven Videospiel, zum verführerischen Pac Man, der rund um die Welt Schulkinder wie Manager in den Mittagsstunden gefangennahm, bis zum aktuellen Nintendo-Fieber. So wie diese Spiele von Einkaufspassagen und Spielhallen in den privaten Computern und Fernsehern Einzug hielten, multiplizierte sich auch die Zeit, die der einzelne allein gebannt am Joystick verbrachte. Inzwischen gibt es interaktive Fiction-Spiele, die ein Durchhaltevermögen von mehreren hundert Stunden verlangen. Und wie gebannt kleben die Spieler vor ihrem Bildschirm, um zu einem toten Planeten zu reisen, der nur noch von einem Roboter namens Floyd bewohnt wird.

Ob es um die Vernichtung böser Außerirdischer oder um den Kampf gegen eine Übermacht geht, der Computer bietet denjenigen, die sich nur in ihrem Alleinsein wohl fühlen, mehr als nur harmlose Unterhaltung und Ablenkung. Wenn sie sich gelangweilt, einsam oder aufgewühlt fühlen und sich nach Gesellschaft sehnen, fällt es manchem viel leichter, einfach einen Schalter zu betätigen statt den Kontakt mit anderen zu suchen.

Der Fitneßfanatiker. Beim Sportsüchtigen treten ähnliche Muster wie beim Workaholic zutage. Wissenschaftlich belegt ist, daß ein Programm von etwa zwanzig Minuten dreimal in der Woche zu einer angemessenen Stärkung des Herz-Kreislaufsystems und einer hinreichenden Förderung der körperlichen Fitneß genügt, aber manche schießen mit ihrem selbstverordneten Pensum weit darüber hinaus. So manche Läufer, Radfahrer, Aerobic-Fans, Schwimmer, Gewichtheber und Skiläufer unterwerfen sich bis zu drei Stunden täglich einem harten Training. Damit ist ein Niveau erreicht, bei dem kaum noch mit der Förderung der körperlichen Gesundheit argumentiert werden kann. Tatsache ist, daß die Betreffenden sich oft mit Verletzungen herumzuschlagen haben und ihr Körper durch die ständige Überbelastung immer wieder zusammenbricht.

Die Gründe, warum manche Personen zwanghaft und exzessiv Sport treiben, haben nichts mit dem Körper bzw. damit zu tun, daß sie etwas für ihn tun wollen, sondern etwas mit der Erfahrung des Alleinseins oder Alleinfühlens. Ein Chirurg, der jeden Morgen um fünf Uhr aufsteht, um für die Supermarathonläufe zu trainieren, an denen er teilnimmt, ist sich der Tatsache allzu bewußt, daß seine Lauferei wenig damit zu tun hat, daß er sich fit fühlen möchte – zumal er sich ständig mit Sehnenentzündungen und Verletzungen herumzuschlagen hat, die eindeutig auf Überbelastung zurückzuführen sind. Er läuft, wie er sagt, um Streß abzubauen. Und er ist so von dem Gedanken besessen, Streß abzubauen, daß er den Boston-Marathon sogar mit einem ausgerenkten Wirbel mitgelaufen ist. Aber der Schmerz gehört dazu: Es hat etwas Heroisches, sich dieser übermäßigen Anstrengung zu unterwerfen und sich selbst zu beweisen, daß man sie durchhalten und aushalten kann.

Dieser Arzt hat kein Problem, allein zu sein, wenn er etwas zu tun hat, und erst recht nicht bei einer Aktivität, die mit dem dabei ausgelösten Endorphin-Schub jedes tiefsinnigere Denken erstickt:

»Ich laufe nicht, weil ich möchte, sondern weil ich muß. Vor Jahren hatte ich mir einmal den Knöchel verstaucht und konnte einige Tage nicht laufen. Es war ein Alptraum. Ich hätte gegen die Wände rennen können. Ich konnte nicht schlafen. Ich nahm fast fünf Pfund zu. Ich war einfach nur noch ein Wrack. Ich laufe nicht um der körperlichen Fitneß willen, sondern um mich insgesamt zusammenzuhalten. Je mehr ich laufe, desto ruhiger fühle ich mich und desto mehr gewinne ich das Gefühl, mich unter Kontrolle zu haben. Ich weiß, ich übertreibe es [er läuft zwanzig bis dreißig Kilometer am Tag], aber, was soll's, es ist sogar noch besser als Haschisch rauchen [was er regelmäßig tat, bevor er mit Laufen anfing]. Draußen fühle ich mich unbesiegbar. Da kann niemand an mich ran. Die Welt verschwindet einfach. Zu dumm, daß jeder Lauf ein Ende hat...«

Eßstörungen. Es gibt viele Parallelen zwischen Sportsüchtigen oder Workaholics und Personen, die unter Eßstörungen oder anderen zwanghaften Praktiken leiden. Genau wie zwanghafte Läufer sich im wahrsten Sinne des Wortes zu Tode laufen können, können Magersüchtige oder Eß-Brechsüchtige sich zu Tode hungern (wobei der Anteil der Frauen, die an Eßstörungen leiden, wesentlich höher als der der Männer ist).

Bemerkenswert bei Eßsüchtigen bzw. Eß-Brechsüchtigen ist eine auffällige Funktionsstörung in Verbindung mit dem Alleinsein. Reed Larson und weitere Sozialwissenschaftler der University of Chicago untersuchten das typische Muster, das bei Eßsüchtigen auftritt, sobald sie allein sind.[4] Sie stellten fest, daß Eßsüchtige in ihrem Beruf ganz gut mit Phasen umgehen können, in denen sie allein sind, daß aber private unstrukturierte Zeit ihnen großes Unbehagen bereitet. Und Essen in sich hineinzustopfen, ist manchmal das einzige, was vorübergehend Abhilfe und Linderung verschaffen kann. Bei Eß-Brechsüchtigen, also bei Magersüchtigen, die ihre Eßgelüste mit Erbrechen zu kompensieren versuchen, kommt jedoch neben dem Problem mangelnder Impulskontrolle noch der Zwang hinzu, das Ganze zu verbergen. Und das Ergebnis sind Schuldgefühle und Streß. Eine Collegestudentin beschreibt den Teufelskreis:

»Ich habe überhaupt keine Kontrolle über mich. Ich kann nichts dagegen tun. Es überkommt mich einfach. Einmal am Tag, entweder nach dem Mittagessen oder Abendbrot schleiche ich mich ins Badezimmer. Ich überlege mir genau, wann, damit ich lange genug ungestört bin und niemand mich hören kann. Noch während des Essens fängt in meinem Kopf bereits ein Dialog an: Will ich brechen? Wie werde ich mich dabei fühlen? Werde ich auch nicht erwischt? Sicherheitshalber trinke ich ein Glas Wasser, falls ich später brechen will. Man muß einfach viel Wasser trinken, damit's leichter kommt.

Diese Geschichte ist mein großes Geheimnis, das ich schon so lange vor meiner Familie und meinen Freundinnen habe. Niemand weiß, daß ich das mache. Das ist vielleicht sogar mit der Reiz dabei. Das Ganze ist mit so viel Planung verbunden.«

Der Zwanghaft-Besessene. In all diesen und ebenso in den nachfolgenden Fällen versuchen die Betreffenden, ihren Streß und ihre innere Zerrissenheit, die sich verschlimmert, wenn sie allein sind, in der Form zu bewältigen, daß sie sich streng auf eine Sache oder ein einziges Ziel konzentrieren. Das gilt auch für ein weiteres chronisch gestörtes Verhaltensmuster, wonach die zwanghaft-besessen handelnde Person ihr Alleinsein mit Ritualen strukturiert. Sie ist in ihrem Bewußtsein von einer Idee oder einem Impuls besetzt, ein Besetztsein, das oft mit der Angst vor irgendeiner drohenden Katastrophe verbunden ist. Diese Impulse entziehen sich praktisch ihrer Kontrolle und scheinen in der Tat nicht wirklich ein Teil des Selbst zu sein. Bemühungen, sich ihnen zu widersetzen, führen nur noch zu weiteren Ängsten und Frustrationen, die das Bewußtsein dann ganz in Beschlag nehmen, so daß erst recht kein Spielraum mehr bleibt, um noch an irgend etwas anderes zu denken. In seinen Memoiren beschreibt der englische Schriftsteller George Borrow eine Begegnung mit einem Mann, der mit den typisch magischen Denkmustern eines zwanghaft-besessen handelnden Menschen versuchte, ein Unheil abzuwenden:

»Es gab eines, was mir lieber war als das kostbarste Geschenk, das man mir hätte machen können, lieber als das Leben selber – meine Mutter. Sie begann kränklich zu werden, und zum ersten Mal kam mir der Gedanke, ich könnte sie verlieren, was mich unsäglich elend machte. Als sich der Zustand meiner Mutter verschlimmerte, ließ man mich nicht mehr in ihr Zimmer, damit ich sie nicht durch mein Wehklagen störe. Ich fand Tag und Nacht keine Ruhe, streifte vielmehr wie von Sinnen im Haus umher. Auf einmal ertappte ich mich dabei, wie ich etwas tat, was mir selbst damals höchst absonderlich vorkam; ich ertappte mich dabei, wie ich gewisse Gegenstände in meiner Nähe berührte. Bald war es der Tisch, bald ein Stuhl, eine Türklinke oder der Klingelzug, die zu berühren es mir in den Fingern zuckte; manchmal zwang es mich, die Wand zu berühren, und im nächsten Augenblick mußte ich mich bücken und mit den Fingerspitzen über den Boden fahren. So ging es Tag für Tag weiter; oft wehrte ich mich gegen den Zwang, aber stets vergeblich. Ich versuchte sogar, vor dem betreffenden Gegenstand zu flüchten, kehrte aber unweigerlich dazu zurück; der Drang war zu stark, ich konnte ihm nie widerstehen. Nun brauche ich Ihnen ja nicht zu sagen, was mich zu diesem absonderlichen Tun trieb; es war der Wunsch, den Tod meiner Mutter abzuwenden... Während ich diese absonderlichen Handlungen ausführte, wußte ich nämlich die ganze Zeit, daß sie sinnlos waren; aber der Zwang dazu war dennoch unwiderstehlich – eine geheimnisvolle Drohung schwebte über mir, bis ich dem Drang nachgegeben hatte.«[5]

Schätzungen zufolge sind es in den Vereinigten Staaten mehr als vier Millionen Personen, die insgeheim zwanghaften Ritualen unterliegen, bei denen es außerhalb ihrer Macht liegt, sie zu beenden. Die Muster sind vielfältig: Manche leiden unter einem Waschzwang, dem ständigen Drang, sich die Hände zu waschen; andere sind von Gedanken über Umweltverseuchung und Lebensmittelbelastungen besetzt; wiederum andere von Aggressionen oder Sex; und noch wiederum andere stehen unter einem Zähl- oder Ordnungszwang oder können sich des Zwangs nicht erwehren, ständig und alles mögliche zu horten. In ihrem Buch über zwanghaft-besessene Verhaltensweisen schreibt Judith Rapoport, bei aller Vielschichtigkeit teilten die Betroffenen jedoch ein Merkmal, nämlich die Fähigkeit, sich nach außen ganz normal zu verhalten – inmitten der privaten Hölle in der Öffentlichkeit den Erfolgreichen zu spielen.[6]

Der Abergläubige. Auf einer wesentlich moderateren Ebene sind den meisten von uns solche zwanghaften Verhaltensweisen nicht ganz fremd. Gemeint sind Verhaltensweisen, die sich dann oft in Form von abergläubischen Ritualen äußern. Wenn wir zum Beispiel etwas Wichtiges vorhaben – etwa zu einer wichtigen Sitzung oder Verabredung fahren –, fangen wir leicht an, Dinge als Vorzeichen zu interpretieren – ob wir bei der Ampelschaltung noch durchkommen, ob ein bestimmtes Nummernschild oder eine bestimmte Automarke vor uns auftaucht –, um daran abzulesen, wie es laufen wird.

Bei manchen nehmen solche abergläubischen Rituale allerdings zwanghafte Muster an:

»Wenn ich allein bin, muß ich mich beschäftigen. Im Zweifel mit Großreinemachen im ganzen Haus. Ich putze die Fenster, bohnere den Fußboden, wasche die Fliesen ab. Manche würden sagen, ich habe einen Putz- und Ordnungstick. Vermutlich stimmt das sogar.

Wenn Freunde in meinem Haus mal eine Schublade öffnen, werden sie verrückt – alles ist penibel symmetrisch geordnet und alle Stifte akurat nach der Größe. Manchmal überkommt es mich, daß ich die Gewürze im Regal oder die Suppendosen im Schrank alphabetisch sortiere. Es gibt mir das Gefühl: Solange ich mein Haus so in Ordnung halten kann, verliere ich auch in meinem Leben die Kontrolle nicht; wenn aber etwas nicht mehr an seinem Platz ist, dann könnte auch mein Leben aus den Fugen geraten. Von meinen Schrullen würde ich niemand etwas erzählen, jeder würde mich doch nur für verrückt halten.«

Das Beispiel dieser Frau mag etwas extrem erscheinen, ihre abergläubischen Rituale sind aber keineswegs ungewöhnlich. Schließlich sind wir nicht einmal mehr überrascht, wenn in Gebäuden das dreizehnte Stockwerk, in Flugzeugen die dreizehnte Reihe oder auf Bahnhöfen Gleis 13 fehlt. Ebensowenig, wenn jemand »auf Holz klopft«, es vermeidet, auf irgendeinen Spalt zu treten, sich bekreuzigt oder vor Freude hüpft, wenn er den Brautstrauß gefangen hat. Jenseits davon gibt es aber noch viele andere abergläubische Rituale, die wir nur praktizieren, wenn wir allein sind. Ein Beispiel ist der Mann, der, wenn er in seinen Wagen einsteigt, immer ein ganzes Programm von Dingen absolvieren muß, um damit einem Unfall vorzubeugen. Er gibt selbst zu, daß sein Verhalten lächerlich ist, dennoch... Schwierig wird's, wenn jemand mit ihm fährt und er verstohlen, während er dreimal auf die Bremse tritt, einen bestimmten Ton summen, den Wagen, ohne das Lenkrad zu berühren, starten und den Rückspiegel hochstellen muß, um nicht Gefahr zu laufen, daß er ganz ungewollt zufällig etwas von sich darin sieht. Darum läßt er in dem Fall, wie er sagt, »immer andere fahren«.

Wenn Ihnen das alles sehr befremdlich vorkommt, fragen Sie sich, ob Sie, wenn Sie allein sind, nicht vielleicht auch dem einen oder anderen der nachfolgenden Rituale nachgehen:

- Tragen Sie bestimmte Kleidungsstücke, oder tragen Sie einen Talisman mit sich herum?
- Meiden Sie bestimmte Orte oder terminliche Zeiten, die Ihnen vorher schon einmal Unglück gebracht haben?
- Sprechen Sie ein Gebet, oder sagen Sie etwas Bestimmtes, ehe Sie an eine schwierige Aufgabe herangehen?
- Lesen Sie Ihr Horoskop, lachen laut darüber, wie absurd das doch

alles ist, um die Hinweise dann aber doch in allen Einzelheiten zu beherzigen?

- Wünschen Sie sich beim Ausblasen der Geburtstagskerzen etwas, was Ihnen wirklich am Herzen liegt?
- Tun Sie bestimmte Dinge immer wieder in der gleichen Reihenfolge, die Ihnen einmal Glück gebracht hat?

Abergläubische Verhaltensweisen werden für gewöhnlich als irrational bezeichnet. Ausgehend von Angst oder Ignoranz auf seiten des Abergläubischen, sollten sie Schutz vor dem Unbekannten oder Mysteriösen bieten. Mit Umständen konfrontiert, die sich der eigenen Kontrolle entziehen, greifen manche nach jedem Zipfelchen, das Hoffnung verspricht. Glücksbringer oder Amulette geben so manchem zum Beispiel ein Gefühl von Sicherheit und Macht. Selbst hochgebildete Menschen, die auf ihre Logik schwören, zucken über ihren »unlogischen« Glauben an Talismane oder Magie nur mit den Schultern und bekennen, daß selbst wenn diese Dinge nicht helfen, sie zumindest auch nicht schaden.

Unfreiwillige Isolation

Bisher haben wir uns in diesem Kapitel mit Personen beschäftigt, die mit unstrukturierter Zeit, wenn sie allein sind, nicht allzugut umgehen können. Nunmehr wollen wir uns mit denjenigen beschäftigen, die, unfähig, intime Beziehungen einzugehen, vorzugsweise das Alleinsein suchen. Für manche, die in der Welt der anderen nicht zurechtkommen oder zurechtkommen wollen, ist das Alleinsein die einzige Alternative. Gleichwohl fühlen sie sich wider ihren Willen ausgegrenzt. Die nachfolgenden Worte eines jungen Mannes, für den die Frage des Umgangs mit anderen so gut wie abgeschlossen ist, verdeutlichen die extreme Einsamkeit, die diese Personen erfahren:

»Seit ich vier Jahre alt war, habe ich mich absolut allein auf der Welt gefühlt. Ich habe mich nie selbst gemocht, noch hatte ich jemals das Gefühl, es zu verdienen, in der Welt der anderen zu sein. Als Kind habe ich mich ständig verletzt, bin durch Glastüren gefallen, von Bäumen, vom Fahrrad – was wohl alles eher kein Zufall war. Ich leide seit jeher unter wiederkehrenden Alpträumen, in denen ich schreie – und so ist nicht einmal der Schlaf ein Fluchtweg für mich.

Jeden einzelnen Tag versuche ich, in Fünf-Minuten-Abschnitten zu bewältigen.

Es gibt ein Thema, das sich mein ganzes Leben gehalten hat: das Zusammensein mit anderen zu meiden. Ich bin einfach am liebsten allein. Schon als Kind wollte ich nie meine Geburtstage feiern, weil ich nicht im Mittelpunkt stehen wollte. Und auch als Erwachsener habe ich nie meinen Geburtstag gefeiert oder auch nur jemandem gesagt, wann er ist.

Es ist sehr wichtig für mich, daß ich jeden Aspekt meines Lebens selbst kontrollieren und strukturieren kann, weil ich mich meistenteils sehr verwundbar fühle. Da das *nur* gewährleistet ist, wenn ich allein und nicht in irgendwelchen unwägbaren Situationen oder mit irgendwelchen unsensiblen Leuten zusammen bin, bin ich immer am liebsten allein. Natürlich ist das manchmal nicht schön. Aber *damit* habe ich gelernt zu leben.«

Personen wie diesem Mann fällt es schwer, Beziehungen einzugehen. Sie erscheinen zurückgezogen, einsiedlerisch, unempfänglich für alles und zeigen kaum Wärme oder Mitgefühl. Fast möchte man fragen, ob in diesen Menschen überhaupt »jemand zu Hause ist«, da sie kaum irgendwelche emotionalen Reaktionen zeigen. Ein weiteres bemerkenswertes Merkmal ist, daß sie in der Regel zwar keine Freunde haben und isoliert leben, sich aber dennoch kaum einsam oder gelangweilt fühlen (wobei oft eine »schizoide Persönlichkeit« diagnostiziert wird). Das einzige, was sie in Bedrängnis bringen kann, ist jede Störung ihrer einsiedlerischen Routine, die sie zum Umgang mit anderen zwingt. Die Aussichten auf Genesung von dieser Vereinsamungskrankheit sind, wie Untersuchungen zeigen, denkbar schlecht. Bei achtzig Prozent der Kinder, die diese Symptome in Form von Desinteresse und Meiden anderer zeigen, bleibt dieses Muster zeit ihres Lebens erhalten. Und weitere zehn Prozent entwickeln schließlich langsam, aber stetig eine Vollbild-Schizophrenie.

Was sind die Ursachen derartiger Neigungen, sich zu isolieren? Wissenschaftlicherseits wird vermutet, daß sowohl genetische als auch umweltbedingte Faktoren eine Rolle spielen. Besonders gefährdet scheinen Kinder zu sein, die früh Rückzugsneigungen erkennbar werden lassen, überempfindlich auf Fremde reagieren, denen nur in begrenztem Rahmen soziale Kontakte ermöglicht werden und die dem Hin und Her unklarer Trennungsverhältnisse zwischen den Eltern ausgesetzt sind. Die Symptome entwickeln sich, wenn das bereits verängstigte und durch Zurückweisung verwundbare Kind sich dann während irgendeiner Entwicklungskrise in das Selbst zurückzieht.

Einzelnen, wie etwa schizoiden Personen, scheint es wenig auszumachen, ob sie Beziehungen haben oder nicht. Aber die große Mehrzahl der unfreiwillig Isolierten fühlt sich in ihrem Zustand sehr unzufrieden. Ein relativ häufiges Beispiel in diesem Zusammenhang sind schüchterne Menschen. Sie meiden menschliche Kontakte meistenteils aufgrund von lähmenden Ängsten, die hinter ihrer Schüchternheit stehen.

In einer Studie über dreihundert »liebe schüchterne« Männer, die nie eine enge Beziehung oder Liebesbeziehung hatten, kam der Soziologe Brian Gilmartin zu dem Ergebnis, daß die große Mehrzahl in der Kindheit massiv eingeschüchtert und tyrannisiert worden war.[7] Demnach hinterlassen früh erfahrene soziale Ablehnung und Qualen bleibende Narben in der Persönlichkeit mancher, die dann später das Vertrauen nicht mehr aufbringen können, auf andere zuzugehen.

Die beste Beschreibung extremer und chronischer Schüchternheit liefert Phillip Zimbardo möglicherweise in seinem Buch zum Thema:

> »Ich weiß noch gut, wie ich vier Jahre alt war, was ich da alles tat, um Leute nicht sehen zu müssen, die uns besuchen kamen. Es waren Leute, die ich kannte, etwa Cousins, Tanten, Onkel, Freunde der Familie, ja sogar meine Brüder und Schwestern. Ich versteckte mich in Wäschekörben, Kleidertruhen, Schränken, in Schlafsäcken, unter Betten. Es ist wahrscheinlich eine endlose Liste, und das alles nur, weil ich vor Menschen Angst hatte.
>
> Je älter ich wurde, desto schlimmer wurde alles.«[8]

Zimbardo stellte fest, daß 40 Prozent aller befragten Personen sich als »schüchtern« bezeichnen, wohinter sich ein Zustand mangelnden Vertrauens und Selbstvertrauens verbirgt, ein Mangel an sozialem Geschick, ein Gefühl von Einschüchterung und Unbeholfenheit in Gruppensettings, die Angst, auf zwischenmenschlicher Ebene Risiken einzugehen, und die Feststellung, daß man mehr allein ist, als einem lieb ist. Der Hauptgrund, warum schüchterne Menschen isoliert bleiben, sind starke Hemmungen, die durch die Tendenz verstärkt werden, wie ein lamentierendes Kind vor sich selbst auch noch ständig die Botschaft wiederholen kann: »Niemand mag mich. Jeder haßt mich.« Und jenseits davon gibt es noch eine Reihe weiterer Botschaften, mit denen der fortgesetzte Rückzug gefordert wird: »Ich bin zu fett.« »Diese Leute sind viel besser als ich.« »Und was ist, wenn ich etwas Dummes sage?« »Ich könnte dem Ganzen wahrscheinlich sowieso nichts abgewinnen.« »Jeder merkt, wie unwohl ich mich fühle.«

Die Angst, anderen seine Gefühle zu zeigen, die eigene Unbeholfenheit nicht verbergen zu können und ins Stottern zu geraten oder vor Verlegenheit zu erröten, macht es des weiteren schwer, Schüchternheit zu überwinden. Manchen gelingt es seltsamerweise jedoch, bei bestimmten Anlässen wie etwa bei Auftritten ihre Schüchternheit kurzweilig abzuschütteln. Viele prominente Figuren – Schriftsteller, Künstler, Politiker, Schauspieler, Sportler – sind klassische Beispiele. Der Sänger Michael Jackson ist vielleicht das beste Beispiel für dieses Phänomen: Auf der Bühne gibt er ein Bild ab, als sei er der dynamischste, selbstsicherste und umgänglichste Mensch auf Erden, aber sobald die Vorstellung vorbei ist, zieht er sich in sein fast einsiedlerisches Leben zurück, ist entsetzlich schüchtern und fühlt sich unwohl in der Gegenwart anderer.

Viele wachsen nie über die Unsicherheit und Schüchternheit in ihrer Jugend hinaus. Sie werden weiterhin von lähmenden Ängsten, Befürchtungen und von Nervosität geplagt, so daß sie sich für ein Leben entschieden haben, das einsam, aber berechenbar ist, langweilig, aber ungefährlich, schmerzlich, aber gesichert. Sie können sich nur schwerlich vorstellen, daß all die schrecklichen Dinge, von denen sie glauben, sie könnten sich ereignen, wenn sie sich aus ihren aus Selbstschutzgründen errichteten Mauern hinauswagen, kaum schlimmer sein können als die Einsamkeit, von der sie geplagt werden.

Schritte zur Änderung selbstzerstörerischer Verhaltensweisen

Ganz private Augenblicke, die bis ins Extrem strapaziert werden, erzeugen Streß und Konflikte. Sofern Sie nicht zu jenen seltenen Menschen gehören, denen von Geburt an die Fähigkeit, mit anderen Beziehungen einzugehen, fehlt, können Sie die Qualität Ihrer ganz privaten Augenblicke verbessern, ohne daß das auf Kosten der Intimität Ihrer Beziehungen geht. Die meisten der in diesem Kapitel angesprochenen selbstzerstörerischen Verhaltensweisen – Obsessionen, zwanghafte Handlungen, sozialer Rückzug, Schüchternheit, Vereinsamung – können behandelt werden.

Wenn Ihre eigenen Bemühungen, mit Lesen und Weiterbildung sowie neuen Anregungen zu anderen Denk- und Verhaltensmustern zu kommen, nicht genügen, sollten Sie die Inanspruchnahme eines qualifizierten Therapeuten erwägen, der Ihnen helfen kann, Ihre selbstzerstörerischen Muster zu ändern. Obwohl das Angebot an therapeutischen Ansätzen fast unüberschaubar geworden ist (nach der letzten statistischen Erhebung gibt es inzwischen über dreihundert verschiedene Ansätze), stützt sich die Mehrzahl der Therapeuten dennoch auf bestimmte gemeinsame Elemente.

Ich habe die besten Komponenten verschiedener therapeutischer Methoden miteinander kombiniert und zu einem kognitiven Prozeß zusammengefügt, auf den Sie zur Bewältigung vielfältiger persönlicher Probleme zurückgreifen können. Dieser kognitive Ansatz umfaßt insgesamt siebzehn Schritte, die Teil jedes systematischen Ansatzes zur Änderung von Verhaltensweisen sind. Unter jedem einzelnen Schritt finden Sie zunächst einige Fragen, die Sie sich stellen sollten; und anschließend werden die Produkte, um die es dabei geht, anhand eines Fallbeispiels (in Kursivschrift) verdeutlicht, um zu zeigen, wie ein Mann sich diesen Prozeß zunutze machen könnte. Diesem Mann fällt es sehr schwer, sich längere Zeit allein auszuhalten, und diesen Zustand möchte er gerne ändern.

1. Formulieren Sie die Gründe, warum Sie sich ändern möchten?

Warum jetzt? Warum kommen Sie nicht mehr zurecht, was klappt nicht mehr? Was hat sich in letzter Zeit geändert, so daß es schwieriger geworden ist, ihr dysfunktionales Verhalten beizubehalten?

Ich hasse es, allein zu sein. Mir war nicht bewußt, wie wenig ich mich selbst aushalten kann, bis ich ein langes Wochenende allein verbringen mußte, weil der Rest der Familie verreist war. Zu allem Übel gab es auch noch einen entsetzlichen eisigen Sturm, der das ganze Stromnetz zusammenbrechen ließ, so daß ich vierundzwanzig Stunden im Haus festsaß und völlig aufgeschmissen war. Kein Telefon. Kein Fernsehen. Kein Radio. Ich wurde einfach verrückt!

2. Formulieren Sie klare Ziele, was Sie von ihrem Leben erwarten und was Sie erreichen möchten.

Nachdem Sie an sich gearbeitet haben, welche Fortschritte möchten Sie in welchen Bereichen machen? Von welchen Zielen träumen Sie, die sowohl erreichbar als auch realistisch sind?

Ich möchte an den Punkt kommen, an dem ich mich in meiner eigenen Gesellschaft wohl fühle, ohne permanent nach irgendwelchen Ablenkungen und Zerstreuungen suchen zu müssen.

3. Identifizieren Sie mögliche Widerstände, die Ihre Änderungsbemühungen behindern könnten.

Aus welchen Quellen könnten diese Widerstände kommen? Gibt es in Ihrem Leben jemanden, der ein erklärtes Interesse daran hat, daß Sie so bleiben, wie Sie sind? Gibt es in ihrem Innern etwas, das Ihre Bemühungen, an sich zu arbeiten, sabotieren könnte?

Ich weiß, daß meine Frau sich bedroht fühlen könnte, wenn ich unabhängiger werde und mehr Freiheit beanspruche. Ein weiterer Punkt ist, daß ich auch einen inneren Widerstand fühle, mein Leben in dieser Hinsicht zu ändern. Wer sagt mir, daß ich, wenn ich dann allein bin, nicht anfange, über Dinge in meinem Leben nachzudenken, die mir nicht gefallen? Dadurch könnte eine Kettenreaktion ausgelöst werden.

4. Erforschen Sie sich selbst, um die Aspekte Ihres Verhaltens zu benennen, die selbstzerstörerisch sind.

Welche Verhaltensweisen verhindern, daß Ihr Leben so ist, wie Sie es sich wünschen? Welche Aspekte Ihrer Gedanken, Gefühle, Reaktionen, Werte und Verhaltensmuster sind kontraproduktiv oder auch weniger effektiv, als sie sein könnten?

Ich bin in meinem Verhalten so eingeschränkt, so gehemmt, einmal etwas selbständig zu machen. Ständig laufe ich anderen nach, damit sie mir helfen, wenn irgend etwas zu machen ist, weil ich nicht den Mut und die Motivation habe, irgend etwas allein und selbst zu machen.

5. Forschen Sie in Ihrer persönlichen Geschichte nach den Quellen dieser Schwierigkeiten.

Was kommt Ihnen an dem Problem, ausgehend von früheren Erfahrungen in ihrem Leben, bekannt vor? Welche Einflüsse aus der Vergangenheit haben zur Entstehung dieser Probleme beigetragen?

Hier fallen mir eine ganze Reihe von Dingen ein: Ich erinnere mich, daß ich als Kind immer Angst hatte, wenn ich allein war; meine Eltern sind dann immer besonders auf mich eingegangen und haben mich verwöhnt – sie fanden diese Angst irgendwie niedlich. Des weiteren habe ich mich selbst nie für einen sehr tiefsinnigen Denker gehalten, so daß ich natürgemäß dazu neigte, Situationen zu meiden, die mich im Zweifel damit konfrontiert hätten, wie dumm ich in Wirklichkeit bin.

6. Erkennen Sie die verborgenen und unbewußten Motive, die sich hinter Ihrem kontraproduktiven Verhalten verstecken.

Was ist es, was Sie an diesem Verhalten festhalten läßt? Welche Vorteile fallen letztlich dadurch für Sie ab, daß Sie sich so verhalten oder so sind, wie Sie sind?

Solange ich beschäftigt bin und andere um mich habe, fühle ich mich sicher und geborgen. Außerdem habe ich eine ausgezeichnete Entschuldigung, warum ich nichts Neues ausprobiere, da ich mir sagen kann, daß das nicht mein Stil ist.

7. Äußern Sie Ihren aufgestauten Frust und andere Gefühle, die in Verbindung mit ihrer Lebenssituation immer wieder in Ihnen aufkommen.

Wie fühlen Sie sich, wenn Sie Ihr Leben insgesamt nehmen? Wie gehen Sie mit Ihrer Wut um, mit Ihren Aversionen, Ihren Ängsten, Ihrer Einsamkeit und Ihren Hemmungen?

Das ist ein Bereich, der mir angst macht. Ehrlich gesagt, ich habe sogar panische Angst, mich auf diesen ganzen Bereich überhaupt einzulassen. Im Grunde bin ich mir der Aversionen bewußt, die ich noch immer mit mir herumschleppe – insbesondere gegenüber meiner Mutter, daß sie mich mit ihrer eigenen Bedürftigkeit so erdrückt hat, und gegenüber meinem Vater, daß er zugelassen hat, daß ich so abhängig wurde. In Wirklichkeit fühle ich mich von der Aufgabe überfordert, dieses Muster zu ändern, das zeit meines Lebens besteht!

8. Mobilisieren Sie ein Unterstützungssystem, auf das Sie zwecks Ermutigung und Hilfe zurückgreifen können.

Auf wen können Sie in Ihrem Leben wirklich vertrauen, daß er Ihnen hilft? Auf wen könnten Sie unbesorgt zugehen, um Unterstützung zu suchen?

Ich denke, meine Frau würde mich unterstützen bei dem, was ich vorhabe, wenn ich offen mit ihr teilte, was ich fühle und woher ich komme. Ich habe auch einige Freunde, die eine Hilfe sein könnten – sie kommen bereits ganz gut bis sehr gut mit ihrem Alleinsein zurecht und wissen es zu genießen; ich wette, sie könnten mir einige gute Tips geben.

9. Hinterfragen Sie Annahmen, die ineffektiv sind.

An welchen irrationalen oder unlogischen Überzeugungen halten Sie fest, die, nüchtern betrachtet, nichts weiter als maßlose Übertreibungen der Realität sind? Von welchen Werten und Denkmustern werden Sie sich, weil überholt, angesichts der neuen Person, die Sie sein möchten, verabschieden müssen?

Meine größte Angst ist: Was ist, wenn sich das, was ich da ansteche, als Fehler und als die Büchse der Pandora erweist? Darüber hinaus weiß ich auch, daß ich sehr viele negative Denkansätze habe und mir jetzt hier zum Beispiel sage, daß ich mit meinem Vorhaben wahrscheinlich scheitern werde, daß mir der neue Mensch, der ich werden möchte, dann letztlich doch nicht gefallen wird, daß meine Frau mich wahrscheinlich verlassen wird, weil sie sich vernachlässigt fühlt, und daß ich ganz schön egoistisch bin, daß ich nur erwäge, etwas für mich zu tun.

10. Setzen Sie sich mit den Unstimmigkeiten in Ihrem Denken und Verhalten auseinander.

Welche Diskrepanzen bestehen zwischen dem, was Sie sagen, was Sie fühlen und was Sie denken? Wie können Sie gegen ihr irrationales Denken angehen?

Mir ist natürlich bewußt, wenn ich mich ernsthaft in die Pflicht nehme und diese Sache weiter vorantreibe, daß ich erst einmal auf verdammt schwierige Zeiten gefaßt sein muß. Ich sehe aber keinen anderen Ausweg. Und selbst wenn ich damit einen Fehler machen sollte (was ich im Grunde ernsthaft bezweifle), dann wäre das nicht der erste Fehler in meinem Leben. Aber ich habe selten Dinge bedau-

ert, *die ich ausprobiert habe; am meisten bedauert habe ich immer die Dinge, die ich nicht gemacht habe.*

11. Erneuern Sie Ihren Vorsatz, daß Sie alles daran setzen möchten, um einen Schlüsselaspekt in Ihrem Leben zu verändern.

Sind Sie vor dem Hintergrund der Einsichten, zu denen Sie inzwischen gelangt sind, bereit, sich in die Verantwortung zu nehmen, einen Aktionsplan zu erstellen und ihn durchzuziehen?

Ich habe im Grunde nicht so viele Wahlmöglichkeiten, wie ich vielleicht denke. Ich kann unter keinen Umständen so weiterleben wie bisher und einer Auseinandersetzung mit all meinen ungelösten Konflikten aus dem Weg gehen. Es ist absurd, daß ein Mann in meinem Alter es noch immer vermeidet, allein zu sein! So viele andere Lebensbereiche sind davon betroffen, daß ich meinen ganzen Tagesablauf völlig verplane, um stets und ständig beschäftigt zu sein – nur um nicht auf meiner eigenen Gesellschaft »sitzenzubleiben«. Ich muß das durchziehen, egal, wo ich damit lande!

12. Erstellen Sie einen Plan.

Angenommen, Sie wollen das, was Sie sagen, tatsächlich – wie können Sie es erreichen? Was müssen Sie tun, um Ihre Ziele zu erreichen?

Als erstes sollte ich meiner Familie und meinen Freunden erklären, was ich vorhabe, so daß ich auf ihre Unterstützung zählen kann. Als nächstes sollte ich anfangen, kurze Zeitspannen allein zu verbringen und diese nach und nach verlängern. Und das Wichtigste dabei ist, daß ich darauf achte, welche Gedanken und Gefühle durch diese Experimente bei mir ausgelöst werden.

13. Gehen Sie über Ihre bisherigen Grenzen hinaus, über jene Grenzen, die bisher ein Garant für Sicherheit und Wohlbefinden waren.

Welche Risiken können Sie eingehen, um zu versuchen, sich in Situationen anders zu verhalten, in denen Sie normalerweise auf Nummer Sicher gehen. Was können Sie tun, um sich konstruktiv zu motivieren?

Was ich vor allem tun muß, ist, gegen die Entschuldigungen anzugehen, die ich immer wieder finde, um das Ganze doch nicht durchzuziehen. Ich muß mir selbst einen Ruck geben und mich auf dieses

Neuland vorwagen. Ich möchte am Ende dahin kommen, daß ich alleine zum Campen fahre. Zeit, um einfach für mich zu sein... und bei mir zu sein.

14. Holen Sie sich konstruktives Feedback.

Nehmen andere wahr, daß Sie anders geworden sind? Wen können Sie fragen, wer würde Ihnen ehrlich und geradeheraus sagen, ob er irgendwelche Änderungen bei Ihnen festgestellt hat und, wenn ja, welche?

Eine Reihe von Leuten haben mir bereits gesagt, daß sie eine Veränderung bei mir festgestellt haben. Sie meinen, ich bin heute lebendiger und engagierter in allem. Ich habe aber auch schon zu hören bekommen, daß ich irgendwie geistesabwesender wirke. Ich muß einfach aufpassen, daß ich das mit dem Alleinsein nicht übertreibe und am Ende die Menschen vernachlässige, die mir am meisten am Herzen liegen.

15. Bewerten Sie sehr genau die Fortschritte, die Sie machen.

Kommen Sie Ihrem Ziel näher, so zu werden, wie Sie sein möchten? Wie entwickeln sich die Dinge bisher?

Ich habe das Gefühl, die Dinge entwickeln sich genau nach Plan. So gerne ich auch wüßte, was am Ende bei allem herauskommt, im Moment kann ich jedenfalls sagen, daß ich begeistert davon bin, wie anders ich mich heute bereits fühle. Ich fühle mich nicht mehr hilflos und suhle mich nicht mehr in meinem eigenen Dreck – ich tue das, um mein Leben zu ändern und es zu verbessern.

16. Verallgemeinern Sie die erzielten Ergebnisse.

Wie können Sie das, was Sie gelernt haben, auf andere Lebensbereiche übertragen? Inwieweit gibt es Parallelen zwischen dem Problem, an dem Sie gearbeitet haben, und anderen ungelösten Problemen?

Bei diesem Problem, daß ich Angst habe vor meiner eigenen Gesellschaft und davor, mit mir selbst konfrontiert zu sein, wenn ich allein bin, handelt es sich fraglos um den größten Kampf, den ich mit meinem Leben auszutragen habe. Aber es hat gleichzeitig auch etwas mit den meisten anderen Problemen in meinem Leben zu tun – daß ich jeden Arbeitsplatzwechsel meide, weil ich meine Kollegen nicht verlieren möchte, mit denen ich sozusagen groß geworden und zusammengewachsen bin, oder mein Bedürfnis, an Freundschaften festzuhalten, die mir im Prinzip nichts mehr sagen, nur um Gesellschaft zu haben, oder auch die Abhängigkeiten, die ich in anderen Beziehungen, mit meiner Familie, regelrecht züchte. Mit meiner Arbeit an diesem Problem kann ich zugleich versuchen, einer Lösung all der anderen Probleme näherzukommen.

17. Sichern Sie Ihre Fortschritte.

Was müssen Sie tun, um das Risiko etwaiger Rückschläge möglichst gering zu halten? Wie können Sie weiterhin selbst in diesem Bereich in Zukunft an sich arbeiten?

Zunächst einmal muß ich mir klarmachen, daß Rückschläge unvermeidbar sind. Egal, wie viel ich mir vornehme und wie sehr ich versuche, mich auf alle Eventualitäten einzustellen, es ist klar, daß sich weitere Fortschritte eher sporadisch ergeben. Ebenso bewußt machen muß ich mir jedoch, daß ich, solange ich an mir arbeite und mich meinen Ängsten direkt stelle, statt weiter an meinen alten Mustern festzuhalten, am Ende dahin kommen werde, wo ich hinkommen möchte.

Dieses Fallbeispiel bezog sich zwar auf einen Mann, der Angst vor dem Alleinsein hatte, aber der gleiche Prozeß ist ebensogut im umgekehrten Fall anwendbar – bei jemandem, der zu viel Zeit allein verbringt und sich von anderen isoliert. In beiden Fällen wie auch bei jedem anderen Problem, das Sie lösen möchten, geht es jeweils darum, das spezifische Problem zu identifizieren, seine Parameter zu untersuchen und ein Programm ins Auge zu fassen, mit dem der Teufelskreis der eigenen Trägheit durchbrochen wird, der ein so manifester Teil selbstzerstörerischen Verhaltens ist. Zwischen diesen beiden Polaritäten, dem absoluten Mangel an Alleinsein auf der einen und einer übertriebenen Isolation auf der anderen Seite, gibt es ein Dasein, das sowohl erfüllende zwischenmenschliche Beziehungen als auch sinnvolle ganz private Augenblicke kennt. Dieses Gleichgewicht zu finden, ist nicht nur grundsätzlich möglich, sondern mit hinreichend Motivation und Übung auch problemlos für Sie erreichbar.

10. Die Kunst des Alleinseins beherrschen

Es waren vor allem Persönlichkeiten, die das Alleinsein suchten, die diese Welt veränderten. Diejenigen, die gut allein sein können, die wissen, wie sie sich selbst unterhalten und beschäftigen können, und die ihr Alleinsein förmlich zelebrieren, haben die bedeutendsten Beiträge in der Geschichte der Menschheit geliefert. Und sie scheinen, wenn es darauf ankommt, relativ immun gegenüber der Verachtung zu sein, mit der andere sie wegen ihrer vermeintlich abstrusen Ideen strafen. Sie entwickeln eine Immunität gegenüber gesellschaftlicher Abhängigkeit und Zustimmung und finden einen Weg, Phasen der Isolation in Phasen höchster Produktivität zu verwandeln.

Philosophen und Religionsbegründer wie Moses, Jesus, Buddha, Sokrates und Konfuzius haben sich in die Isolation zurückgezogen, um Klarheit zu gewinnen und Erleuchtung zu finden. Und in jüngerer Zeit waren es Größen wie Sigmund Freud, Albert Einstein oder Emily Dickinson, die Kraft aus ihrem gesellschaftlichen Exil schöpften und einzigartige Werke schufen. Auch andere berühmte Leben waren von Einsamkeit geprägt: Lincoln, Spinoza, Dostojewskij, Cervantes, Tolstoj, Wagner, Nietzsche, Rousseau, Montaigne, Ibsen, Tschaikowski, Martin Luther sowie der Heilige Augustinus.

All diesen großen Personen gemeinsam war der Wunsch, dem Alleinsein eine hohe Priorität in ihrem Leben einzuräumen. Sie brachten sich selbst bei, alle negativen Gefühle der Einsamkeit und Entfremdung in Wege der Erkenntnisse über sich selbst und andere zu verwandeln. Sie maßen ihrem Schmerz einen tieferliegenden Sinn bei: daß er ihre Sensibilität für die Dinge um sie herum verstärken und ihre Energie umwandeln und in kreative Kanäle leiten sollte.

Pforten der Erkenntnis

Das Gefühl von Einsamkeit ist nie ein absoluter Zustand; es ist vielmehr relativ in Zusammenhang mit der Dimension des »Anderssein«

zu sehen, ein Anderssein, das man in Verbindung mit den Menschen empfindet, die man liebt. »Man ist immer allein, mit oder inmitten von Dingen und anderen«, sagte der Philosoph Fred Kersten.[1] Selbst in Gesellschaft ist ein Teil von uns immer allein, getrennt von allem, was um uns herum passiert. Und ähnlich ist in Phasen starker Isolation ein Teil von uns immer mit den anderen aus unserer Vergangenheit und Gegenwart verbunden.

In seinem Aufsatz über die Beziehung zwischen Einsamkeit und Alleinsein betont Kersten, daß beide Erfahrungen in Wirklichkeit Wege zur Erkenntnis darstellen – um nicht nur Erkenntnisse über uns selbst zu gewinnen, sondern auch über die Welt, in der wir leben. »So ist das Selbst«, sagt Kersten, »in dem einen wie in dem anderen Fall in der Lage, Erfahrungen zu machen und zu handeln – das heißt, daß es nie wirklich isoliert ist. Einsamkeit und Alleinsein verschließen also nicht die Welt, das Selbst die anderen und die Dinge, sie helfen vielmehr, all das zu entdecken.«[2]

Das Paradox der ganz privaten Augenblicke besteht darin, daß sie es unserem geheimen Selbst erlauben, selbst in der Gegenwart anderer ohne sie zu sein, und umgekehrt, mit anderen selbst in ihrer Abwesenheit zusammenzusein. Das Entscheidende bei dieser Gleichung ist, daß *die Wahl bei uns liegt*, wir entscheiden, wie wir uns fühlen. Und wie unsere Erfahrung aussieht, hängt davon ab, wie wir sie interpretieren und welche Bedeutung wir ihr beimessen. Wenn wir jeden Schmerz in Zusammenhang mit der Einsamkeit so auffassen, daß wir ihm einen tieferliegenden Sinn beimessen, dann kann diese Zeit zu einer Pforte der Erkenntnis über das Selbst und andere werden.

Existentielle Therapeuten wie Viktor Frankl sind der Überzeugung, daß die persönliche Sinnfindung entscheidend für ein befriedigendes Leben ist. Hinter dieser Aussage steht nicht einfach der Erguß eines Philosophen, der in einem bequemen akademischen Sessel über die Mysterien des Lebens nachdenkt. Frankls Philosophie entstand nicht in den hochnoblen Sälen einer Havard oder Stanford University, sondern hinter Stacheldraht in Auschwitz, wo er jahrelang interniert war und zusehen mußte, wie seine Familie und Freunde dahingerafft wurden. Als ausgebildeter Psychiater gelangte Frankl durch Beobachtung seiner Mithäftlinge zu der Erkenntnis, daß die Frage, ob jemand überlebte oder starb, mehr als alles andere davon abzuhängen schien, ob er seinem Leiden einen Sinn beimessen konnte – und sei es der, daß er entschlossen war, zu überleben, nur um der Nachwelt von diesem Entsetzen zu berichten:

»Wer von denen, die das Konzentrationslager erlebt haben, wüßte nicht von jenen Menschengestalten zu erzählen, die da über die Apellplätze oder durch die Baracken des Lagers gewandelt sind, hier ein gutes Wort, dort den letzten Bissen Brot spendend? Und mögen es auch nur wenige gewesen sein – sie haben Beweiskraft dafür, daß man dem Menschen im Konzentrationslager alles nehmen kann, nur nicht: die letzte menschliche Freiheit, sich zu den gegebenen Verhältnissen so oder so einzustellen. Und es gab ein ›So oder so‹!... Wer weiß, welch innige Zusammenhänge zwischen der Gemütslage eines Menschen und so auch Affekten wie Mut und Hoffnung bzw. Mutlosigkeit und Hoffnungslosigkeit auf der einen Seite und auf der anderen Seite der Immunitätslage des Organismus bestehen, dem wird es auch verständlich erscheinen, welche tödlichen Auswirkungen das jähe Versinken in Hoffnungslosigkeit und Mutlosigkeit haben kann... Wehe dem, der kein Lebensziel mehr vor sich sah, der keinen Lebensinhalt mehr hatte, in seinem Leben keinen Zweck erblickte, dem der Sinn seines Daseins entschwand – und damit jedweder Sinn des Durchhaltens... Wir müssen lernen und die verzweifelten Menschen lehren, daß es eigentlich nie und nimmer darauf ankommt, was wir vom Leben noch zu erwarten haben, vielmehr lediglich darauf: was das Leben von uns erwartet!... Ich erzählte, ... daß menschliches Leben immer und unter allen Umständen Sinn habe, und daß dieser unendliche Sinn des Daseins auch noch Leiden und Sterben, Not und Tod in sich mit einbegreife. Und... daß auch die Aussichtslosigkeit unseres Kampfes seinem Sinn und seiner Würde nichts anhaben könne... Wir haben den Menschen kennengelernt, wie vielleicht bisher noch keine Generation. Was also ist der Mensch? Er ist das Wesen, das immer entscheidet, was es ist.«[3]

Wenn man das Leiden in einem Konzentrationslager aushalten kann, ohne daß die eigene Würde angetastet wird, so müßte das gleiche doch mit Sicherheit ebenso unter anderen unangenehmen oder schwierigen Vorzeichen, etwa wenn wir allein sind, machbar sein. Niemand hat uns unsere Freiheit gestohlen; wir haben freiwillig darauf verzichtet. Niemand hat uns ins Gefängnis gesteckt; wir haben uns selbst zu Gefangenen unserer Isolation gemacht, indem wir uns davor gedrückt haben, die Verantwortung für unsere Existenz zu übernehmen. »Erst der Mensch, und nur er, vermag dieser bloßen Existenz, seiner eigenen und allen anderen Existenzen, einen Sinn und die Notwendigkeit zu verleihen und ihnen damit ihre Zufälligkeit zu nehmen, indem er beschließt, etwas daraus zu machen, sie einem schöpferischen Entwurf zu unterwerfen, in sein Handeln einzubeziehen«, schrieb der Philosoph Jean-Paul Sartre. Denn »erst durch unser Handeln machen wir uns und damit die Welt um uns herum zu dem, was sie sind«.[4]

Das Alleinsein wählen

Sie hatten zwar sicherlich keine Wahl, ob Sie geboren werden wollten oder nicht, aber da Sie nun einmal in die Welt geworfen wurden, *sind* Sie verantwortlich für alles, was Sie tun und fühlen. Sie können oder wollen vielleicht an Ihrem Ehestatus, an Ihrer Lebenssituation oder an irgendwelchen anderen Dingen nichts ändern, aber es steht in Ihrer Wahl, die Verantwortung dafür zu übernehmen, wie Sie sich *fühlen*, wenn Sie allein sind, und wie Sie diese Zeit nutzen.

Wenn ich merke, daß in mir nach Stunden, in denen ich allein und isoliert war, eine gewisse Ruhelosigkeit aufkommt, die zu Nervosität und schließlich zu hochgradigen Ängsten fortschreitet, während ich über irgendein ungelöstes Problem in meinem Leben nachgrübele, so habe ich mehrere Optionen. Ich kann natürlich kurzerhand mein Unbehagen damit ersticken, daß ich die Isolation beende; sobald ich wieder in der Welt der anderen bin, bin ich durch meine Verpflichtungen hinreichend abgelenkt, so daß keine Zeit für belastende Gedanken bleibt. Ich kann es aber auch vorziehen, weiter allein zu sein, allerdings ohne zu leiden. Das ist machbar, wenn ich effektiv mit dem umgehen kann, was mich belastet. Dabei kann es sich um ein Selbstgespräch handeln, in dem ich mich zum Beispiel mit Problemen auseinandersetze, die ich bisher stets gemieden habe. Oder darum, mich weiterhin auf meine Gefühle einzulassen und mich nicht gleich wieder abzuschotten, sie in ihrem Gehalt und in ihrer Form zu untersuchen, ihrem Ursprung nachzugehen, mich mit ihren irrationalen Wurzeln auseinanderzusetzen, mir einzugestehen, welche ich nicht kontrollieren kann oder möchte und schließlich einen Burgfrieden zu finden, der es mir ermöglicht, meinen Weg in puncto Alleinsein weiterzugehen. Ich habe dann nicht mehr das Gefühl, aus dem Hinterhalt überfallen zu werden; ich nehme diese Situation dann lediglich zum Anstoß, mich endlich mit ungeklärten Dingen auseinanderzusetzen.

Die Einsamkeit wird von denjenigen am stärksten empfunden, die jede Hoffnung aufgegeben haben, die auf Verantwortung verzichtet haben, die ihre Freiheit verschleudert und sich selbst zu einem Leben ohne Wahlmöglichkeiten verurteilt haben. Aber wenn Sie wachsen und Einsichten gewinnen möchten, dann kann die Einsamkeit eine Pforte der Erkenntnis über Ihr Selbst, die Welt und die Beziehung zwischen beidem werden. Tatsache ist, daß nichts, was wir im Leben erreichen und worauf wir stolz sind, jemals ohne gewisse Härten, Erschwernisse oder Risiken erreicht wird. Das gilt für das Gebären und Erziehen von Kindern, dafür, eine Beziehung zu beginnen oder zu beenden, den Beruf oder Arbeitsplatz zu wechseln, und ebenso für den Punkt, irgend etwas völlig neues auszuprobieren.

Wenn wir in diesem Buch von Alleinsein sprechen, so ist damit, was ich immer wieder betont habe, eine bestimmte Art des Alleinseins gemeint, die sich von anderen Formen klar unterscheidet – von Einsamkeit, Isolation, Abgeschiedenheit, Entfremdung, Rückzug und auch von Ruhe, ein Faktor, der oft mit dem Alleinsein assoziiert wird. Gemeint ist ebensowenig ein Zustand des Ausruhens, der Stille und inneren Friedens, der von einer aktiven Besinnung geprägt ist. Gemeint ist vielmehr ein Zustand der Aufmerksamkeit und Gegenwart im ganz privaten Augenblick, der uns hilft, Integration und Ganzheit zu finden. Der Essayist Oliver Morgan unterstreicht die Bedeutung des Alleinseins als einen Zustand, der fast immer ein Ausdruck des freien Willens ist:

»Alleinsein ist eine Frage der Wahl. Es ist eine willentliche Entscheidung, die dafür sorgt, daß die Sehnsucht nach Stille zu ihrem Recht kommt und ihren rechtmäßigen Platz und die ihr gebührende Zeit in unserem Leben bekommt. Es ist die Bereitschaft, den Alltag und alles Ablenkende zurücktreten zu lassen und sich von der Ruhe einhüllen zu lassen, wie im Schlaf. Es ist eine Entscheidung, sich vom Alleinsein erfassen zu lassen und so eine Offenbarungserfahrung aus der Tiefe des Innern zuzulassen. Alleinsein ist ein Weg, bei sich selbst zu sein, zu lernen, sich selbst auszuhalten und sich mit dem Mysterium wohlzufühlen, das das eigene Selbst darstellt. Alleinsein ist die Entscheidung, dem eigenen Selbst zu begegnen, und nur die Entscheidung ermöglicht es, daß es zu einem integralen Bestandteil des eigenen Lebensstils wird«.[5]

Da eines der Merkmale, die das Alleinsein von den negativen Formen der Einsamkeit unterscheiden, die Frage und Inanspruchnahme der freien Wahl ist, ist es zwingend für unser psychisches Wohlbefinden, etliches an Zeit dafür aufzuwenden, um die Befähigung für die Wahl zu entwickeln. Das erreichen wir am besten, indem wir positiv genutzten privaten Augenblicken in unserem Leben eine höhere Priorität beimessen und insbesondere auch den nachfolgenden Rat des Theologen Karl Rahner beherzigen:

> »Habe den Mut, allein zu sein... Also halte es einmal eine Weile mit Dir aus. Vielleicht hast Du doch ein Zimmer, wo Du allein sein kannst. Oder Du kennst einen einsamen Weg oder eine stille Kirche. Rede dann nicht, auch nicht mit Dir selber noch mit den anderen, mit denen wir disputieren und uns zanken, auch wenn sie nicht da sind. Warte. Horche... Halte Dich aus!«[6]

Die Zukunft des Alleinseins

An früherer Stelle habe ich bereits erwähnt, daß die Fähigkeit, das Alleinsein zu genießen, in Zukunft eine noch entscheidendere Rolle spielen wird, um wirkliche Lebensbefriedigung zu finden. Dieses Jahrhundert konfrontierte uns mit dem weitgehenden Zerfall der gesellschaftlichen Strukturen, die für ein Gefühl der Zugehörigkeit sorgten. Das Interesse an den herkömmlichen Religionen schwindet, und ebenso das Pflichtgefühl gegenüber der Gemeinschaft. Nicht zuletzt seit der Erfindung der Klimaanlagen verbringen die Menschen mehr Zeit in ihren Häusern, isoliert von ihren Nachbarn und auf Kosten des nachbarschaftlichen Miteinanders. Auch die Bauweise unserer Häuser wurde geändert, die Veranden mit Bänken zum Sitzen werden nicht mehr zur Straße hin gebaut, und unsere Grundstücksparzellen kennen keine gemeinsam genutzten Gehwege oder Trampelpfade mehr, sondern sind durch Zäune, Mauern oder hohe Hecken abgegrenzt. Ärzte machen keine Hausbesuche mehr. Die kleinen Drogerien und Lebensmittelgeschäfte sind schon seit langem von großen unpersönlichen Handelsketten verdrängt worden. Durch die heutige Arbeitsmarktsituation und die international operierenden Konzerne wurden Großfamilien über den ganzen Globus verstreut. Der Fortschritt hat uns viele materielle Erleichterungen und Bequemlichkeiten beschert, aber auf Kosten zunehmender Anonymität und Isolation.

Die Neigung, allein zu sein und Zeit für sich zu verbringen, und die gesellschaftliche Freiheit, es zu tun, stellen ein relatives Novum in der Geschichte dar. Dem Historiker Philippe Ariès zufolge war es noch »bis zum Ende des 17. Jahrhunderts so, daß überhaupt niemand allein war.«[7] Noch vor nicht allzulanger Zeit hatte man kaum eine andere Wahl, als seine Zeit in der Gesellschaft anderer zu verbringen – im Kreise der Familie, der Nachbarn, von Menschen, die man mochte, und oft auch von Menschen, die man nicht mochte. In den meisten Haushalten lebte die ganze Familie, oft mit mehreren Generationen, in einem einzigen Raum zusammen. Jede Handlung und jede Änderung des Verhaltens wurden beobachtet und vielfach kommentiert. Nicht einmal die eigenen Gedanken und Gefühle waren Privatsache des einzelnen.

In den letzten Jahrhunderten hat sich das Bild gewandelt, so daß wir inzwischen jedem und nicht nur Mönchen, Schäfern und Outlaws ein Recht auf Abgeschiedenheit und Alleinsein zugestehen. Dieser Wandel wurde durch eine Reihe von Gründen ermöglicht, vor allem auch dadurch, daß unsere Gesellschaft heute stabiler und damit toleranter gegenüber individuellen Unterschieden ist. Hinzu kommt der Wandel, der sich im Werteverständnis vollzogen hat, wonach heute die Rechte des einzelnen, Chancengleichheit, Freiheit, Unabhängigkeit, Kreativität und Privatsphäre wesentlich mehr im Vordergrund stehen. Und der Trend, mehr Zeit allein zu verbringen, hält an.

In den letzten zwanzig Jahren ist die Zahl derjenigen, die es vorziehen, allein zu leben, dramatisch gestiegen. Studenten, Singles, Geschiedene und verwitwete ältere Menschen entscheiden sich zunehmend dafür, allein zu leben. Die Zahl der älteren Menschen in unserer Gesellschaft wächst dreimal so schnell wie die übrige Gesamtbevölkerung – in manchen Ländern hat ihr Anteil alsbald die 20-Prozent-Marke erreicht. In den Vereinigten Staaten und in Europa sind weiterhin steigende Scheidungsraten zu verzeichnen – und parallel dazu wächst die Zahl der Single-Haushalte. Und nicht zuletzt wird das Alleinsein durch das wachsende Angebot höchst verführerischer Formen der passiven Unterhaltung – Fernsehen, Video, Hörbücher, Stereoanlagen, Computer – zunehmend attraktiver gemacht.

Die meisten genießen heute einen größeren Wohlstand als ihre Eltern es in der entsprechenden Lebensphase konnten. Dank einer Wahnsinnstechnologie, über die wir heute verfügen, haben wir kürzere und körperlich weniger anstrengende Arbeitswochen. Und wir haben weniger gesellschaftliche Verpflichtungen. Angesichts all dieser Faktoren ist davon auszugehen, daß die Fähigkeit, mit dem Alleinsein zu leben, in der Tat in der Zukunft zu den Hauptfertigkeiten unter der Rubrik Lebenstüchtigkeit gehören wird. Und für den Fall, daß sich diese Prognose als richtig erweisen sollte, wären wir alle gut beraten, unsere Toleranzgrenze gegenüber dem Alleinsein zu erhöhen und unsere Fähigkeit zum Alleinsein zu verbessern, um diese Zeit optimal nutzen zu können. Was für jede andere unterentwikkelte Fertigkeit gilt, gilt auch hier, nämlich, daß auch Sie mit Entschlossenheit und systematischer Übung die Kunst des Alleinseins beherrschen lernen können.

Die Kunst des Alleinseins

Im Rahmen meiner Untersuchungen habe ich durchgängig einige typische Merkmale bei all denjenigen festgestellt, die ausgesprochen gut allein sein können und das Beste aus ihren ganz privaten Augenblicken machen. Bezeichnend für diese Experten im Alleinsein sind etwa folgende Merkmale:

Sie wissen zu schätzen, was das Alleinsein ihnen geben kann. Das Alleinsein ist eine wichtige Quelle für die Entwicklung innerer Ressourcen sowie für die Stärkung unserer Intuitionsgabe und Unabhängigkeit. Es ist eine Quelle der Inspiration, der Produktivität und des Vergnügens mit sich selbst.

Sie nutzen ihr Alleinsein, um Hemmungen, Scham- und Schuldgefühle abzubauen. Das Alleinsein gibt uns Gelegenheit, uns denkbar natürlich zu geben und uns in diesem Zustand mit uns selbst wohl fühlen zu lernen. Mit etwas Übung und Anstrengung lernen wir es schließlich, uns so zu akzeptieren, wie wir sind.

Sie haben die Fähigkeit, positiv zu denken. Menschen, die gern allein sind, zeichnen sich durch eine besondere Art von innerem Dialog aus. Ein Dialog, der sich deutlich von der Art von Selbstgesprächen unterscheidet, die diejenigen führen, die sich einsam und nervös fühlen, wenn sie allein sind. Sie können ihr Alleinsein anders sehen, und sei es, indem sie gegebenenfalls ihre inneren Botschaften ändern und betonen, daß ihr Alleinsein schließlich ihrer eigenen Kontrolle unterliegt und eine Frage der persönlichen Wahl ist. Sie versuchen, negative Selbstgespräche zu vermeiden und sie möglichst durch positivere zu ersetzen. So können wir zum Beispiel sagen: »Niemand hat mich in diese Situation gebracht; das habe ich ganz allein gemacht. Also kann ich mich auch wieder selbst herausziehen, wenn ich will.« Statt: »Ich kann nicht mehr, es gibt keinen Ausweg, und ich kann nichts daran ändern.«

Sie haben ein Unterstützungssystem von Personen, die ihr Bedürfnis, allein zu leben, tolerieren. Alle Menschen haben den starken Wunsch, wenn nicht gar das Bedürfnis, einen Teil ihres Lebens sozusagen für sich zu behalten und ihn nicht einmal gegenüber denjenigen preiszugeben, die sie lieben und denen sie am meisten vertrauen. Da unsere Familie und unsere Freunde manchmal vielleicht kein Verständnis für unser Interesse aufbringen, allein Dinge zu tun, weil dadurch weniger Zeit bleibt, die wir mit ihnen verbringen könnten, ist es wichtig, das richtige Gleichgewicht zwischen der Notwendigkeit, auch auf die Bedürfnisse anderer einzugehen, und der Befriedigung unserer eigenen Bedürfnisse zu finden. Es kostet einige Zeit und Mühe, anderen beizubringen, unser Bedürfnis nach Zurückgezogenheit zu respektieren. Ich erinnere mich an eine Frau, die eine sehr liebevolle und fürsorgliche Familie hatte, aber dennoch den Drang verspürte, einige Stunden in der Woche allein ihrer eigenen Wege zu gehen. Wenn ihr Mann oder ihre Kinder ihr dabei in die Quere kamen, merkte sie, daß sie zunehmend nervöser und gereizter wurde. Und stellte schließlich fest, daß es bei der Kunst, allein zu sein, um mehr als nur darum ging, die eigene Gesellschaft zu genießen; gleichermaßen wichtig war die Fähigkeit, den anderen beizubringen, ihre ganz private Zeit zu respektieren, ohne sich dadurch bedroht oder vernachlässigt zu fühlen.

Sie haben den Mut, sich ohne Ablenkung mit sich selbst zu konfrontieren. Alleinsein heißt, sich der Ruhelosigkeit im Innern zu stellen. Es heißt, die eigene Toleranzgrenze gegenüber Frustrationen, Langeweile und innerem Chaos zu erhöhen. Wenn die Dosierung allmählich erhöht wird, lernen wir, auch längere Zeiten allein zu sein, ohne daß das Bedürfnis aufkommt, vor uns selbst, vor unseren Ängsten, vor unserer Einsamkeit und vor unseren ungelösten Lebensproblemen zu fliehen.

Sie haben die Bereitschaft, neue Wege und Möglichkeiten auszuprobieren und von sich aus die Initiative zu Aktivitäten zu ergreifen. Die Kunst, allein zu sein, beinhaltet unter anderem, nicht darauf zu warten, daß andere uns unterhalten, sondern selbst Unterhaltungsmöglichkeiten zu schaffen. Das heißt, daß wir uns nicht mit vorhersehbaren Routinen zufriedengeben, sondern neue und interessantere Verhaltensmuster entdecken möchten. Und das setzt voraus, daß konstruktive Risiken nicht gemieden werden und das Unbekannte, wann immer möglich, erforscht wird. Statt anderen die Schuld für unsere eigene Unzufriedenheit zu geben, übernehmen wir selbst mehr die Verantwortung für unser eigenes Leben. Die Frage, ob wir unser Alleinsein voll und ganz genießen können, hängt in weiten Teilen im übrigen jedoch davon ab, inwieweit wir unser Bedürfnis nach Intimität mit anderen befriedigen können.

Die Sehnsucht nach Intimität

Es ist schwer, allein zu sein, wenn wir uns nichts sehnlicher wünschen, als mit anderen zusammenzusein, eine bestimmte Person anzurufen oder irgendwo dazuzugehören. Der Entwicklungstheoretiker Erik Erikson erklärt, daß jeder Mensch diesen Kampf zwischen Intimität und Isolation, zwischen der Pflicht gegenüber dem Selbst und der Verpflichtung gegenüber anderen austragen muß. Nachdem im Kleinkindalter ein gesundes Vertrauen geschaffen wurde, in der Kindheit ein Autonomie- und Kompetenzgefühl aufgebaut und in der Adoleszenz eine persönliche Identität entwickelt wurde, sind die meisten gegen Ende der Adoleszenz, spätestens mit Anfang Zwanzig, in der Lage, ernsthafte Bindungen mit anderen einzugehen.[8]

Diejenigen, die jedoch nicht aus sich herausgehen und das Risiko eingehen können, andere an sich heran- und Nähe zuzulassen, ziehen sich dann in ein einsames Schneckenhaus zurück und frönen im Zweifel destruktiven Verhaltensweisen. Ihnen fehlt die Fähigkeit, Grenzen zu ziehen, die Nähe ermöglichen, ohne sich selbst zu verlieren. Es fällt ihnen schwer, anderen zu vertrauen, und ihnen fehlt die innere Stärke, um sich selbst vor Zurückweisung zu schützen. Im Laufe der Zeit haben sie sich dann mit Erfolg selbst eingeredet, daß sie andere nicht brauchen, um zufrieden zu sein.

Bemerkenswert ist, daß Personen, die ihr Alleinsein wirklich genießen, zugleich auch diejenigen sind, die ihre Beziehungen als am befriedigendsten empfinden. Demgegenüber fällt es denjenigen, die sich in ihrer eigenen Gesellschaft unwohl fühlen, anscheinend schwer, ihre Kontakte näher zu untersuchen, um eine Aussage über deren Qualität und Quantität zu machen. Voraussetzung, um das Alleinsein genießen zu können, ist eine gewisse Ehrlichkeit gegenüber uns selbst, wozu auch eine aufrichtige Einschätzung unseres Selbstvertrauens und Vertrauens, das wir anderen entgegenbringen, unserer Selbstannahme und der Frage, ob wir von anderen akzeptiert werden, sowie der Frage der Intimität gehört, die wir erfahren.

Eine Tatsache ist, daß die meisten Beziehungen relativ oberflächlich und der Ablauf der meisten zwischenmenschlichen Kontakte nur allzu vorhersehbar ist. Die Gespräche bei Gesellschaften oder anderen öffentlichen Anlässen drehen sich in der Regel um ungefährliche Themen – Politik, Sport, Kinder, Urlaubspläne, Filme, Bücher, gemeinsame Bekannte, Weltereignisse. Wir wiederholen die Geschichten und Witze, die wir schon Dutzende Male erzählt haben, und hören anderen zu, wie sie das gleiche tun. Nur selten werden durch Vorstöße auf riskanteres Terrain die Barrieren zu wirklicher Intimität durchbrochen: »Was denkst du *wirklich* von mir? Was wolltest du mir schon immer einmal sagen? Was glaubst du, was bleibt, wenn dieses Gespräch vorbei ist, was du doch gerne gesagt haben würdest?«

Aber Sie wissen wahrscheinlich selbst am besten, was Sie von den Menschen, die Ihnen nahestehen, gerne wissen möchten. Der Punkt ist, daß wir uns alle nach mehr Nähe mit anderen sehnen, die aber nur aus mehr Offenheit und Aufrichtigkeit erwachsen kann. In unseren Beziehungen wirkliche Intimität zu meiden, bedeutet, daß wir in unserem Alleinsein mehr Einsamkeit und Unbehagen erfahren. Die Verbundenheit mit anderen gibt uns die Sicherheit, mit der wir uns mehr auf uns selbst einlassen können. Das Alleinsein ist unbedenklicher, wenn wir wissen, wir haben die Option, mit anderen, die wir lieben, zusammenzusein. Das erklärt, warum wir unser Alleinsein um so besser genießen können, wenn wir zugleich unsere Sehnsucht nach Intimität befriedigen.

Denn ein unbefriedigtes Bedürfnis nach Intimität bewirkt im Zweifel, wenn wir denn mal zum Nachdenken kommen, daß wir uns leer und frustriert fühlen. Machen Sie eine Bestandsaufnahme von Ihren Beziehungen. Welche Qualität hat die Zeit, die Sie mit Ihrer Familie, Ihren Freunden, Kollegen, Nachbarn und Bekannten verbringen? Und nehmen Sie dabei alle die Dinge unter die Lupe, die Sie sagen, aber nicht wirklich meinen, die Lügen, die Sie sich selbst erzählen und fast schon selbst glauben: »Ich freue mich so sehr, dich zu sehen!« »Du siehst einfach phantastisch aus!« »Nein, ich langweile mich überhaupt nicht. Sehe ich so aus?« »Wie's mir geht? Oh, einfach blendend! Danke der Nachfrage.« »Natürlich, ich würde mich freuen, wenn wir uns bald mal wiedersehen. Ich rufe dich an, abgemacht?«

Viele von uns wählen einen Beruf, der uns einen Vorwand zu ständigen Kontakten mit anderen und damit das Gefühl gibt, nicht isoliert zu sein. Auf dieser Ebene haben wir alles im Griff, wir können die Kontrolle bewahren und uns weitestgehend vor Verletzungen schützen. Insbesondere erlaubt es uns der Dienstleistungsbereich mit seinen ritualisierten und strukturierten Umgangsformen, jede wirkliche Intimität in Beziehungen zu vermeiden. Auf der Ebene der Justiz und Sozialarbeit, in der medizinischen und psychotherapeutischen Praxis, auf der Ebene von Beratertätigkeiten oder der Seelsorge sorgen zum Beispiel zahlreiche Regeln dafür, daß die Beteiligten nicht verletzt werden. In der Psychotherapie mag der Klient sich hinter seiner Abwehr verstecken, um sich vor vermeintlichen Gefahren zu schützen, aber ebenso kann der Therapeut sich hinter seinem Schreibtisch, seinen Diplomen und seiner Objektivität und Distanz verstecken. Aber sobald der Klient die Praxis verlassen hat, ist der Helfer sich wiederum allein überlassen – und muß sehen, wie er mit seinen Ängsten vor Intimität und dem Alleinsein fertig wird.

Es funktioniert nicht, oder zumindest nicht sehr lange, sich ausschließlich auf Beziehungen mit »Abstandssicherung« einzulassen. Die Sehnsucht nach Intimität bleibt unerfüllt und läßt im Kopf ein Treibhaus für gefährliche Blüten, sprich Gedanken und Gefühle, entstehen – die Namen wie Selbstzerstörung, Gleichgültigkeit, Hoffnungslosigkeit und Frust tragen.

Unsere ganz privaten Augenblicke können nicht nur für den Geist und die Seele, sondern auch für den Körper gefährlich sein. Diejenigen, die allein leben – und insbesondere nicht aufgrund eigener Wahl –, sterben früher als Personen, die Gesellschaft und jemanden an ihrer Seite haben; das gilt auch, wenn dieser »Jemand« nur ein Haustier ist. Die Einsamen sind anfälliger für psychische Krankheiten, Drogenmißbrauch, Herzkrankheiten, erhöhten Blutdruck, Krebs und Lungenentzündungen, und sie verursachen häufiger Autounfälle. Sie leiden häufiger an Kopfschmerzen, Schlaflosigkeit und Eßstörungen. Es ist wahrscheinlicher, daß sie ermordet werden oder zu Selbstmord neigen. Die Frage, warum Intimität oder zumindest Zusammenwohnen offensichtlich die Immunität gegenüber bestimmten Krankheiten fördert, gibt den Experten zwar nach wie vor Rätsel auf, nach den Fakten sieht es jedoch ganz so aus, als erzeuge das Alleinsein und die Einsamkeit, die manchmal damit verbunden ist, zusätzlichen Streß.

Bei seinen Untersuchungen über die Folgen exzessiven Alleinseins gelangte James Lynch zu dem Ergebnis, daß der Körper die Konsequenzen eines Problems zu tragen hat, das der Geist ignorierte.[9] Krankheit ist dann der Weg, wie der Einsame Aufmerksamkeit sucht. So kann er des Mitgefühls anderer teilhaftig werden und hat eine Entschuldigung zur Hand, warum er den Trost und Zuspruch des Arztes sucht. Jede Arztpraxis ist voll von Patienten, die mehr um des menschlichen Verständnisses und der Fürsorge als um der medizinischen Hilfe willen kommen.

Die Suche nach Intimität mit anderen und nach Frieden im Alleinsein sind die zentralen treibenden Kräfte in der menschlichen Existenz. Wenn wir diese entscheidenden Bedürfnisse nicht befriedigen können, wenn wir unsere Beziehungen nicht als erfüllend empfinden oder unglücklich in unserem Alleinsein sind, so suchen wir nach Wegen, um unseren ganz privaten Augenblicken zu entfliehen. Nur wenn wir sowohl daran arbeiten, die Intimität unserer Beziehungen als auch die Qualität unserer ganz privaten Augenblicke zu verbessern, können wir darauf hoffen, den Punkt zu erreichen, an dem wir uns mit uns selbst wohl fühlen.

Allein und dennoch mit anderen zusammensein

Viele östliche wie auch indianische Kulturen kennen die klare Trennungslinie zwischen dem Selbst und anderen nicht, die für uns im Westen so wichtig ist. In dem Sinne sind denn auch Einsamkeit und Entfremdung in diesen Kulturen relativ unbekannt. Nach ihrem Verständnis sind wir alle miteinander und mit der Ordnung der Natur verbunden.

Es erscheint mir wichtig, in diesem Schlußkapitel auch diesen Standpunkt als anschauliches Gegengewicht zur Egozentrik anzusprechen, nachdem wir uns bisher in diesem Buch so intensiv mit den *individuellen* Bedürfnissen, den *ganz privaten* Augenblicken und den *persönlichen* Erfahrungen beschäftigt haben. Dabei wird natürlich allzu leicht die Realität vernachlässigt, wonach wir alle, wie isoliert wir uns auch fühlen mögen, in einer kooperativen Gemeinschaft mit anderen leben. Obgleich unser Streben nach Alleinsein und Individualität sowohl für uns selbst als auch für die Gesellschaft insgesamt fraglos von entscheidender Bedeutung ist, so ist es doch gleichermaßen wichtig, daß wir als Teil eines größeren Ganzen effektiv funktionieren, wozu auch die Familie, gesellschaftliche sowie berufliche Kreise und die Natur gehören.

Angefangen von den frühen Philosophen und Konfuzius und seinen Schülern über die Dichter der Romantik bis zu den Vertretern der Transpersonalen Psychologie in der heutigen Zeit gab es immer eine Stimme, die von der Einheit aller lebenden Kreaturen sprach. Es ist keineswegs unmöglich, allein dazustehen, als Individuum in vollen Zügen seine Freiheit und Zurückgezogenheit zu genießen und sich dennoch von anderen nicht entfremdet zu fühlen. Erreichbar ist das durch:

Toleranz gegenüber individuellen Unterschieden. Es ist eine Sache, zu erkennen, was am besten für Sie ist, ob das eine traditionelle Religion oder der Rock and Roll ist; aber es ist eine völlig andere, andere ihre eigenen Wege gehen zu lassen, um ihr Glück in völlig anderen Bereichen als Sie zu finden, und zwar ohne sie dafür zu kritisieren oder zu verurteilen. Meinungsverschiedenheiten, Konflikte, Auseinandersetzungen und Kriege entstehen dann, wenn eine Gruppe versucht, anderen ihren Willen aufzuzwingen. Sie müssen niemanden für Ihren Standpunkt rekrutieren, um den von Ihnen gewählten Weg zu genießen.

Eine freundliche Gesinnung. Es erfordert ein beachtliches Maß an Stärke und Durchstehvermögen, um für die Dinge einzutreten, von denen Sie wissen, daß sie das Beste sind. Aber es erfordert auch ein hohes Maß an Geduld, Einfühlungsvermögen und Diplomatie, um die eigenen Bedürfnisse durchzusetzen, ohne dabei unnötig diejenigen, die Sie am meisten lieben, vor den Kopf zu stoßen und zu verletzen.

Kompromißbereitschaft. Wenn Sie Ihre Anliegen durchsetzen, haben Ihre Lieben oft das Gefühl, das ginge auf ihre Kosten. Aus diesem

Grund sind Verhandlungen und Kompromißbereitschaft notwendig. Das Problem stellt sich oft bei Paaren, bei denen der eine den Wunsch nach mehr Freiheit und Privatraum geltend macht und der andere sich extrem bedroht fühlt. Die eheliche Beziehung wurde auf ganz bestimmten, festen Regeln aufgebaut (wer für den Haushalt zuständig ist usw.), und dann beschließt einer mit einem Mal, daß eine andere Regelung vielleicht gerechter wäre. Wenn beide bereit sind, den Standpunkt des anderen anzuhören, wenn beide offen und flexibel bleiben, werden sie aller Voraussicht nach am Ende einen für beide Seiten akzeptablen Kompromiß finden – der beiden gegenüber fair ist und der beiden Zeit läßt, sich um- und auf die neuen Regeln einzustellen.

Verbundenheit mit der Gemeinschaft. Ein befriedigendes Leben setzt ein Gleichgewicht zwischen den ganz privaten und den öffentlichen Augenblicken voraus. In seinem Buch *Gewohnheiten des Herzens* untersucht der Soziologe Robert Bellah zusammen mit Kollegen die Polaritäten von Individualismus auf der einen und Gemeinsinn auf der anderen Seite. Und kommt zu dem Ergebnis, daß »die Suche nach rein privater Erfüllung illusionär« ist. »Sie führt statt zu ihrem Ziel häufig in die Leere.«[10] Bellahs Gruppe, die sich intensiv mit dem privaten und öffentlichen Leben Hunderter von Personen beschäftigte, gelangte gleichwohl zu dem Schluß, daß es zwischen beiden Polen keinen Konflikt geben muß. Das öffentliche und das private Selbst sind zwei Hälften eines Ganzen. Sie konkurrieren nicht miteinander, sondern arbeiten, wie es Parker Palmer in seinem Buch *The Company of Strangers* formuliert, »dialektisch zusammen und helfen sich gegenseitig, zu schaffen und zu ernähren«.[11]

Zwei Herren dienen:
dem Individuum und der Gemeinschaft

Es mag zwar theoretisch möglich sein, unsere eigenen Bedürfnisse und die Ansprüche der Gesellschaft miteinander zu vereinbaren, in der Praxis ist diese Aufgabe jedoch die größte Herausforderung, vor die unser modernes Leben uns stellt. Die Zwickmühle, in der wir stecken, sieht etwa folgendermaßen aus:

Option 1: Nach den Werten, Erwartungen und Normen zu handeln, die Autoritäten wie Gesetzgebung sowie religiöse, bürgerliche, politische und solche Gruppen für uns setzten, die die moralischen Maßstäbe diktieren.

Ergebnis: Wir gewinnen zwar den Respekt, die Bewunderung und den Beifall von Freunden, Kollegen und der Gesellschaft insgesamt, aber oft auf Kosten unserer persönlichen Wünsche. Das Ergebnis, wenn wir natürliche Impulse ersticken, sind oft Streß und Frustration. Wir machen zwar das »Richtige«, was aber nicht unbedingt heißt, daß wir uns so gut fühlen, schließlich sind da all die anderen Dinge, die wir vermissen.

Option 2: Nach unseren individuellen Bedürfnissen und inneren Trieben und in Einklang mit unserem eigenen Verhaltenskodex zu handeln. Das heißt, voll und ganz auf unser geheimes Selbst einzugehen, und all die Aktivitäten und Verhaltensweisen auszuleben, die uns wichtig sind, aber von anderen möglicherweise alles andere als gutgeheißen werden.

Ergebnis: Es ist für uns eine faszinierende Erfahrung, unser Potential zu verwirklichen und nach unseren persönlichen Maßstäben zu leben, und höchst befriedigend, unseren eigenen Bedürfnissen Rechnung zu tragen. Als Konsequenz dieses Schwelgens entwickeln wir jedoch oft Schuld-, Scham- und Reuegefühle. In uns macht sich das Gefühl breit, daß wir »schlecht« waren und uns irgendwie über andere hinweggesetzt haben.

Option 3: Das Paradox besteht darin, daß wir uns, um der Gesellschaft dienen zu können, auch um uns selbst kümmern müssen. Wenn es sich bei den Dingen, die wir im Sinne der Selbst-Fürsorglichkeit für uns tun, jedoch um Punkte handelt, die die Gesellschaft nicht sanktioniert, so ist die einzige gesunde Alternative, sie heimlich und *mit einem guten Gefühl* zu tun. Was keine leichte Aufgabe ist. Es verlangt ein hohes Selbstwertgefühl, mir die Erlaubnis zu geben, »ich selbst« zu sein, jede innere Kritik von mir zu weisen und immun gegenüber allem äußeren Druck zu bleiben. Schließlich, was in diesem Zusammenhang nicht zu vergessen ist, wurden alle gesellschaftlichen Normen mit dem Ziel aufgestellt, Konfirmität durchzusetzen, individuelle Unterschiede zu ersticken, um jedem Abweichlertum vorzubeugen, und so die Stabilität der Gesellschaft zu gewährleisten. Aber: Es ist durchaus möglich, für andere ein geradezu beispielhafter verantwortlicher Bürger zu sein, und dennoch insgeheim jene Teile von uns in Ehren zu halten, die produktiv sind, an denen wir Freude finden und die unser Selbst fördern.

Einen bemerkenswerten Punkt in Zusammenhang mit der Frage des Alleinseins spricht der Philosoph Alan Watts an: Einsamkeit ist eine Illusion, sagt Watts, da die Welt jenseits der Haut in Wahrheit nichts weiter als eine Erweiterung unseres Körpers ist.[12] Nach dieser östlichen Sicht können wir nie allein sein, solange wir uns mit anderen verbunden fühlen – ob es sich dabei um einen persönlichen Geist, eine spirituelle Verwurzelung mit der Erde oder den festen Entschluß handelt, andere zu lieben und anderen zu helfen.

An früherer Stelle haben wir über das Entsetzen gesprochen, das uns in der Auseinandersetzung mit unserer eigenen Sterblichkeit befällt, wenn wir uns die Isolation vergegenwärtigen, in einer Gewebehülle eingeschlossen zu sein, die unser wesentliches Selbst von anderen trennt. Einen gewissen Trost vermag hier vielleicht Watts Philosophie zu spenden, wenn er sagt, das Gefühl, einsam und nur ein sehr kurzweiliger Besucher im Universum zu sein, steht in krassem Widerspruch zu allem, was die Wissenschaft über den Menschen (und alle anderen lebenden Organismen) weiß. Wir kommen nicht »in« diese Welt, sagt Watts, wir kommen »aus« ihr, genau wie die Blätter eines Baumes.[13]

Es ist dieses Gefühl der allseitigen Verbundenheit mit dem Planeten und all seinen Bewohnern, das es uns ermöglicht, unsere ganz privaten Augenblicke und unser geheimes Selbst zu zelebrieren. Wir wissen, egal, was wir tun, wenn wir allein sind, oder wie wir uns dabei fühlen, daß andere im Prinzip nichts anderes machen und es ihnen nicht anders dabei ergeht. Jeder kennt den Horror des Verlassenseins, die Verzweiflung der Einsamkeit, die Furcht vor Zurückweisung. Manchmal sind Entfremdungs- und Isolationsgefühle nur zu vertraute Gefährten. Wir haben alle seltsame Gedanken und tun ungewöhnliche Dinge, wenn niemand zuschaut, Dinge, die wir nie mit jemandem teilen werden.

Wie auch Ihre derzeitige Situation sein mag – ob Sie bereits gut allein sein können und es genießen, oder ob Sie noch negative Gefühle abbauen möchten –, in jedem Fall gilt, daß Sie die Qualität Ihrer ganz privaten Augenblicke noch verbessern können. Sie wurden allein in die Welt hineingeboren, und allein müssen Sie sie verlassen. Inwieweit Sie Ihr Leben zwischen diesen zwei Punkten als befriedigend empfinden, hängt in weiten Teilen von Ihrer Bereitschaft ab, die in diesem Buch angesprochenen Themen zu verinnerlichen und umzusetzen: sich mehr auf Ihre innere Welt einzulassen, selbstbestimmter zu werden, im Sinne der Fürsorge gegenüber Ihrem Selbst mehr für sich zu tun und verspielter zu werden, Widerstände und Hindernisse, denen Sie begegnen, zu überwinden und sich ohne anderweitige Ablenkung mit sich selbst zu konfrontieren.

Der feste Entschluß, die Kunst des Alleinseins zu lernen, wird Ihnen darüber hinaus zu mehr Unabhängigkeit, Produktivität, Kreativität und Freude an Ihren spontanen ganz privaten Augenblicken verhelfen, die einen ganz wesentlichen Teil Ihres Lebens darstellen. Und in dem Zuge, wie Sie es zunehmend lernen, für sich selbst Sorge zu tragen und auf Ihre eigenen Bedürfnisse einzugehen, wächst auch Ihre Fähigkeit, für andere zu sorgen und sie zu lieben.

Danksagung

Eine ganze Reihe von Personen haben zur Entstehung dieses Buches beigetragen. Ganz besonderen Dank schulde ich Dr. Reed Larson, einem der prominentesten Forscher über das Alleinsein, für seine Hilfe. Danken möchte ich auch Jeremy Tarcher für seine engagierte und konstruktive Unterstützung während des ganzen Projektes und ebenso Stephanie Bernstein für ihre redaktionelle Hilfe. Dankbar für ihre Geduld und ihr Verständnis bin ich auch Ellen und Cary Kottler, daß sie mir all die Zeit für mich allein zum Nachdenken und Schreiben zugestanden haben. Und nicht zuletzt möchte ich all den Tausenden danken, die mit ihren Offenbarungen zu diesem Projekt beigetragen haben und anonym bleiben möchten. Ihre Erfahrungen sind weitestgehend die Grundlage dieses Buches.

Quellenverzeichnis

1. Die Bedeutung des Alleinseins

1 Sigmund Freud, *Der Mann Moses und die monotheistische Religion. Zwangshandlungen und Religionsübungen*, Frankfurt 1975.
2 Edward T. Hall, *Die Sprache des Raumes*, Düsseldorf 1976.
3 Oliver Morgan, »Music for the Dance: Some Meanings of Solitude«, *Journal of Religion and Health*, Nr. 25, 1986.
4 Henry D. Thoreau, *Walden oder Leben in den Wäldern*, Leipzig 1949, S. 128.

2. Das Alleinsein genießen

1 M. Marshall, »Solitude«, Magisterarbeit, Center for Humanistic Studies, Detroit, 1985.
2 I. Borger, »Privacy«, unveröffentlichtes Essay.
3 Erich Fromm, *Die Kunst des Liebens*, Frankfurt/Berlin 1980, S. 124.
4 Barry Schwartz, »The Social Psychology of Privacy«, *American Journal of Sociology*, Nr. 73, 1968.
5 J. Solomon, *The Signs of Our Time*, Los Angeles 1988.
6 Penelope Russianoff, *Bin ich ohne Mann nichts wert?*, München 1990, S. 112.
7 Peter Marsh und Peter Collett, *Der Auto-Mensch. Zur Psychologie eines Kulturphänomens*, Olten 1991, S. 248.
8 Abraham H. Maslow, *Psychologie des Seins*, München 1973, S. 41 ff.
9 Mihaly Csikszentmihaly, *Das Flow-Erlebnis: Jenseits von Angst und Langeweile – im Tun aufgehen*, Stuttgart 1985, S. 13 ff.
10 Ebenda, S. 105, 125.

3. Sich mit sich selbst konfrontieren

1 Georg Breuer, *Der sogenannte Mensch*, München 1981.
2 J. Bensman und R. Lilienfeld, *Between Public and Private: The Lost Boundaries of Self*, New York 1979.
3 Mihaly Csikszentmihalyi und R. Larson, *Being Adolescent*, New York 1984.
4 Jim Harrison, *Sohn der Flüsse*, München 1993, S. 32 f.
5 Thomas Wolfe, *Schau heimwärts, Engel!*, Darmstadt 1955, S. 41.
6 James A. Howard, *The Flesh-Colored Cage*, New York 1975.
7 Irvin D. Yalom, *Existentielle Psychotherapie*, Köln 1989, S. 19 f.
8 Joseph Campbell, *Lebendiger Mythos*, München 1991.
9 Paul Tillich, *Das Ewige im Jetzt*, Stuttgart 1964, S. 20.
10 Hugh Prather, ohne Quellenangabe.
11 Barrington Moore, *Privacy: Studies in Social and Cultural History*, Armonk, N. Y. 1984.

4. Der Umgang mit unseren ganz privaten Augenblicken

1 Sören Kierkegaard, *Entweder–Oder*, München 1975, S. 47 f.
2 Voltaire, zit. aus: *Zitate und Sprichwörter von A bis Z*, gesammelt von Christian Morgen, München 1986, S. 201.
3 Blaise Pascal, *Gedanken*, Stuttgart 1987, S. 61 f.
4 Sam Keen, »Boredom and How to Beat It«, *Psychology Today*, Mai 1977, S. 80.
5 Joshua Slocum, *Allein um die Welt. Er wagte es als erster*, Frankfurt 1993, S. 125.
6 Louise Bernikow, *Alone in America*, New York 1978.
7 James J. Lynch, *Das gebrochene Herz*, Reinbek 1979.
8 J. Ralph Audy, »Man the Lonely Animal: Biological Roots of Loneliness«, in: *The Anatomy of Loneliness*, hg. von Hartog, Audy und Cohen, New York 1980.
9 C. Rubinstein und P. Shaver, »The Experience of Loneliness«; in: *Loneliness: A Sourcebook of Current Theory, Research, and Therapy*, hg. von Peplau und Perlman, New York 1982.
10 Jeffrey Young, »Loneliness, Depression, and Cognitive Therapy: Theory and Application«, in: *Loneliness: A Sourcebook auf Current Theory, Research, and Therapy*, hg. von Peplau und Perlman, New York 1982.
11 Clark E. Moustakas, *Einsamkeit*, Düsseldorf 1977, S. 25.
12 J. und V. Rosenbaum, *Conquering Loneliness*, New York 1949.
13 David K. Reynolds, *Die stillen Therapien. Japanische Wege zu persönlichem Wachstum*, Essen 1993, S. 15 ff; *Morita Psychotherapy*, Berkeley 1976.
14 Paul Tillich, *Das Ewige im Jetzt*, Stuttgart 1964, S. 18.

5. Fürsorglich gegenüber dem Selbst sein

1 Desmond Morris, *Der Mensch mit dem wir leben. Ein Handbuch unseres Verhaltens*, München 1981, S. 339 f.
2 Carl D. Schneider, *Shame, Exposure and Privacy*, Boston 1977.
3 Peter Farb, *Das ist der Mensch. Sein Ursprung, sein Werden, seine Zukunft*, München 1981, S. 215 f.
4 Ebenda, S. 215.
5 Philip Roth, *Portnoys Beschwerden*, Reinbek 1974, S. 27, 29.
6 Albert Ellis, *Die rational-emotive Therapie*, München 1977.
7 Tom Neale, *Südsee Trauminsel*, Kiel 1991, S. 200.
8 Richard Byrd, *Alone*, Los Angeles 1938.
9 Joshua Slocum, *Allein um die Welt*, Frankfurt 1993.

6. Selbstbestimmt sein

1 Jacob Timmermann, *Prisoner Without a Name, Cell Without a Number*, New York 1981.
2 Anaïs Nin, »Preface«, in: *The New Diary*, von T. Rainer, Los Angeles 1978.
3 John Steinbeck, *Tagebuch eines Romans*, Konstanz 1970, S. 15.

4 Robert Carkhuff, *The Art of Problem Solving*, Amherst 1973.

5 Rainer Maria Rilke, *Die Aufzeichnungen des Malte Laurids Brigge*, Sämtliche Werke, Bd. 11, Frankfurt 1955, S. 741.

6 Albert Camus, *Tagebücher 1935–1951*, Reinbek 1972, S. 106.

7 May Sarton, *Journal of a Solitude*, New York 1973.

8 Tristine Rainer, *The New Diary*, Los Angeles 1978.

9 Desmond Morris, *Manwatching: A Field Guide to Human Behavior*, New York 1977. (Dieser Abschnitt ist in der deutschen Ausgabe des Buches, *Der Mensch mit dem wir leben*, München 1981, nicht enthalten.)

10 Robert E. Ornstein, *Die Psychologie des Bewußtseins*, Köln 1974, S. 148.

11 Naomi Humphrey, *Der innere Weg. Selbsterfahrung durch Meditation*, Düsseldorf 1989, S. 44.

12 John Lilly, *Das Zentrum des Zyklons. Eine Reise in die inneren Räume*, Frankfurt 1988.

13 J. M. Cohen und J. F. Phipps, *The Common Experience*, Los Angeles 1979.

14 W. E. Hulme, *Creative Loneliness*, Minneapolis 1977.

7. Spontan und verspielt sein

1 Marvin Harris, *Kannibalen und Könige. Die Wachstumsgrenzen der Hochkulturen*, Stuttgart 1990.

8. Phantasie und Kreativität

1 Jerome Singer, *Phantasie und Tagtraum – Imaginative Methoden in der Psychotherapie*, München 1978.

2 Jerome Singer, »Fantasy: the Foundation of Serenity«, *Psychology Today*, Oktober 1987.

3 Henry Miller, *Henry Miller on Writing*, New York 1964.

4 Anthony Storr, *Die schöpferische Einsamkeit. Das Geheimnis der Genies*, Darmstadt 1990.

5 Graham Greene, zitiert aus: Anthony Storr, *Die schöpferische Einsamkeit*, Darmstadt 1990, S. 183.

6 Anthony Storr, *Die schöpferische Einsamkeit*, Darmstadt 1990, S. 195 f.

7 Rollo May, *Der Mut zur Kreativität*, Paderborn 1987, S. 36.

9. Selbstzerstörerische Verhaltensweisen

1 Joseph Bensman und Robert Lilienfeld, *Between Public and Private: The Lost Boundaries of Self*, New York 1979.

2 Tom Kubistant, »Resolutions of Aloneliness«, *Personnel and Guidance Journal*, März 1981.

3 Sherry Turkle, *Die Wunschmaschine. Vom Entstehen der Computerkultur*, Reinbek 1984, S. 243.

4 Reed Larson und C. Johnson, »Bulimia: Disturbed Patterns of Solitude«, *Addictive Behavior*, Nr. 10, 1985.

5 George Borrow, *Lavengro, der Zigeuner-Gentleman*, Zürich 1987, S. 257 ff.

6 Judith Rapoport, *Der Junge, der sich immer waschen mußte*, München 1990.
7 Brian Gilmartin, ohne Quellenangabe.
8 Philip G. Zimbardo, *Nicht so schüchtern! So helfen Sie sich aus Ihrer Verlegenheit*, München 1994, S. 24.

10. Die Kunst des Alleinseins

1 Fred Kersten, »Loneliness and Solitude«, *Humanitas*, Nr. 10, 1974.
2 Ebenda.
3 Viktor E. Frankl, *Der Mensch vor der Frage nach dem Sinn*, München 1988, S. 171 ff.
4 Jean-Paul Sartre, *Der Ekel oder Was ist Existenz?* aus: *Sartre-Lesebuch – Den Menschen erfinden*, Reinbek 1992, S. 16.
5 Oliver J. Morgan, »Music for the Dance: Some Meanings of Solitude«, *Journal of Religion and Health*, Nr. 25, 1986, S. 24.
6 Karl Rahner, *Schriften zur Theologie*, Band III, »Zur Theologie der Weihnachtsfeier«, Einsiedeln 1962, S. 35 ff.
7 Philippe Ariès, *Geschichte der Kindheit*, München 1978, S. 547.
8 Erik Erikson, *Kindheit und Gesellschaft*, Stuttgart 1991.
9 James J. Lynch, *Das gebrochene Herz*, Reinbek 1979.
10 Robert N. Bellah und andere, *Gewohnheiten des Herzens. Individualismus und Gemeinsinn in der amerikanischen Gesellschaft*, Köln 1987, S. 196.
11 Parker Palmer: *The Company of Strangers*, New York 1981.
12 Alan Watts, *Die Illusion des Ich*, München 1980.
13 Ebenda.

Literaturnachweis

Adler, Mortimer, J., *Ten Philosophical Mistakes*, New York 1985

Ardrey, Robert, *Adam und sein Revier. Der Mensch im Zwang des Territoriums*, München 1972

Ariès, Philippe, *Geschichte der Kindheit*, München 1978

Artzibaschew, Michael, *Am letzten Punkt*, München 1950

Audy, J. R., »Man the Lonely Animal: Biological Roots of Loneliness«, in: *The Anatomy of Loneliness*, Hartog, Audy und Cohen, Hg., New York 1980

Baudelaire, Charles, *Mein entblößtes Herz*, Frankfurt 1986

Beck, A. T., *Wahrnehmung der Wirklichkeit und Neurose. Kognitive Psychotherapie emotionaler Störungen*, München 1979

Bellah, Norbert N., Richard Madsein, William M. Sullivan, Ann Swidler, Steven M. Tipton, *Gewohnheiten des Herzens. Individualismus und Gemeinsinn in der amerikanischen Gesellschaft*, Köln 1987

Bensman, J. und R. Lilienfeld, *Between Public and Private: The Lost Boundaries of Self*, New York 1979

Berdjaev, N., *Das Ich und die Welt der Objekte*, Darmstadt 1951

Bernikow, L., *Alone in America*, New York 1978

Bigbee, H., »Loneliness, Solitude, and the Twofold Way in Which Concern Seems to Be Claimed«, *Humanitas* Nr. 10, 1974

Borger, I., »Privacy«, unveröffentlichter Essay

Borrow, George, *Lavengro, der Zigeuner-Gentleman*, Zürich 1987

Breuer, Georg, *Der sogenannte Mensch*, München 1981

Bugental, J. F. T., *The Search for Existential Identity*, San Fancisco 1976

Byrd, R., *Alone*, Los Angeles 1938

Byrnes, D. A., »Life Skills in Solitude and Silence in the School«, *Education*, Nr. 104, 1983

Calhoun, J. B., »Seven Steps from Loneliness«, in: *The Anatomy of Loneliness*, Hartog, Audy und Cohen, Hg. New York 1980

Campbell, Joseph, *Lebendiger Mythos*, München 1991

Camus, Albert, *Der Fremde*, Reinbek 1961

– *Tagebücher 1935–1951*, Reinbek 1972

Carkhuff, R., *The Art of Problem Solving*, Amherst 1973

Clough, W. O., *The Necessary Earth: Nature and Solitude in American Literature*, Austin 1964

Cohen, J. M. und J. F. Phipps, *The Common Experience*, Los Angeles 1979

Csikszentmihalyi, Mihaly, *Das Flow-Erlebnis. Jenseits von Angst und Langeweile*, Stuttgart 1985

Csikszentmihalyi, Mihaly, und R. Larson, *Being Adolescent*, New York 1984

Deaton, J. E., S. W. Berg und M. Richlin, »Coping Activities in Solitary Confinement of U. S. Navy POW's in Vietnam«, *Journal of Applied Social Psychology*, Nr. 7, 1977

Ellis, Albert, *Die rational-emotive Therapie*, München 1977

– »Forward«, in: *Human Autoerotic Practices*, M. F. DeMartino, Hg., New York 1979

Erikson, Erik, *Kindheit und Gesellschaft*, Stuttgart 1991

Falbo, T., *The Single-Child Family*, New York 1984

Farb, Peter, *Das ist der Mensch. Sein Ursprung, sein Werden, seine Zukunft*, München 1981

Frankl, Viktor, *Der Mensch vor der Frage nach dem Sinn*, Stuttgart 1988

Freud, Sigmund, *Der Mann Moses und die monotheistische Religion. Zwangshandlungen und Religionsübungen*, Frankfurt 1975

Freyberg, J. T., »Hold high the Cardboard Sword«, *Psychology Today*, Feb. 1975

Fromm, Erich, *Die Kunst des Liebens*, Frankfurt / Berlin 1980

Fuchs, Victor R., *Who Shall Live?* New York 1974

Gotesky, R., »Aloneness, Loneliness, Isolation, and Solitude«, in: *An Invitation to Phenomenology*, James M. Edie, Hg., Chicago 1965

Hall, E. T., *Die Sprache des Raumes*, Düsseldorf 1976

Hammitt, W. E., »Cognitive Dimensions of Wilderness Solitude«, *Environment and Behavior*, Nr. 14, 1982

Harris, Marvin, *Kannibalen und Könige. Die Wachstumsgrenzen der Hochkulturen*, Stuttgart 1990

Harrison, Jim, *Sohn der Flüsse*, München 1993

Hathaway, B., »Running to Run«, *Psychology Today*, Juli 1984

Healy, Sean, *Boredom, Self and Culture*, London 1984

Hobson, R., *Forms of Feeling*, London 1985

Hosner, M., »A Life Apart«, Diplomarbeit, Center for Humanistic Studies, Detroit 1987

Howard, J. A., *The Flesh-Colored Cage*, New York 1975

Hulme, William, *Creative Loneliness*, Minneapolis 1977

Humphrey, Naomi, *Der innere Weg. Selbsterfahrung durch Meditation*, Düsseldorf 1989

Huxley, Aldous, *Die Pforten der Wahrnehmung. Himmel und Hölle – Erfahrungen mit Drogen*, München 1991

Keen, Sam, »Boredom and How to Beat it«, *Psychology Today*, Mai 1977

Kelsey, M., *Träume – Ihre Bedeutung für den Christen*, München 1982

Kersten, Fred, »Loneliness and Solitude«, *Humanitas*, Nr. 10, 1974

Kierkegaard, Sören, *Entweder / Oder*, München 1978

– *Die Krankheit zum Tode*, Gütersloh 1985

Klinger, Eric, »The Power of Daydreams«, *Psychology Today*, Oktober 1987

– *Daydreaming: Your Hidden Resource for Self-Knowledge and Creativity*, Los Angeles 1990

Koestler, Arthur, *Der göttliche Funke: Der schöpferische Akt in Kunst und Wissenschaft*, München 1986

Kora, T., und K. Ohara, »Morita Therapy«, *Psychology Today*, Juni 1973

Kottler, Jeffrey A., *On Being a Therapist*, San Francisco 1986

Kubey, R. W., »Television: Idle Comfort«, in einem Artikel von J. Goetz in: *Psychology Today*, Juni 1987

Kubistant, T., »Resolution of Aloneliness«, *Personnel and Guidance Journal*, März 1981

Landau, J., »Loneliness and Creativity«; in: *The Anatomy of Loneliness*, Hartog, Audy und Cohen, Hg., New York 1980

Larson, Reed, und Mihaly Csikszentmihalyi, »Experimental Correlates of Time Alone in Adolescence«, *Journal of Personality*, Nr. 46, 1978

Larson, Reed, Mihaly Csikszentmihalyi und R. Graef, »Time Alone in Daily Experience: Loneliness or Renewal?« in: *Loneliness: A Sourcebook of Current Theory, Research, and Therapy*, L. Peplau und D. Perlman, Hg., New York 1982

Larson, R., und C. Johnson, »Bulimia: Disturbed Patterns of Solitude«, *Addictive Behavior*, Nr. 10, 1985

Laubier, P. de, »Sociological Aspects of Solitude in Advanced Industrial Societies«, *Labour and Society*, Nr. 9, 1984

Lear, M., »The Pain of Loneliness«, *The New York Times Magazine*, 20. Dezember 1987

Lilly, John, *Das Zentrum des Zyklons. Eine Reise in die inneren Räume*, Frankfurt 1988

Lopatha, H. Z., »Loneliness: Forms and Components«, *Social Problems*, Nr. 17, 1969

Lorenz, Konrad, *Über tierisches und menschliches Verhalten*, Stuttgart 1992

Lubin, Albert, *Stranger on the Earth; The Life of Vincent Van Gogh*, New York 1972

Lynch, James, J., *Das gebrochene Herz*, Reinbek 1979

Marcus, Irwin M., und John Francis, *Masturbation: From Infancy to Senescence*, New York 1975

Marsh, Peter und Peter Collett, *Der Auto-Mensch. Zur Psychologie eines Kulturphänomens*, Olten 1991

Marshall, M., »Solitude«, Diplomarbeit, Center for Humanistic Studies, Detroit 1985

Maslow, Abraham H., *Psychologie des Seins*, München 1973

May, Rollo, *Der Mut zur Kreativität*, Paderborn 1987

Merton, Thomas, *Meditationen eines Einsiedlers. Über den Sinn von Meditation und Einsamkeit*, Zürich 1979

– *Lieben und Leben*, Zürich 1988

Mijuskowic, B., »Types of Loneliness«, *Psychology*, Nr. 14, 1977

Miller, Henry, *Wendekreis des Krebses*, Reinbek 1980

– *Henry Miller on Writing*, New York 1964

Montagu, A., *Körperkontakt*, Stuttgart 1980

Montaigne, Michel Eyquem de, *Die Essais*, Hildesheim/Zürich 1981

Moore, Barrington, *Privacy: Studies in Social and Cultural History*, Armonk 1984

Morgan, Oliver J., »Music für the Dance: Some Meanings of Solitude«, *Journal of Religion and Health*, Nr. 25, 1986

Morris, Desmond, *Der Mensch mit dem wir leben. Ein Handbuch unseres Verhaltens*, München 1981

– Orig.: *Manwatching: A Field Guide to Human Behavior*, New York 1977

Morris, S., und N. Charney, »Insomnia: Don't Lose Sleep Over It«, *Psychology Today*, April 1983

Moss, Richard, *Illusion der Getrenntheit. Die unzähligen Spielmöglichkeiten unserer Seele*, München 1991

Mosse, Eric, *Sieg über die Einsamkeit*, Hamburg 1960

Moustakas, Clark E., *Einsamkeit*, Düsseldorf 1977

– *Loneliness and Love*, Englewood Cliffs 1972

Neale, Robert E., *Loneliness, Solitude, and Companionship*, Philadelphia 1984

Neale, Tom, *Südsee Trauminsel*, Kiel 1991

Nin, Anaïs, Vorwort in: *The New Diary*, Tristine Rainer, Los Angeles 1978

Nisenbaum, S., »Ways of Being Alone in the World«, *American Behavioral Scientist*, Nr. 27, 1984

Ornstein, Robert, *Die Psychologie des Bewußtseins*, Köln 1974

Palmer, Parker, *The Company of Strangers*, New York 1981

Pascal, Blaise, *Gedanken*, Stuttgart 1987

Pederson, D. M., »Personality Correlates of Privacy«, *Journal of Psychology*, Nr. 112, 1982

Karl Rahner, *Schriften zur Theologie*, Band III, »Zur Theologie der Weihnachtsfeier«, Einsiedeln 1962

Rainer, Tristine, *The New Diary*, Los Angeles 1978

Rapoport, Judith, *Der Junge, der sich immer waschen mußte*, München 1990

Reynolds, David K., *Morita Psychotherapy*, Berkeley 1976

– *Die stillen Therapien. Japanische Wege zu persönlichem Wachstum*, Essen 1993

Rilke, Rainer Maria, *Die Aufzeichnungen des Malte Laurids Brigge*, Frankfurt 1955

Rosenbaum, J., und V. Rosenbaum, *Conquering Loneliness*, New York 1973

Roth, Philip, *Portnoys Beschwerden*, Reinbek 1974

Rousseau, Jean-Jacques, *Die Träumereien des einsamen Spaziergängers*, München 1978

Rubinstein, C., und P. Shaver, »The Experience of Loneliness«, in: *Loneliness: A Sourcebook of Current Theory, Research, and Therapy*, Peplau und Perlman, Hg., New York 1982

Rubinstein, C., P. Shaver und L. A. Peplau, »Loneliness«, *Human Nature*, Februar 1979

Russell, Bertrand, *Mein Leben*, Zürich 1967

Russell, D., L. A. Peplau und M. L. Ferguson, »Developing a Measure of Loneliness«, *Journal of Personality Assessement*, Nr. 42, 1978

Russianoff, Penelope, *Bin ich ohne Mann nichts wert?*, München 1990

Rutledge, Harald A., *In the Presence of Mine Enemies*, Old Tappen 1973

Sadler, W. A., und T. B. Johnson, »From Loneliness to Anomia«, in: *The Anatomy of Loneliness*, Hartog, Audy und Cohen, Hg., New York 1980

Sarton, May, *Journal of a Solitude*, New York 1973

Sartre, Jean-Paul, *Der Ekel oder Was ist Existenz?* aus: *Sartre-Lesebuch – Den Menschen erfinden*, Reinbek 1992

Schneider, Carl D., *Shame, Exposure, and Privacy*, Boston 1977

Schwarz, Barry, »The Social Psychology of Privacy«, *American Journal of Sociology*, Nr. 73, 1968

Scott-Maxwell, F., *The Measure of My Days*, New York 1973

Shneidman, E., »At the Point of No Return«, *Psychology Today*, März 1987

Singer, Jerome, *Phantasie und Tagtraum. Imaginative Verfahren in der Psychotherapie*, München 1978

– »Fantasy: the Foundation of Serenity«, *Psychology Today*, Oktober 1987

Slater, Philip, *The Pursuit of Loneliness*, Boston 1976

Slocum, Joshua, *Allein um die Welt*, Frankfurt/Berlin 1993

Smith, A., *Powers of Mind*, New York 1975

Solomon, J., *The Signs of Our Time*, Los Angeles 1988

Steinbeck, John, *Tagebuch eines Romans*, Konstanz 1970

Storr, Anthony, *Die schöpferische Einsamkeit. Das Geheimnis der Genies*, Darmstadt 1990

– *Solitude: A Return to the Self*, New York 1988

Suedfeld, Peter, *Restricted Environmental Stimulation*, New York 1980

Tanner, Ira, *Nie mehr einsam sein! Wege zur Selbsthilfe*, Stuttgart 1975

Thoreau, Henry, *Walden oder Leben in den Wäldern*, Leipzig 1949

Tillich, Paul, *Das Ewige im Jetzt*, Stuttgart 1964

Timmerman, J., *Prisoner Without a Name, Cell Without a Number*, New York 1981

Turkle, Sherry, *Die Wunschmaschine. Der Computer als zweites Ich*, Reinbek 1984

Watts, Alan, *Die Illusion des Ich*, München 1980

Webster, C. D., M. M. Konstantareas, J. Oxman und J. Mack, Hg., *Autism*, New York 1980

Weil, Andrew, *The Natural Mind*, Boston 1972

– *Heilung und Selbstheilung. Über konventionelle und alternative Medizin*, Weinheim 1988

Westin, Alan, *Privacy and Freedom*, New York 1967

Williams, T., *Memoiren*, Frankfurt 1977

Wolfe, Thomas, *Schau heimwärts, Engel!* Darmstadt 1955

Yalom, Irvin, *Existentielle Psychotherapie*, Köln 1989

Young, J., »Loneliness, Depression, and Cognitive Therapy: Theory and Application«, in: *Loneliness: A Sourcebook of Current Theory, Research, and Therapy*, Peplau und Perlman, Hg., New York 1982

Zimbardo, Philip G., *Nicht so schüchtern! So helfen Sie sich aus Ihrer Verlegenheit*, München 1994